Sybille Bertholdt

»Mir geht's mit Goethen wunderbar«

Sybille Bertholdt

»Mir geht's mit Goethen wunderbar«

Charlotte von Stein und Goethe – die Geschichte einer Liebe

Mit 31 Abbildungen

Langen Müller

Bildnachweis
Stiftung Weimarer Klassik: S. 21, 26, 33, 37, 43, 51, 75, 97, 103, 139, 143, 147, 164, 173, 199, 223 (Foto: Sigrid Geske)
Freies Deutsches Hochstift – Frankfurter-Goethe-Museum: S. 25, 29, 31, 228.
Bode, Wilhelm: Charlotte von Stein, Berlin 1917: S. 16, 73, 98, 167, 169, 253, 293
Wahl, H.: Goethe im Bildnis, Leipzig 1930: S. 35
Schriften der Goethe-Gesellschaft, Weimar, Bd. 15, 1900: S. 256, 264
Artothek (Bayerische Staatsgemäldesammlung): S. 265

Der Verlag konnte in einzelnen Fällen die Inhaber der Rechte an den reproduzierten Fotos nicht ausfindig machen. Er bittet, ihm bestehende Ansprüche mitzuteilen.

Besuchen Sie uns im Internet unter
www.langen-mueller-verlag.de

1. Auflage 1999
2. Auflage 2001 – Sonderproduktion
3. Auflage 2004 – Sonderproduktion

Umschlaggestaltung: Atelier Bachmann und Seidel, Reischach
Umschlagbild: Archiv für Kunst und Geschichte, Berlin
Satz: ew print & medien service gmbh, Würzburg
Gesetzt aus New Caledonia Regular 10,5/13,5 pt
Druck und Binden: GGP Media, Pößneck
Printed in Germany
ISBN: 3-7844-2723-5

»Es läßt sich nicht leugnen, daß Frau von Stein bei dem besten Herzen viel Schlauheit und Weltklugheit besitzen mußte, sonst wäre es ihr unmöglich gewesen, bis ans Ende ihrer sehr langen Laufbahn, ohne die mindeste Unterbrechung, eine Stelle zu behaupten, die sie der Herzogin Louise und Goethe so nahe brachte.«

Henriette von Egloffstein, Memoiren

Inhalt

Vorwort

Wenn man sich in Weimar aufhält, stößt man überall auf eine höchst interessante und seltsame Geschichte, die neugierig macht, und über die man Genaueres erfahren möchte. Es handelt sich um die Liebesgeschichte zwischen Charlotte von Stein und dem Geheimrat Goethe, die bis heute von Fragen und Rätseln umgeben ist.

Weshalb verliebt sich der junge und von allen Frauen umschwärmte Dr. Goethe in die sieben Jahre ältere und noch dazu verheiratete Charlotte von Stein, die von ihren Zeitgenossen eher als kühl bezeichnet wird und auch nicht als ausgesprochene Schönheit gilt? Welche Eigenschaften hatte sie, und wie konnte sie die Zuneigung und Leidenschaft des in anderen Dingen doch so unbeständigen Goethe über zehn Jahre hinweg – von 1776 bis 1786 – am Leben erhalten? Worin bestand die gegenseitige Anziehung der beiden Liebenden und deren Abhängigkeit voneinander? Weshalb machten sie keinen Versuch, ihre Liebesbeziehung in einer legitimen Ehe zu leben? Es gab keine unüberwindlichen äußeren Hindernisse. Und wie weit ging diese Beziehung überhaupt?

Diese und andere Fragen werden beantwortet, wenn man sich genauer mit den rund 1700 Briefen Goethes an Charlotte von Stein beschäftigt. Eine bloße Freundschaft war es nicht, der erotische Beiklang in Goethes Briefen ist offensichtlich. Konnte ein so gefühlvoller und sinnlicher Mensch wie Goethe sich damit zufriedengeben, eine leidenschaftliche Liebe über so lange Zeit hinweg nur seelisch auszuleben, ohne seinem sexuellen Verlangen nachzugeben?

Durch die Briefe bekommt man unmittelbaren Zugang zu einem sehr menschlichen Goethe mit all seinen Zweifeln und Irrungen, einem Goethe, der sich noch nicht zum »Dichterfürsten« von Weimar stilisiert hat. Er war so erfolgreich in dieser Stilisierung, daß er nach seinem Tod auf einen Sockel gehoben und zusätzlich »geschönt« wurde. Was in seiner Biographie und in seinem Werk nicht ins offizielle Bild paßte, wurde unterdrückt oder vernichtet, als hätte es eine allzu menschliche Seite Goethes nie gegeben.

Über Goethes Liebesleben ist von jeher viel spekuliert und gemutmaßt worden, zuletzt von Karl Hugo Pruys in seiner Goethe-Biographie »Die Liebkosungen des Tigers«. Darin versucht er nachzuweisen, daß Goethe homosexuell gewesen sei, daß seine Liebesbeziehung mit Charlotte von Stein nur Alibi-Charakter gehabt hätte.

Goethes homoerotisches Interesse erklärt sich aus seiner Neugier für alles Menschliche: Er benötigte die ganze Bandbreite menschlichen Empfindens als Nährboden für sein dichterisches Schaffen, sein geniales künstlerisches Werk wäre anders nicht denkbar. Die Behauptung, seine langjährige Liebesbeziehung mit Charlotte von Stein sei nur Fassade gewesen, läßt sich leicht widerlegen, wenn man seine Briefe an die Freundin liest, mit leidenschaftlichen Gefühlsäußerungen, die intensiver nicht sein können. Charlotte von Stein war für ihn lange Zeit ein zentraler Lebensinhalt und die wichtigste Bezugsperson in den frühen Weimarer Jahren – nach seinen Worten die einzige, mit der er offen über seine Gedanken und Gefühle sprechen konnte.

Ebenso unhaltbar ist Pruys' Behauptung, Goethe sei Frauen und heterosexuellen Liebesbeziehungen ablehnend gegenübergestanden, da man anhand seiner Biographie verfolgen kann, wie sehr er sein ganzes Leben lang die Nähe und Zuneigung von Frauen gesucht und genossen hat und wie sehr ihn – vor allem in den Anfangsjahren – die sexuellen Freuden in seinem Verhältnis mit Christiane Vulpius faszinierten, so daß er, inspiriert von dieser jungen und sinnlichen Liebe, in den Römischen Elegien (1788/1790) unverblümt schreibt:

Uns ergötzen die Freuden des echten nackten Amors
Und des geschaukelten Betts lieblicher knarrender Ton.

Das weitgespannte »alles erfühlen Wollen« paßt besser zu seiner facettenreichen, genialen Persönlichkeit, als ihn eingrenzen zu wollen auf eine bloß homosexuelle Veranlagung.

Aufgrund von psychoanalytischen Untersuchungen hat sich manches Rätselhafte in Goethes Persönlichkeit klären lassen. Wegweisend ist Kurt R. Eisslers grundlegendes Werk »Goethe, Eine psychoanalytische Studie«. Charlotte von Stein verkörperte in der Entwicklung seiner Liebesfähigkeit eine Schlüsselrolle.

Charlotte von Steins Briefe an Goethe aus den Jahren 1775–1789 sind nicht erhalten. Ihre Persönlichkeit entsteht für uns vor allem im Spiegel der Wahrnehmung Goethes. Ergänzt wird dieses Bild durch ihre Briefe an Freunde, Verwandte.

Bei der Auswahl der im Buch abgedruckten Briefe stand für mich die Frage im Vordergrund: Welches sind die bezeichnendsten und interessantesten im Hinblick auf die Liebesbeziehung und verschaffen gleichzeitig einen Eindruck vom alltäglichen Leben und der höfischen Gesellschaft in Weimar? Die erzählenden Kapitel zwischen den Briefen erläutern den historischen Hintergrund und entwerfen ein Bild der jeweiligen Phase der Liebesbeziehung, in deren Verlauf sich die Rollenverteilung zwischen Charlotte von Stein und Goethe völlig verändert.

Die ursprüngliche Schreibweise der Briefe und der Zitate im Erzähltext habe ich beibehalten, soweit sie mir zugänglich war, da sie deren Authentizität verstärkt.

Unter Goethes Briefen an Charlotte von Stein finden sich Liebesbriefe, die zu den anrührendsten und schönsten gehören, die uns überliefert sind. Diese bewegenden Liebeserklärungen einem breiten Publikum zugänglich zu machen ist Sinn und Zweck dieses Buches.

Es gibt wissenschaftliche Ausgaben von Goethes Briefen, die sehr umfangreich sind, und es gibt die verschiedensten romanhaften Nacherzählungen der Liebesbeziehung – ohne Briefanhang –, die das historische Quellenmaterial zum Teil sehr willkürlich verwenden und interpretieren.

Mein Ziel war es, eine authentische und doch griffige, spannende und unterhaltsame Darstellung zu erarbeiten, wie es sie meines Erachtens bisher nicht gab.

Charlotte von Stein, geb. von Schardt

»... ihr gantzes Wesen elegant mit Simplicität.«

Daß sie der Nachwelt rätselhaft bleiben wird – teilweise zumindest –, dafür hat Charlotte von Stein, geborene von Schardt, selbst gesorgt: Ihre Briefe, die sie an Goethe schrieb in den Jahren 1775 bis 1789 verlangte sie zurück und vernichtete sie. So bleibt die Frage: Was war das Besondere an ihr, das ein Universalgenie und einen »Liebling der Frauen« – wie er selbst sich bezeichnete – mehr als zehn Jahre lang fesselte und faszinierte, sie nach kurzer Zeit zu seiner engsten Vertrauten machte. Und das, obwohl keiner von beiden eine konventionelle Lebensgemeinschaft jemals ernsthaft ins Auge faßte.

Wir können nur versuchen, Charlotte von Steins Persönlichkeit wie ein Puzzle zusammenzusetzen. Es gibt zahlreiche Aussagen von Zeitgenossen, widersprüchlich wie alle subjektiven Urteile; wir haben Charlotte von Steins Briefe an Freunde und Verwandte und die Liebesbriefe Goethes. Im Spiegel seiner Briefe sehen wir Charlotte von Stein so, wie *er* sie wahrgenommen hat.

Schon zu ihrem Äußeren findet man widersprüchliche Aussagen. Friedrich Schiller, der sie allerdings erst 1787 im Alter von 44 Jahren kennenlernte, sagt unverblümt: »Schön kann sie nie gewesen sein.« Einige Profilbilder sind erhalten, eines davon ein Selbstbildnis. Es zeigt ein anziehendes, klares und ruhiges Gesicht, nachdenklich, mit beherrschenden dunklen Augen und Augenbrauen. Drei Scherenschnitte, die ihre ganze Figur darstellen, vermitteln den Eindruck, daß sie wohl zierlich, feingliedrig und graziös war – sie entsprach damit vollkommen dem weiblichen Schönheitsideal ihrer Zeit. Goethe konnte also sehr gut seine Idealvorstellung des Weiblichen auf sie projizieren. Er hat in ihr viele Jahre lang das gesehen, was er sehen wollte.

Was sie an natürlichen Vorzügen aufweisen kann, wird durch ihre Erziehung verstärkt. Die hochwohlgeborene Tochter soll sich in vornehmen Kreisen selbstsicher, gewandt und liebenswürdig bewegen können. Es ist ein Vorteil, daß sie vielseitig begabt ist: Sie wird als hervorragende und elegante Tänzerin beschrieben, sie singt, spielt Klavier, dichtet und zeichnet.

Charlotte von Stein

»Das Gesicht erscheint mir als eines der nobelsten, fast geistreich. Ich finde heraus, was so selten ist, Harmonie im ganzen Ensemble. Das Profil, die Stellung des Körpers, alles zeigt exquisites Gefühl, Mut, Entschlossenheit, Festigkeit und die Kunst, jemandem ruhig, ohne Affektion, mit Interesse zuzuhören, Eigenschaften, die den Menschen so schätzenswert machen sowohl nach seinem Verstand, wie nach seinem Herzen.«

(Lavater)

Positiv äußert Schiller sich über ihre inneren Werte: »Ein gesunder Verstand, Gefühl und Wahrheit liegen in ihrem Wesen.« Im Gegensatz dazu Herzog Karl August von Weimar, der – vermutlich eifersüchtig auf die engste Vertraute seines Intimus Goethe – von ihr sagt: »Die Frau von Stein ist eine recht gute Frau gewesen, aber eben kein großes Licht.« Ihre Briefe widerlegen dieses barsche und undifferenzierte Urteil, sie zeigen eine aufgeschlossene, interessierte Frau mit einem – eher allzu – kritischen Verstand. Sie muß eine gute Gesprächspartnerin gewesen sein, die eine angenehme Atmosphäre um sich verbreitete. Schiller: »Frau von Stein werde ich bald wiedersehen; käme es auf meinen Wunsch an, ich besuchte sie alle Tage, es ist mir wohl in ihrer Gesellschaft.« Hervorgehoben werden häufig ihre Ernsthaftigkeit, ihre Diszipliniertheit, ihr Streben nach dem Vollkommenen und »Richtigen«. Diese Merkmale wirken überzeugend, weil sie typisch sind für die Erstgeborenen einer Familie – heute würden wir sie eine Perfektionistin nennen.

Die kleine Charlotte von Schardt hatte zwar eine ältere Schwester, aber diese starb früh, so daß Charlotte in der großen Kinderschar der Familie von Schardt die älteste war: geboren am 25. Dezember 1742 in Eisenach. In kurzen Abständen folgen die jüngeren Geschwister: elf Kinder in siebzehn Ehejahren, fünf von ihnen überleben die frühe Kindheit. Die älteste Tochter einer großen Familie muß früh selbständig werden. Die Zuwendung der Erwachsenen wird von den jüngeren Kindern beansprucht. Charlotte muß sich in jungen Jahren vernünftig und diszipliniert verhalten, muß Verantwortung für sich und die kleinen Geschwister übernehmen. Diese Rolle in der Familie prägt sie für ihr ganzes Leben.

Die Familie von Schardt verfügt über keinerlei Landbesitz. Zur Sicherung der Existenz ist man auf Ämter an regierenden Höfen angewiesen. Der Vater, Johann von Schardt, steht im Dienst der Herzöge von Sachsen-Weimar-Eisenach, zuletzt als Hofmarschall. Sein Gehalt reicht nicht für den feudalen Aufwand, den er betreibt, für den eigenen Haushalt und um die Gäste des Herzogs ihrem Rang gemäß zu bewirten, wenn dieser sich nicht in der Residenz aufhält. Das ererbte Vermögen seiner Frau muß für ein standesgemäßes Leben verwendet werden, obwohl es eigentlich für die Ausbildung der Söhne und für die Mitgift der Töchter vorgesehen war. Als die 19jährige Herzogin Amalia 1758 nach dem frühen Tod ihres Mannes, Herzog Konstantin, die Regentschaft für ihren Sohn Karl August übernimmt, entläßt sie den Hofmarschall von Schardt aus ihren Diensten. Er wird 47jährig sozusagen in den Vorruhestand versetzt. Herzogin Amalia schreibt an ihren Vater, den Herzog von Braunschweig: »Es ist wahr, daß der Hofmarschall von Schardt, nachdem er seiner Frau ansehnliches Vermögen zugesezet, mit seiner zahlreichen Familie in schlechten Umständen sich befinde, und ich will ihm gern gönnen, wenn er soviel an Gehalt behält, daß er sich standesgemäß hinbringen kann. Aber es ist auch wahr, daß er kein Wirth ist, daß er einen großen Theil des zugesezten Vermögens auf unnöthige Kleinigkeiten verwendet, ... und daß er sich also selbst in die schlechten Umstände gesezet.«

Die Mutter stellt den Gegenpol dar zum eher oberflächlichen und eitlen Vater. Sie ist tief religiös bis hin zu einer lebensverneinenden düsteren Grundstimmung. Im Alter von vierzig Jahren schreibt sie eine fanatisch-inbrünstige »Feierliche Übergebung an Gott«. In einem seitenlangen Traktat verschreibt sie sich ihrem Glauben, entsagt allen weltlichen Freuden und Eitelkeiten: »Ich übergebe Dir an diesem Tage meinen Leib und meine Seele, meine Verstandes- und Willenskräfte, alle meine Neigungen, alle meine Absichten, alle meine Wünsche. Von jetzt an herrsche Du in meiner Seele! Ich übergebe dir auch [...] Alles, was mir teuer ist auf Erden. Nur Dein Wille geschehe [...]« Es überrascht nicht, daß die von Schardtschen Kinder im Rückblick ihre Kindheit und Jugend als freudlos und unglücklich bezeichnen. Von den gegensätzlichen Einflüssen der Eltern ist es die Frömmigkeit und Ernsthaftigkeit der Mutter, die Charlotte stärker prägt. Der Vater ist in seinen Amtsgeschäften fast ständig außer Haus. Trotz der ungeordneten finanziellen Verhältnisse bekommen die Kinder eine standesgemäße Erziehung durch Hauslehrer im Lesen, Schreiben, Rechnen, in Religion, Französisch, Musik und Tanz. Die letzteren Fächer vor allem sind nötig, um in der Hofgesellschaft eine beachtete und glänzende Rolle zu spielen. Charlotte von Stein braucht diese Fähigkeiten: Mit 16 Jahren wird sie von der nur drei Jahre älteren Herzoginwitwe zur Hofdame ernannt. Nach der Entlassung des Vaters aus dem Hofdienst ist es eine freundliche Geste und ein Glück für das Fräulein von Schardt. Damit ist sie zunächst einmal versorgt, und zum anderen hat sie am Hof die Chance, einen standesgemäßen Verehrer zu finden und geheiratet zu werden. Die einzige Möglichkeit, die eine Frau in der damaligen Zeit hat, um ein relativ unabhängiges und ausgefülltes Leben zu führen. Es ist allerdings keine Selbstverständlichkeit, wenn man keine Mitgift zu erwarten hat, wie Charlotte von Schardt. Die Alternative besteht darin, im Hofdienst alt zu werden. Jederzeit von der Gunst und Laune der Herzogin abhängig. Oder als altjüngferliche Tante im Haushalt eines der Geschwister mitzuleben.

Ihre Aufgaben als Hofdame bestehen darin, der Herzogin Gesellschaft zu leisten: ihr vorzulesen, mit ihr die Mahlzeiten einzunehmen, sie bei Spaziergängen und Kutschfahrten zu begleiten, auf Bällen zu tanzen, bei Assembleen Konversation zu machen und sich an der allgemeinen Spielleidenschaft zu beteiligen. Dieses Amt scheint sie mit Haltung und Liebenswürdigkeit ausgeübt zu haben; auch dann, wenn sie die Launen der Fürstlichkeiten zu ertragen hatte.

Es ist ein Glück für sie – und ein Beweis für ihre Anziehungskraft –, daß der wohlhabende Stallmeister des Herzogs, Freiherr Josias von Stein, sich in sie verliebt. Bei ihrer Hochzeit im Mai 1764 ist das mittellose Fräulein von Schardt bereits 21 Jahre alt. Für damalige Verhältnisse höchste Zeit, um unter die Haube zu kommen. Sie wird Herrin des von Steinschen Gutes Schloß Kochberg, etwa 35 Kilometer südlich von Weimar gelegen, und gewinnt eine gewisse Unabhängigkeit: Sie ist zwar nach wie vor häufiger Gast am Hof, kann sich aber in die eigene Haushaltung zurückziehen, wenn sie das Bedürfnis hat, und verbringt jedes Jahr einige Monate auf Schloß Kochberg. Man findet in den Anfangsjahren ihrer Ehe keine Aussagen Charlottes über ihre Haltung zu ihrem Mann. Da er jedoch gutaussehend, beliebt und vermögend war, gibt es keinen Grund zu der Annahme, es sei von ihrer Seite aus keine Liebesheirat gewesen.

Wie die meisten Frauen ihrer Zeit dürfte sie jedoch in sexueller Hinsicht völlig ahnungslos in die Ehe gegangen sein. Selbst wenn sie sich zu ihrem Mann ursprünglich körperlich hingezogen fühlte, so hat ihre sexuelle Bereitschaft ver-

Gottlob Ernst Josias von Stein (um 1772), Oberstallmeister des Herzogs von Sachsen-Weimar, seit 1764 verheiratet mit Charlotte von Stein. Öl auf Leinwand von J. E. Heinsius

ständlicherweise gelitten, aufgrund der kurz aufeinander folgenden Schwangerschaften. In den ersten zehn Ehejahren bringt sie sieben Kinder zur Welt: vier Töchter – die alle bald nach der Geburt sterben – und drei Söhne[1]. Sie klagt, daß diese ununterbrochenen Schwangerschaften sie »bitter angekommen« seien: »Mir war dies Geschäft (Kinder auszutragen) auf eine schwere Art auferlegt. Von Tränen ermüdet, schlief ich ein und schleppte mich beim Erwachen wieder einen Tag, und schwer lag der Gedanke auf mir, warum die Natur ihr halbes Geschlecht zu dieser Pein bestimmt habe.« Nach der Geburt des siebten Kindes 1774 bleiben weitere Schwangerschaften aus. Charlotte ist zu diesem Zeitpunkt 32 Jahre alt und hätte vom biologischen Standpunkt aus betrachtet durchaus noch weitere zehn Jahre Kinder austragen können. Offensichtlich ist sie der Ansicht, mit sieben Geburten ihren ehelichen Pflichten genügt zu haben, und entzieht sich fortan dem Geschlechtsverkehr. Die Zuneigung ihres

Mannes hat sie weiterhin, wie ein Brief vom September 1776 zeigt: »Es ist ganz besonders, meine liebe Beste, wie ich Dich liebe. Ich sehne mich so sehr nach Dir, daß ich mir immer vorstelle: wenn ich nach Kochberg ginge, wenn der Herzog nicht gestern abend angekommen wäre, [...] so wäre ich heute zu meinen Liebigen gekommen. Ach, gute Frau, es ist doch gar hübsch, Dein Mann zu sein, wenn man von Dir geliebt wird.«

Mit Anfang Dreißig ist Charlotte seelisch und körperlich angegriffen, flüchtet sich in zwei Badekuren nach Pyrmont und kränkelt nach den Strapazen der Schwangerschaften. Vermutlich benützt sie dies, wie andere Frauen ihrer Zeit es auch tun, um ihre sexuelle Verweigerung durchsetzen zu können. Es ist sicher, daß Charlotte fortan ihre sinnliche Natur, Anflüge sexueller Leidenschaft, unterdrückt, wenn sie das – unter dem Einfluß ihrer strengen und überaus frommen Mutter – nicht ohnehin schon von jungen Jahren an getan hat. Sie vertieft ihre künstlerischen und geistig-kulturellen Interessen, die ihr Mann nicht mit ihr teilt. Er ist freundlich und umgänglich, aber ein nüchterner Realist. Sein Interesse gilt den Pferden und der Landwirtschaft. Er geht auf in seinem alltäglichen Aufgabenbereich am Hof und kann ihr nicht folgen in die Welt, die sie sich nun erschließt.

Innerlich scheint sie in dieser Phase ihres Lebens hoffnungslos und einsam gewesen zu sein.

Von Frankfurt nach Weimar – Der junge Dr. Goethe

»Ich werd wohl auch dableiben und meine Rolle so gut spielen als ich kann ...«

Als Goethe im November 1775 in Weimar ankommt, ist er 26 Jahre alt und hat bereits eine bewegte Vergangenheit hinter sich. Auf Wunsch seines Vaters hat er in Leipzig und Straßburg Jura studiert, ziemlich lustlos allerdings. Das »Leben« – d.h. Frauen, Literatur und Theater – interessiert ihn mehr als die Rechtswissenschaften. Trotzdem wird er während seiner Studienjahre vom Vater äußerst großzügig unterstützt, so daß er – wie es seiner Natur und seinen Wünschen entspricht – auf großem Fuße leben kann: In Leipzig bewohnt er in einem stattlichen Bürgerhaus ein »paar artige Zimmer« – im Gegensatz zu den meisten seiner Kommilitonen, die in »elenden Löchern« hausen müssen. Während seiner Studienzeit verbraucht Goethe die Hälfte des reichlichen Familieneinkommens für sich ganz allein.

Eine anschauliche und lebhafte Beschreibung des jungen Goethe gibt es aus seiner Zeit in Wetzlar, wo er sich als 23jähriger Rechtsreferendar am Reichskammergericht einige Zeit aufhielt. Die Beschreibung stammt von Hofrat Kestner, dem Verlobten der Charlotte Buff, in die Goethe sich unsterblich verliebt hatte:

»Im Frühjahr kam hier ein gewisser Goethe aus Frankfurt an, seiner Hantierung nach Dr juris, [...], einziger Sohn eines sehr reichen Vaters, um sich hier – dies war seines

Vaters Absicht – *in praxi* umzusehen, die seinige aber war, den Homer [...] und andere zu studieren und was sein Genie, seine Denkungsart und sein Herz ihm weiter für Beschäftigungen eingeben würden. [...] Er hat sehr viele Talente, ist ein wahres Genie und ein Mensch von Charakter, besitzt eine außerordentlich lebhafte Einbildungskraft, daher er sich meistens in Bildern und Gleichnissen ausdrückt. Er ist in allen Affekten heftig, hat jedoch oft viel Gewalt über sich. Seine Denkungsart ist edel; von Vorurteilen frei, handelt er, wie es ihm einfällt, ohne sich darum zu bekümmern, ob es andern gefällt. [...] Aller Zwang ist ihm verhaßt. [...] Er ist bizarr und hat in seinem Betragen, seinem Äußerlichen verschiedenes, das ihn unangenehm machen könnte. Aber bei Kindern, bei Frauenzimmern und vielen anderen ist er doch wohl angeschrieben. Für das weibliche Geschlecht hat er sehr viele Hochachtung. *In principiis* ist er noch nicht fest und strebt erst nach einem gewissen System. [...] Er geht nicht in die Kirche, auch nicht zum Abendmahl. [...] Aus den schönen Wissenschaften und Künsten hat er sein Hauptwerk gemacht, oder vielmehr aus *allen* Wissenschaften, nur nicht den sogenannten Brotwissenschaften.«

Dies bleibt vorläufig auch so: Nach Frankfurt ins Elternhaus zurückgekehrt, kümmert Goethe sich kaum um die Anwaltspraxis, die sein Vater ihm einrichtet. Statt dessen verarbeitet er seine Liebe zu Charlotte Buff in einem Roman: »Die Leiden des jungen Werthers«. Der entspricht genau dem herrschenden Zeitgeist: Von den Lesern wird das emotionale Werk mit einer unglaublichen Begeisterung aufgenommen. Die Figur des Werther wird zum Idol einer Fangemeinde.

Johann Wolfgang Goethe
Ölgemälde von A. J. Kern, 1765

Einer meiner haupt Mängel, ist, daß ich etwas heftig bin. Sie kennen ja die colerische Temperamente, hingegen vergißt niemand leichter eine Beleidigung als ich. Ferner bin ich sehr an das Befehlen gewohnt, doch wo ich nichts zu sagen habe, da kann ich es bleiben laßen. [...] Gleich in dem Anfange meines Briefes, werden Sie meinen dritten Fehler finden. Nemlich daß ich so bekannt an Ihnen schreibe, als wenn ich Sie schon Hundert Jahre kennete, aber was hilfts, diß ist einmal etwas, das ich mir nicht abgewöhnen kann [...]
Goethe an L. Ysenburg von Buri, 1764

Für junge Herren ist es »in«, sich in Werthermontur zu kleiden: blauer Frack, gelbe Weste und halbhohe Stiefel. Goethe ist der Urheber der Werther-Epidemie und wird zur Berühmtheit. Als einer der führenden Köpfe der Sturm-und-Drang-Literatur, Autor des »Götz von Berlichingen«, hatte Goethe auf seinen Reisen bereits einflußreiche und bedeutende Menschen kennengelernt, als berühmter Autor des »Werther« bekommt er nun auch in Frankfurt Zugang zum Großbürgertum – und zu dessen Töchtern. Er lernt Lili Schönemann kennen, Tochter der Bankiersfamilie Schönemann, eine der ersten Frankfurter Familien.

So spiegelt die Auswahl seiner »Liebsten« seinen eigenen

Friederike Brion (1752–1813), Druck nach unbekanntem Stich, undatiert

»Ein kurzes weißes rundes Röckchen mit einer Falbel, nicht länger als daß die nettsten Füßchen bis an die Knöchel sichtbar blieben; ein knappes weißes Mieder und eine schwarze Taffetschürze – so stand sie auf der Gränze zwischen Bäuerin und Städterin. Schlank und leicht, als wenn sie nichts an sich zu tragen hätte, schritt sie, und beinahe schien für die gewaltigen blonden Zöpfe des niedlichen Köpfchens der Hals zu zart. Aus heiteren blauen Augen blickte sie sehr deutlich umher, und das artige Stumpfnäschen forschte so frei in die Luft, als wenn es in der Welt keine Sorge geben könnte; der Strohhut hing ihr am Arm, und so hatte ich das Vergnügen, sie bei'm ersten Blick auf einmal in ihrer ganzen Anmuth und Lieblichkeit zu sehn und zu erkennen.«

Goethe über Friederike Brion in »Dichtung und Wahrheit«

gesellschaftlichen Aufstieg: Die Pfarrerstochter Friederike Brion war strenggenommen »unter seinem Stand« und kam für eine ernsthafte Verbindung kaum in Frage; der 20jährige übte an ihr während seiner Studienzeit in Straßburg vor allem seine Verführungskünste. Charlotte Buff, Tochter des

Wetzlarer Amtmanns Buff, wäre eine standesgemäße Verbindung gewesen für den Rechtsreferendar Goethe, aber sie war – welch ein Glück für den Bindungsscheuen – bereits verlobt mit dem Hofrat Kestner. Die Bankierstochter Lili Schönemann ist nun eine ausgesprochen gute Partie. Daß die Familie in finanziellen Schwierigkeiten steckt, kann Goethe nicht wissen, es wird erst nach seiner Abreise nach Weimar offenbar, und Lili kann noch rechtzeitig mit einem Baron von Türckheim verheiratet werden. Es sind andere Gründe, die Goethe veranlaßten, nach kurzer Verlobungszeit die Flucht zu ergreifen: Von den Mädchen, die er bisher ernsthaft umworben hat, ist Lili die einzige, die tatsächlich für eine Heirat in Frage kommt. Eine feste, ausschließliche Bindung jedoch, eine Ehe, erscheint Goethe als Gefängnis, er träumt vom dunklen »Sack«, in den er fürchtet, gesteckt zu werden. In einem seiner frühen Dichtungsversuche schreibt er über die »Ehetröpfe«: »Lebt nicht zu treu, nicht zu genau in enger Ehe«. Und für sich selbst stellt er fest:

»Es küßt sich so süße der Busen der Zweiten,
Als kaum sich der Busen der Ersten geküßt.«

Dies bleibt ein sich ständig wiederholendes Grundmuster seines Lebens: Goethes Unfähigkeit, sich endgültig und ausschließlich an eine Frau zu binden, die ihm geistig und ihrer Herkunft nach ebenbürtig ist. Eine solche Frau hätte ihn eingeengt, hätte ihm unbequeme Zwänge auferlegt. Der Biograph Richard Friedenthal stellt fest: »Es war sein Schicksal, daß er einsam bleiben mußte, bei unendlichem Bedürfnis nach Nähe.« Für seine künstlerische Kreativität war es eine fruchtbare Spannung.

Aus Lilis Nähe flieht er. Zunächst in die Schweiz zu dem Schriftsteller und Philosophen Lavater, anschließend nach Weimar. Von Abschiedsschmerz und Liebeskummer verrät sein Tagebuch vom 30. Oktober 1775 nichts: »Adieu Lili zum zweitenmal! Das erstemal schied ich noch hoffnungsvoll unsere Schicksale zu verbinden! Es hat sich entschieden (*Er* hat sich entschieden!) – wir müssen einzeln unsre Rollen ausspielen. Mir ist in dem Augenblick weder bange für dich noch für mich, so verworren es aussieht! – Adieu.«

Manche Fürstlichkeiten hatten bereits Interesse an ihm gefunden, so wie der Prinz von Meiningen, der ihn folgendermaßen charakterisiert: »Er spricht viel, gut, besonders original, naiv und ist erstaunlich amüsant und lustig. Er ist groß und gut gewachsen. Er hat seine eigenen Ideen und Meinungen über alle Sachen. Über die Menschen, die er kennt, hat er seine eigene Sprache, seine eigenen Wörter.«

Ein Mann, der eine Bereicherung für jede Hofgesellschaft darstellt. Das findet auch Erbprinz Karl August von Weimar. Goethe und Karl August sind sich auf Reisen bereits mehrmals begegnet, und die Einladung an den Weimarer Hof kommt wie gerufen: Goethe will weg von Frankfurt – will Elternhaus, Familie und Freunde hinter sich lassen.

Trotz seines literarischen Erfolgs hat er Schulden. Von der Schriftstellerei konnte man seinerzeit nicht leben. Schon gar nicht auf großem Fuße, wie es der junge Doktor Goethe gewohnt ist. Sein Brotberuf, die Juristerei, interessiert ihn nicht. Um die kleine Anwaltskanzlei muß sich notgedrungen sein Vater kümmern. Goethe ist unglücklich, innerlich zerrissen und ruhelos. Der Erbprinz von Weimar ist die richtige Person, die im richtigen Moment in seinem Leben auftaucht

Charlotte Buff, verh. Kestner (1753–1828), Pastellgemälde von Johann Heinrich Schröder, 1782

»Nach dem Tode ihrer Mutter hatte sie sich als Haupt einer zahlreichen jüngeren Familie höchst thätig erwiesen und den Vater in seinem Witwerstand allein aufrecht erhalten [...] Eine leicht aufgebaute, nett gebildete Gestalt, eine reine gesunde Natur und die daraus entspringende frohe Lebensthätigkeit, eine unbefangene Behandlung des täglich Nothwendigen, das alles war ihr zusammen gegeben.«

Goethe über Charlotte Buff in »Dichtung und Wahrheit«

– wie später Charlotte von Stein –, obwohl es zunächst nicht sehr vielversprechend aussieht. Man rät Goethe dringend ab, der Einladung zu folgen. Die Stellung eines Günstlings an einem kleinen Fürstenhof in der Provinz ist nicht beneidenswert. Seine Freunde wünschen ihm Besseres.

Als maßgeblicher Autor des Sturm und Drang hatte er aufbegehrt gegen überlieferte Konventionen und gegen die festgefügte Ordnung einer ständischen Gesellschaft. In seinem »Götz von Berlichingen« stellt er einen Mann dar, »den die Fürsten hassen und zu dem die Bedrängten sich wenden«. Sich nun auf den Weg zu machen zu einem Fürsten, der zwar fortschrittlich erzogen wurde, aber dennoch am Erhalt seiner herkömmlichen Privilegien interessiert sein muß – dies bedeutet scheinbar einen Bruch in Goethes Entwicklung. Andererseits kann ein Fürstenhof im 18. Jahrhundert – auch wenn er bescheiden und provinziell ist – einem begabten und zielstrebigen jungen Mann ungeahnte Möglichkeiten bieten. In der großen Reichsstadt Frankfurt ist durch die patrizische Ständeordnung der Gang der Dinge genau festgelegt. Es gibt keine Freiräume, in denen sich ein Ausnahmemensch wie Goethe entwickeln kann. Der Freund und Favorit eines Fürsten dagegen muß sich nicht notwendigerweise »hochdienen«: Die Gunst und Laune des Fürsten kann ihn mit einem Streich in die höchsten Regierungsämter mit einem weiten Aufgabenkreis erheben.

Goethe sieht diese Möglichkeit, auch wenn sein Aufenthalt in Weimar zunächst auf einen Besuch von wenigen Monaten beschränkt zu sein scheint.

Seit langem beschäftigen ihn politische Reformpläne. Nun hat er die Möglichkeit, durch die Freundschaft mit Herzog Karl August in die Geschichte eines Landes einzugreifen. Er spürt Unruhe in sich, es drängt ihn danach, tätig zu sein: »Der Druck der Geschäfte ist sehr schön der Seele; wenn sie entladen ist, spielt sie freier und genießt des Lebens. Elender ist nichts als der behagliche Mensch ohne Arbeit, das schönste der Gaben wird ihm ekel.«

Der Entschluß, die Einladung des Herzogs anzunehmen, ermöglicht es Goethe, neue Wege zu beschreiten und schließlich auch entscheidende Anstöße für seine künstlerische Tätigkeit zu bekommen. Er folgt seinem Instinkt und sieht es später als das Eingreifen des Schicksals: »das liebe, unsichtbaare Ding, das mich leitet [...] Wohin? Wer weiß

Anna Elisabeth (Lili) Schönemann (1758–1817), um 1800, Radierung nach einer Zeichnung ihrer Tochter Elise v. Türckheim, 1857

Goethe-Tagebuch, 30. Oktober 1775: »Adieu Lili zum zweitenmal! Das erstemal schied ich noch hoffnungsvoll unsere Schicksale zu verbinden! Es hat sich entschieden – wir müssen einzeln unsre Rollen ausspielen. Mir ist in dem Augenblick weder bange für dich noch für mich, so verworren es aussieht!«

es?« Er will sich auf das Ungewisse einlassen und trifft damit die ausschlaggebende Entscheidung seines Lebens.

Zunächst scheint er seinen Hochmut büßen zu müssen: Frankfurt bezeichnete er einmal als »Nest«: »wohl, um Vögel auszubrüten, [...] ein leidig Loch. Gott helf aus diesem Elend. Amen.« Was findet er in Weimar vor, als er im Dunkel eines Herbstmorgens – am 7. November 1775 um fünf Uhr – dort eintrifft? Das Städtchen hat 6000 Einwohner, wirkt aber ländlich-dörflich: enge Gassen, viele armselige Häuser. Die Bevölkerung setzt sich zusammen aus Hofbeamten, Handwerkern und kleinen Geschäftsleuten. Es gibt bäuerliche Anwesen. Hühner und Schweine suchen im Straßenkot nach Abfällen. Das Schloß ist vor kurzem ausgebrannt – eine schwarze Ruine im Stadtbild. Die Herzoginmutter Anna Amalia bewohnt das sogenannte »Wittumspalais«, der 18jährige Karl August – seit dem 3. September

1775 regierender Herzog – mit seiner Frau Luise das »Fürstenhaus«, aber beide Gebäude sind kaum so stattlich wie in Frankfurt geräumige Bürgerhäuser. Die bürgerliche Oberschicht besteht aus 114 Personen. Ein Prozent der Bewohner sind Adelige. Das Einkommen des Hofes beläuft sich auf zirka 60 000 Taler, das entspricht in etwa dem Einkommen eines englischen Gutsbesitzers. Es muß also gespart werden. Die Beamten sind so schlecht bezahlt, daß sie auf Nebenverdienste angewiesen sind.

Als Goethe nach einem guten halben Jahr, im Juni 1776, zum Mitglied des Geheimen Rates – die vierköpfige oberste Regierungsinstanz Weimars – ernannt wird, bekommt er das zweithöchste Gehalt im Herzogtum – 1200 Taler – und ein Geschenk des Herzogs: das »Gartenhaus« vor der Stadt mit vier Zimmern im ersten Stock, einem »Sälgen« (= Sälchen) im Erdgeschoß und einem schön gelegenen, schräg ansteigenden Garten im Wiesengrund der Ilm. Dies zeigt die mittlerweile enge Verbundenheit mit dem Herzog. »Goethe kommt nicht wieder von hier los«, stellt der ehemalige Prinzenerzieher Wieland[2] fest. »Karl August kann nicht mehr ohne ihn schwimmen noch waten.«

Aber die Stellung eines bloßen »Favoriten« ist auf Dauer nichts, was ihn in Weimar halten könnte. Ganz abgesehen davon, daß er Geld braucht. Der Herzog muß ihn an sich binden: mit Besitz und einem festen Aufgabenbereich. Es ist die einzige Bindung, die er in seinem Leben auf Dauer akzeptiert.

Goethe scheint zufrieden. Er hat jetzt ein eigenes Zuhause und ein festes Gehalt: »Ich bin nun ganz in alle Hof- und politische Händel verwickelt [...] Meine Lage ist vorteilhaft genug [...] Ich werd wohl auch dableiben und meine Rolle

Karl August von Sachsen-Weimar-Eisenach, Kupferstich von Johann H. Lips, 1780

Goethe an Hofrat und Lotte Kestner (9. 7. 1776): »So viel nur: ich bleibe hier, und kann da, wo ich und wie ich bin, meines Lebens genießen, und einen der edelsten Menschen in mancherlei Zuständen förderlich und dienstlich sein. Der Herzog, mit dem ich nun schon an die neun Monate in der wahrsten und innigsten Seelen-Verbindung stehe, hat mich endlich an seine Geschäfte gebunden; aus unsrer Liebschaft ist eine Ehe entstanden, die Gott segne.
Er hat mir Sitz und Stimme in seinem Geheimen Rat und den Titel als Geheimer Legationsrat geben, und wir hoffen das Beste.«

so gut spielen als ich kann, und so lang, als mir's und dem Schicksal beliebt. Wär's auch nur auf ein paar Jahre, ist doch immer besser als das untätige Leben zu Hause, wo ich mit der größten Lust nichts tun kann.« Es war nicht »auf ein paar Jahre«, sondern bis zu seinem Tod im Jahr 1832.

Dennoch, so rosig und unproblematisch, wie er es im Brief darstellt, ist seine Situation am Anfang nicht. Zum einen hat er immer noch Geldprobleme und schreibt entsprechende Bittbriefe nach Frankfurt: »Jetzt, da ich Bruder und alles eines Fürsten bin, kann ich nicht sparen« – oder: »Der Vater ist mir eine Ausstattung schuldig!« Zum anderen: Der

Hof ist gegen ihn – dies wird zwar entschärft durch die Tatsache, daß der ungebärdige, 18jährige Karl August seinerseits gegen den Hof ist – aber trotzdem: Es wird intrigiert, und der junge Doktor Goethe mit seinem ungestümen »Geniegebaren« tut das Seinige, um die Hofgesellschaft gegen sich aufzubringen. Mit seinem »wilden Wesen« stößt er die feine Gesellschaft vor den Kopf. Man gibt ihm »heimlich und öffentlich die Schuld« am veränderten Wesen des jungen Herzogs und befürchtet, daß er ihn verderbe. Charlotte von Stein schreibt wenige Monate nach Goethes Ankunft an einen Freund, den Arzt und Schriftsteller Zimmermann[3]: »Der Herzog hat sich wunderbar [= seltsam] geändert, gestern war er bey mir behauptete daß alle Leute mit Anstand und Manieren nicht den Namen eines ehrlichen Mannes tragen können.«

Goethe war der Urheber solcher Äußerungen. Seine Meinung über ein gutbürgerliches Leben formulierte das »Originalgenie« des Sturm und Drang so: »Eure bürgerliche Gesellschaft ist mir unerträglich! [...] Gefährlich [...] Gefährlich sind solche Bestien, wie Ihr seid, die alles ringsum mit Fäulnis anstecken, die alles Schöne und Gute begeiffern und bescheißen und dann der Welt glauben machen, es sey alles nicht besser als ihr eigner Koth!« Bei dem unreifen Karl August fällt es auf fruchtbaren Boden, auch der überzogene, emotionale Sprechstil Goethes. In einem anderen Brief vom Weimarer Hof heißt es: Hier »geht es erschrecklich zu. Der Herzog läuft mit Göthen wie ein wilder Pursche auf den Dörfern herum, er besauft sich und genießet brüderlich einerlei Mädchen mit ihm. Ein Minister, der gewagt hat, ihm seiner Gesundheit halber die Ausschweifungen abzuraten, hat zur Antwort gekriegt: Er müsse es tun, sich zu stärken.«

*Goethe,
Pastellgemälde von Georg
Oswald May, 1779*

»Goethe [...] ist rechtschaffen, von einem außerordentlich guten und fühlbaren Herzen; nicht alleine ich, sondern einsichtsvolle Männer wünschen mir Glück, diesen Mann zu besitzen. Sein Kopf und Genie ist bekannt. [...] Einen Mann von Genie nicht an dem Ort gebrauchen, wo er seine außerordentlichen Talente gebrauchen kann, heißt: denselben mißbrauchen.« – So begründet Karl August, weshalb er Goethe, ohne daß dieser »von untenauf [...] dienen« mußte, in den Geheimen Rat beruft.
(10. 5. 1776)

Anfänglich kokettiert Goethe noch mit seinem Ungestüm, seiner »Lebhafftigkeit«, die er als Originalgenie des Sturm und Drang für einen Vorzug hält. Aber er erkennt bald, daß er sich damit auch Feinde macht: »Goethe wird hier geliebt und gehaßt«, schreibt Charlotte von Stein an ihren Freund Zimmermann.

Goethe ist acht Jahre älter als Karl August; dessen Belustigungen öden ihn bald an. Er sieht die Oberflächlichkeit des wüsten Treibens, und es gelingt ihm, die Herzoginmutter für sich einzunehmen, die im Wittumspalais einen lockeren, ungezwungenen Kreis verwandter Seelen um sich versammelt hat. Ohne allzu strenge Hofetikette kann auch der Doktor Goethe sich hier wohlfühlen. An Johanna Fahlmer schreibt er im Februar 1776: »Mit der Herzogin Mutter hab ich sehr gute Zeiten, treiben wohl auch allerlei Schwänk und Schabernack. Sie sollten nicht glauben wie viel gute Jungens und gute Köpfe beisammen sind, wir halten zusammen, sind herrlich untereins und dramatisieren einander, und halten den Hof uns vom Leibe.«

Ein Graf Stolberg hält sich im Herbst 1776 in Weimar auf. Er ist bei Prinz Constantin, dem jüngeren Bruder Karl Augusts, zum Abendessen geladen. Plötzlich tut sich die Tür auf – »und siehe: die alte Herzogin kam herein mit der Oberstallmeisterin, einer trefflichen, guten, schönen Frau v. Stein. Beide trugen zwei alte Schwerter aus dem Zeughause, eine Elle höher wie ich und schlugen uns zu Rittern. Wir blieben bei Tische sitzen, und die Damen gingen um uns herum und schenkten uns Champagner ein. Nach Tisch ward Blindekuh gespielt; da küßten wir die Oberstallmeisterin, die neben der Herzogin stand. Wo läßt sich das sonst bei Hofe tun?« Der Gelehrte Karl August Böttiger, der sich später mit Goethe überwarf, stellt die Situation im Rückblick so dar: »Als der Doktor und Exadvokat Goethe als Favorit des Herzogs hier eintraf, fand ihn auch die verwitwete Herzogin äußerst liebenswürdig und witzig. Seine Geniestreiche und Feuerwerke spielten nirgends ungescheuter als bei ihr. [...] Alle Welt mußte damals im Wertherfrack gehen, in welchen sich auch der Herzog kleidete.«

Die Herzoginmutter ist Mitte Dreißig. Sie hat eine musische, lebensfrohe, sinnliche Natur, will ihr Leben nach der anstrengenden Zeit als Regentin endlich genießen – und Goethe hat gerade wegen seines Ungestüms einen beträcht-

Goethes Gartenhaus, Radierung von L. Schütz nach O. Wagner, 1827

»Hab ein liebes Gärtchen vorm Tore an der Ilm schönen Wiesen in einem Tale; ist ein altes Häuschen drinne, das ich mir reparieren lasse.«

lichen Unterhaltungswert. So ist es kein Wunder, daß nach anfänglichem Widerstreben auch Charlotte von Stein, ihre Freundin und Vertraute, die Vorzüge des wortgewandten, geistreichen und bei den Damen ach so beliebten Doktor Goethe zu schätzen beginnt: Er ist ein Rohdiamant, der nur den nötigen Schliff braucht, um in seinem ganzen Glanz zu strahlen.

Schattenrisse

»Es wäre ein herrliches Schauspiel zu sehen, wie die Welt sich in dieser Seele spiegelt.«

Bei der Ankunft Goethes ist Charlotte von Stein Anfang Dreißig. Ihr Ehe- und Familienleben füllt sie nicht aus, ebensowenig das gesellschaftliche Leben Weimars. Ihre Äußerungen aus dieser Zeit erscheinen zwiespältig: einerseits mutlos und resigniert, innerlich vereinsamt, andererseits scheint sie begierig jede Art von Anregungen ergriffen zu haben wie eine Ertrinkende den Strohhalm, der sie retten könnte. In dieser Situation ergibt es sich durch eine Reihe von Zufällen (?), daß Charlotte von Stein und Goethe zunächst indirekt miteinander in Verbindung kommen. Bei ihren Aufenthalten in Bad Pyrmont hat sie den mit der gesamten mondänen Welt bekannten Arzt und Schriftsteller Johann Georg Zimmermann kennengelernt. Er scheint beeindruckt, schickt ihre Silhouette an seinen Freund Lavater[4] in die Schweiz und beschreibt Charlotte von Stein in einem beigelegten Brief (Dezember 1774):

»Frau Kammerherrin, Stallmeisterin und Baronesse v. Stein aus Weimar. Sie hat überaus große schwartze Augen von der höchsten Schönheit. Ihre Stimme ist sanft und bedrückt. Ernst, Sanftmuth, Gefälligkeit, leidende Tugend und feine tiefgegründete Empfindsamkeit sieht jeder Mensch beym ersten Anblick auf ihrem Gesichte. Die Hofmanieren, die Sie vollkommen an sich hat, sind bey ihr zu einer sehr seltenen hohen Simplicität veredelt. Sie ist sehr fromm, und zwar mit einem rührend schwärmerischen Schwung der Seele. Aus ihrem leichten Zephirgang und aus ihrer theatralischen Fertigkeit in künstlichen Täntzen würdest Du nicht schließen, was doch sehr wahr ist, daß stilles Mondenlicht und Mitternacht ihr Hertz mit Gottesruhe füllt. Sie ist einige und dreißig Jahre alt, hat sehr viele Kinder und schwache Nerven. Ihre Wangen sind sehr roth, ihre Haare gantz schwartz, ihre Haut italiänisch wie ihre Augen. Der Körper mager; ihr gantzes Wesen elegant mit Simplicität.«

Charlotte von Stein und Zimmermann bleiben in Briefkontakt. Im Januar 1775 schreibt er ihr begeistert über »Werthers Leiden«, daß er »diesen *so wahren,* so *natürlichen,* so *allem,* was man selbst tausend und tausendmal in seinem Leben *gesehen und empfunden hat, gleichkommenden* Roman« verschlungen habe. Charlotte von Stein dagegen ist nicht begeistert. Sie äußert sich kritisch über den Inhalt und spöttisch über die Figuren des Romans. Ein Beweis dafür, daß sie die übersteigerten Gefühle und tränenreichen Seelenergüsse des Sturm und Drang ablehnt, und ein Hinweis auf ihre eigene maßvolle Persönlichkeit – oft wird sie als »beherrscht« und »kühl« bezeichnet.

Dennoch: Sie ist neugierig auf den Verfasser des »Werther«. Bereits aus der Distanz scheint eine starke Anziehungskraft zwischen ihr und Goethe vorhanden gewesen zu sein. Das Medium, das den Gedankenaustausch zwischen beiden vermittelt, noch bevor sie sich persönlich kennenlernen, ist Zimmermann:

»Sie verlangen, daß ich Ihnen von Goethe rede? Sie möchten ihn sehen? Ich werde sogleich über ihn berichten. Aber, arme Freundin, Sie bedenken es nicht. Sie *wünschen,* ihn zu *sehen,* und Sie wissen nicht, bis zu welchem Punkte dieser *liebenswürdige* und *bezaubernde* Mann Ihnen *gefährlich* werden könnte! – Ich schneide einen Stich aus Lavaters ›Physiognomik‹ heraus, um Ihnen mit dieser Adlerphysiognomie ein Geschmack zu machen.

Herr Goethe ist einziger Sohn eines sehr reichen Mannes, der den Titel von einem Kaiserlichen Rate hat und in Frankfurt von seinen Renten lebt. Sein Vater hat verlangt, daß er einen Beruf ergreife; deshalb ist er Doktor der Rechte geworden und macht zuweilen willig oder widerwillig den Advokaten, wobei er sich vorzüglich gut bewährt. Er versteht sich meisterhaft auf die Musik, das Zeichnen, die Malerei und das Kupferstechen, und wie mir viele Personen versichert haben, ist er fast in allen Künsten und allen Wissenschaften gewandt. [...] kurz, er ist ein *großes* Genie, aber ein *furchtbarer* Mensch.

Eine Frau von Welt, die ihn oft gesehen hat, hat mir gesagt, daß Goethe der schönste, lebhafteste, ursprünglichste, feurigste, stürmischste, sanfteste, verführerischste und für ein Frauen*herz gefährlichste* Mann sei, den sie in ihrem Leben gesehen habe.«

Kurze Zeit später hat Zimmermann eine Begegnung mit Goethe und zeigt diesem nun die Silhouette Charlotte von Steins. Sie erfährt Goethes Beurteilung wiederum durch einen Brief Zimmermanns:

»Hannover, 22. Oktober 1775

In Straßburg habe ich unter hundert anderen Schattenrissen den Ihrigen, gnädige Frau, Goethe gezeigt. Hier haben Sie, was er mit seiner sauberen Handschrift auf den Rand des Bildes geschrieben hat: ›Es wäre ein herrliches Schauspiel zu sehen, wie die Welt sich in dieser Seele spiegelt. *Sie sieht die Welt, wie sie ist,* und doch durchs *Medium der Liebe.* So ist auch Sanftheit der allgemeinere Eindruck.‹ Niemals hat, soviel ich weiß, jemand über einen Schattenriß mit mehr Genie geurteilt, und niemals hat jemand über Sie, gnädige Frau, mit mehr Wahrheit gesprochen [...]

Ich habe in Frankfurt bei Herrn Goethe gewohnt, einem der außerordentlichsten und gewaltigsten Genies, die jemals durch die Welt gegangen sind. Er wird sicherlich kommen, Sie in Weimar zu besuchen. Dann erinnern Sie sich daran, daß alles, was ich ihm von Ihnen in Straßburg erzählt habe, ihm drei Nächte lang den Schlaf geraubt hat.«

Den Brief erhält Charlotte von Stein Ende Oktober. Am 7. November 1775 trifft Goethe selbst ein.

Das ungestüme Sturm-und-Drang-Gebaren, das Goethe zunächst an den Tag legt, stößt Charlotte von Stein vor den Kopf: »Ich habe erstaunlich viel auf meinen Hertzen daß ich den Unmenschen sagen muß. Es ist nicht möglich mit seinen Betragen kömt er nicht durch die Welt«, schreibt sie an Zimmermann. Doch im gleichen Brief wird deutlich, welche Anziehungskraft er auf sie hat, wie sehr sie ihn bereits schätzt. Sie vergleicht ihn mit Christus: »Wenn unßer sanfter Sittenlehrer gekreutzget wurde, so wird dieser bittere (= Goethe) zerhackt« – wegen seiner radikalen Ansichten! »Warum sein [...] unanständges betragen mit Fluchen und pöbelhaften niedern Ausdrücken. [...] Das ist nun alles von *Goethen* von de[m] Menschen der vor tausende Kopff und Hertz hat, der alle Sachen so klar ohne Vorurtheile sieht so bald er nur will der über alles kann Herr werden was er will.« Deutlicher kann man Bewunderung kaum ausdrücken.

Neben seinem ungebärdigen Verhalten gibt es noch einen Stein des Anstoßes. Goethe verhält sich Frauen gegenüber nicht so, wie Charlotte von Stein es wünscht: »Ich fühls Goethe und ich werden niemahls Freunde, auch seine Art mit unßern Geschlecht umzugehn gefält mir nicht er ist eigentlich was man *coquet* nent es ist nicht Achtung genug in seinen Umgang.«

Das heißt, er respektiert Frauen nicht als gleichwertige Partnerinnen. In seinem Umgangston ist noch ein Rest von der blasierten Arroganz und Herablassung, die vor allem in seinen Studentenbriefen aus Leipzig zu finden sind, in denen er seine Schwester Cornelia zu belehren versucht oder ihr erzählt: »mittlerweile hofmeistre ich hier an meinen Mädgen [...] manchmal geräths, manchmal nicht.« Eine Freundin hat er »fast aufgegeben, sie hat zuviel gelesen, und da ist Hopfen und Malz verloren«. Er sieht Frauen – der patriarchalischen Gesellschaftsordnung entsprechend – in erster Linie in ihrer Geschlechtsrolle als Liebes- oder Sexualobjekt. Für Charlotte von Stein muß dies verletzend wirken. Sie ist gerade dabei, sich zu emanzipieren von dem eingeschränkten weiblichen Rollenklischee ihrer Zeit: Geliebte, Haushälterin, Mutter. Sie will ihren künstlerischen Begabungen nachgehen und beklagt sich (in einem Brief an ihre Schwägerin), daß sie sich »um die Wirtschaft« kümmern müsse, daß sie während eines Aufenthaltes auf Schloß Kochberg »kaum viermal gezeichnet« habe und »nicht einmal zum Klavierspielen gekommen« sei. Charlotte von Stein sieht sich nicht als sinnliches – ihre sexuelle Verweigerung! –,

Der 26jährige Goethe
Öl auf Leinwand von Georg Melchior Kraus, 1775/1776

»Goethe ist der erklärte Günstling des Herzogs und der Schützling beider Herzoginnen. Trotz seiner ... Neigung zu Satiren, die an Schmähschriften grenzen, scheint er ein rechtschaffener Mann zu sein und zeigt ehrenhafte Gesinnungen. Übrigens hat er alle Arten von Ehrgeiz: schöner Mann – liebenswürdiger Mann [...] – rechtschaffener Mann – talentierter Mann. Er hält sich für einen Alkibiades, und man hat ihn genug verwöhnt, um ihn in allen seinen Prätentionen zu bestärken: Ein maßloser Ehrgeiz wird ihn stets hindern, völlig glücklich zu sein.«
Graf Putbus im Juli 1776 (Hofmarschall der Herzoginmutter)

sondern als geistiges Wesen. Sie befaßt sich mit Literatur, Philosophie, beansprucht also, sich in einer kulturellen Sphäre zu bewegen, die noch den Männern vorbehalten ist. Sie nimmt – wie einige andere Gesinnungsgenossinnen ihrer Zeit – Lebensinhalte für sich in Anspruch, die im 19. Jahrhundert von der Frauenbewegung als Zielvorstellungen entworfen werden.

Trotz ihrer Kritik an Goethe lenkt sie am Schluß des Briefes wieder ein. Sie verhält sich loyal ihm gegenüber, hat ein schlechtes Gewissen, daß sie sich hinter seinem Rücken beklagt: »Zerreißen Sie meinen Brief, es ist mir als wenn ich eine Undanckbarkeit gegen Goethen damit begangen hätte, aber um keine Falschheit zu begehn will ichs ihm alles sagen sobald ich nur Gelegenheit finde.« Charlotte von Stein ist ein sehr geradliniger Mensch. Es ist für sie selbstverständlich, mit Goethe über die Dinge zu sprechen, die ihr an ihm mißfallen. Und nicht nur das. Ihre zwiespältigen Gefühle ihm gegenüber hält sie fest in einem – eher unbedarften – »Schauspiel in drey Abtheilungen« mit dem Titel »Rino«, das sie Anfang 1776 verfaßt. Darin stellt sie ironisch die Ankunft des Titelhelden Rino an einem Fürstenhof dar. Von einigen adeligen Damen wird er bereits neugierig und sehnlich erwartet. Das Personenverzeichnis sieht folgendermaßen aus:

Rino	*Goethe*
Adelhaite	*Herzogin Mutter*
Thusnelde	*Fräulein Goechhaus ihre Hoffdame*
Kunigund	*Frau von Werther geb. Münchhaus*
Gerthrude	*Frau von Stein*

Rino/Goethe zeigt sich als überhebliches und ungehobeltes Sturm-und-Drang-Genie, das sich hochmütig über die adelige Gesellschaft äußert:

»Sind da eine Menge Gesichter herrum,
Scheinen alle recht adlich gänße dumm.«

Aber sein literarischer Ruhm läßt die Damen darüber hinwegsehen, und Adelhaite schwärmt:

»Du einziges Geschöpf in deiner Art.«

Auch Gertrude/Charlotte ist von ihm eingenommen:

»Gleichgültig ist er mir eben nicht.«

Doch Charlotte von Stein hat bereits seinen Pferdefuß entdeckt: Er flirtet hemmungslos mit allen attraktiven Frauen. Darüber macht sie sich in ihrem Schauspiel lustig. Jede der Auftretenden schmeichelt sich zunächst damit, die einzige zu sein, die schwärmerische Briefe von Rino/Goethe erhält, bis Gertrude/Charlotte aufdeckt, daß *alle* einen ganzen Packen solcher Briefe vom schreib- und flirtwütigen Poeten vorweisen können.

Während die Autorin ihm so die Lächerlichkeit seines Verhaltens vor Augen führt, legt sie gleichzeitig einen Köder aus, um ihn herauszufordern, in der Hoffnung, der Umschwärmte möge anbeißen. Sie gibt vor, ihn wegen seiner Flatterhaftigkeit zu bedauern, würde er dadurch doch »manch treues Herz ermorden« – Charlottes! –, während seine oberflächlichen Liebeleien ihn nur unglücklich machten:

»So ist er gar nicht herr von sich,
der arme Mensch, er dauert mich«

Sie will die einzige sein, welcher er den Hof macht.

»Ich bin ihm zwar gut, doch Adelhaite glaub mirs nur
Er geht auf aller Frauen Spuhr;
Ist würcklich was man eine coquette nennt,
Gewiß ich hab ihm nicht verkennd.«

Sie spielt die Resignierte, die verzichten muß:

»Für mich ist die Liebe vorbey,
Auch schien ich ihm sehr einerley.«

Goethe beweist ihr das Gegenteil. Er spürt, daß sie bereit ist, ihre ironische Distanz aufzugeben, wenn er sein Interesse auf sie konzentriert. Und er ist neugierig auf die Situation, die sich daraus ergeben wird. Ihre Anziehung veranlaßt ihn, sie schließlich allen anderen Frauen am Weimarer Hof vorzuziehen.

Im Netz der Anziehung

»Ich will sehn ob ich aushalte nicht zu kommen. Ganz sind Sie nicht sicher vor mir.«

Was ist es nun, das Goethe zu einer Frau hinzieht, an die er sich bereits nach drei Monaten »geheftet und genistelt« fühlt? Bei oberflächlicher Betrachtung scheint sie für einen potentiellen Liebhaber vor allem negative Attribute aufzuweisen: sie ist verheiratet, sieben Jahre älter als er, anziehend zwar, aber nicht ausgesprochen schön, sie legt Wert auf gesellschaftliche Formen, auf ihren guten Ruf – und sie sucht auf keinen Fall ein sexuelles Abenteuer. Bei genauerem Hinsehen erweist sich dies alles für Goethe als Vorteil, und er sucht instinktiv ihre Nähe.

Sie hat die Lebensreife und charakterliche Festigkeit, die Goethe sich erst noch erwerben muß. Das Hofleben ist ihr von Kindesbeinen an vertraut. Sie fühlt sich hier zu Hause und kann Goethe Sicherheit geben, seine Verbündete sein, die ihm hilft, sich leichter in einer neuen gesellschaftlichen Umgebung zu behaupten. Charlotte von Steins sozialer Status stellt eine Steigerung dar gegenüber seiner letzten Eroberung, Lili Schönemann. Sie verbindet ihn mit der Spitze der gesellschaftlichen Pyramide, bevor er selbst geadelt wird. Goethe ist als Bürgerlicher protokollarisch ein Außenseiter am Hof. Die Tragweite von Standesunterschieden können wir heute kaum mehr nachvollziehen. So darf Goethe zum Beispiel trotz seiner Freundschaft mit Herzog Karl August – und obwohl er gelegentlich die Nacht in dessen Schlafzimmer verbringt – nicht an der herzoglichen Tafel speisen, sondern muß mit dem »Marschalltisch« vorliebnehmen, was ihm bei seinem beträchtlichen Geltungsdrang ein ständiger Stachel im Fleisch gewesen sein dürfte. Diese und andere Peinlichkeiten muß er fast sieben Jahre lang in Kauf nehmen, bis er schließlich im April 1782 in den Adelsstand erhoben wird und sich Herr *von* Goethe nennen darf.

Im komplizierten Ranggefüge des Hofes ist Charlotte von Stein seine Verbündete, die trotz Kritik loyal zu ihm steht und Unerfreuliches von ihm fernhält, soweit es ihr möglich ist.

Eine große Nähe und Vertrautheit zwischen Goethe und Charlotte von Stein scheint sich auch deswegen sehr bald eingestellt zu haben, weil sie ihn bewußt oder unbewußt an seine Schwester erinnert, Cornelia, die engste Vertraute und Freundin seiner Jugendjahre. Die Beziehung mit ihr hat ihn geprägt und sein späteres Liebesleben beeinflußt. Der amerikanische Psychologe Kurt R. Eissler[5] sieht im engen Verhältnis der Geschwister inzestuöse Züge. Goethe scheint eifersüchtig gewesen zu sein auf Cornelias späteren Ehemann, den Anwalt und Freund der Familie, Johann Georg Schlosser, scheint auch versucht zu haben, die Verbindung zu verhindern. Cornelia war denkbar unglücklich in ihrer Ehe bis hin zu schweren Depressionen. Goethe sagt über sie: »Der Gedanke, sich einem Mann hinzugeben, war ihr widerwärtig«, er könne sie sich am ehesten als »Äbtissin« in einem Kloster vorstellen. Ungeklärt bleibt, was ihre eigentliche Veranlagung und was Wunschdenken seinerseits war im Sinne von: Meine Schwester soll mir allein erhalten bleiben und keinen anderen Mann lieben. Wenn Goethe Charlotte von Stein gelegentlich als seine »Schwester« bezeichnet, dann dürfte die verbindende Gemeinsamkeit zwischen den beiden Frauen vor allem in der Unterdrückung ihrer Sexualität bestanden haben. Es ist einer der Gründe, weswegen er Charlotte von Stein bewundert und verehrt: Sie erscheint ihm als Idealtyp der ehrbaren Frau. Auch er hat das gesellschaftliche Klischee verinnerlicht, daß »anständige« Frauen nicht sinnlich und leidenschaftlich sein dürfen.

Die körperliche Distanz, auf der Charlotte von Stein offenbar besteht, kommt außerdem seinen Ängsten entgegen, von einer Frau zu sehr gefesselt und in Bann gezogen zu werden und so seine Freiheit zu verlieren. Dies geht so weit, daß er sehr wahrscheinlich in seinem ganzen Leben sexuelle Beziehungen nur mit Frauen hatte, die ihm geistig-kulturell in keiner Weise gewachsen waren. Eine in jeder Hinsicht befriedigende Liebesbeziehung hätte möglicherweise die seelischen Spannungen abgebaut, die seine Kreativität beflügelten und ihn zu höchster künstlerischer Produktivität befähigten. Glück macht zufrieden und träge, Unglück kann unseren Entwicklungsprozeß vorantreiben. Eissler stellt fest: »Im Leben des Genies wird das Liebesobjekt immer zugunsten des künstlerischen Objekts geopfert, welches das Genie hervorbringen will.« Zum Schreiben zieht Goethe sich zeit seines Lebens von jeder menschlichen Gesellschaft zurück: »denn dabey bleibt es nun einmal: daß ich ohne absolute Einsamkeit nicht das mindeste hervorbringen kann.«[6] Er weist eine Vielzahl von neurotischen Symptomen auf, aber ohne sie wäre er nicht der geniale Künstler und Ausnahmemensch geworden, der er war, ein Egomane, stets mit sich und seiner Innenwelt befaßt. Sein literarisches Werk wäre anders nicht denkbar.

Verstärkt wird seine Angst vor körperlicher Nähe zu einer idealen Frau durch einen sexuellen Defekt. Kurt R. Eissler weist in seiner psychoanalytischen Studie überzeugend nach, daß Goethe in seinen jungen Jahren an vorzeitiger Ejakulation gelitten habe, ausgelöst bereits durch leidenschaftliches Küssen und Zärtlichkeiten, bevor es zum tatsächlichen Geschlechtsverkehr kommen konnte. Was in seiner Leipziger Studentenzeit noch ein willkommener Mechanismus war, der ihm die unerwünschten Folgen einer sexuellen Beziehung – die Schwängerung eines Mädchens – ersparte, wird später zu einem Übel, einer Reaktion, die er nicht kontrollieren kann. Daß es sich um einen sexuellen Defekt handelte, könnte ihm in der Straßburger Zeit im Zusammenhang mit Friederike Brion bewußt geworden sein, und es wäre eine mögliche Erklärung dafür, daß er sie so plötzlich verließ: aus Scham nach sexuellem Versagen.

In »Dichtung und Wahrheit« erzählt Goethe, er habe sich damals »in Acht genommen, irgendein Mädchen zu küssen ... Ich überwand daher jede Lüsternheit, durch die sich der Jüngling gedrungen fühlt, diese viel oder wenig sagende Gunst einem reizenden Mädchen abzugewinnen.« Den tieferen Grund für seine Zurückhaltung nennt er nicht.

Charlotte von Steins Bestehen auf sexueller Enthaltsamkeit kommt ihm also entgegen, weil es ihm peinliche Situationen erspart. Und es heilt ihn – laut Eissler – durch einen langwierigen, unbewußten psychischen Prozeß von diesem Defekt. Sie verbittet sich jede *leidenschaftliche* Annäherung Goethes. Man kann davon ausgehen, daß sie sich küßten, aber es wäre völlig gegen ihre Art, wenn Charlotte von Stein ihm *leidenschaftliche* Küsse erlaubt hätte. Wann immer Goethe gegen ihre Verhaltensregeln verstößt, verbannt sie ihn für einige Zeit aus ihrer Nähe[7]. Eissler sagt dazu: »Er lernte sozusagen die Kunst des leidenschaftslosen, bloß zärt-

Charlotte von Stein
Foto nach Graphitzeichnung,
vermutlich ein Selbstbildnis

Goethe im Gespräch mit Eckermann [1. Oktober 1827] über die ersten Weimarer Jahre: Ihn habe damals »mehr als *ein* leidenschaftliches Verhältnis« gefesselt.
»Es ist eine sehr angenehme Empfindung, wenn sich eine neue Leidenschaft in uns zu regen anfängt, ehe die alte noch ganz verklungen ist. So sieht man bei untergehender Sonne gern auf der entgegengesetzten Seite den Mond aufgehen und erfreut sich an dem Doppelglanze der beiden Himmelslichter.«

lichen Küssens, wissend, daß das Überschreiten einer bestimmten Schwelle den sofortigen Verlust des Liebesobjekts zur Folge haben würde.« Eine tiefere Bedeutung gewinnt in diesem Zusammenhang eine Tagebuchnotiz Goethes vom 7. August 1779: »Möge die Idee des reinen die sich bis auf den Bissen erstreckt den ich in den Mund nehme, immer lichter in mir werden.« Dazu schreibt Eissler: »Der Mund war das Organ der Sünde, denn dessen Reizung führte zur Ejakulation. Unter dem Einfluß von Charlotte von Stein wurde Goethe dazu gebracht, dieses Symptom zu beseitigen. Der beste Weg zur Erreichung dieses Ziels war die

Ausdehnung des Bedeutungsbereichs. Wenn alle vom Mund ausgehende Lust verboten wird, dann kann man sicher sein, unmittelbare sexuelle Folgen auszuschließen. Man muß auch bedenken, daß bei der Unterdrückung einer solchen Perversion die libidinöse Besetzung des Essens [...] größer wird. Also stimmte Goethes Einbeziehen jedes gegessenen Bissens in den Begriff der Reinheit mit dem vordringlichen Ziel zu jener Zeit überein. Goethes Eintrag über die Reinheit des Bissens kann als Indizienbeweis für die Richtigkeit meiner Rekonstruktion gelten. Mit dem Verschwinden des Symptoms in Italien wurde Goethe auch freier in seinen Eßgewohnheiten, was anderen auffiel.«

Entsprechend ihrer Tugendanforderungen an sich selbst, stellt Charlotte von Stein auch an Goethe höchste ethische und moralische Ansprüche. Sie ist die fleischgewordene Repräsentantin seines Über-Ich. Eissler vermutet, daß Goethe aufgrund seiner heftigen Gefühle für sie immer wieder sexuell erregt wurde, ohne daß sie ihm die Möglichkeit gab, seine Erregung abzubauen. So lernt er im Laufe dieser langjährigen Liebesbeziehung, sexuelle Spannung auszuhalten und höchste Selbstdisziplin. Dies ist vermutlich der wesentliche Faktor im Gesundungsprozeß, der ihn von seiner sexuellen Störung befreit, so daß er später während seiner Italienreise als fast 40jähriger eine befriedigende sexuelle Beziehung eingehen kann.

Charlottes Kinder stellen für Goethe einen weiteren Anziehungspunkt dar. Er liebt Kinder, das zeigte sich bereits deutlich in Wetzlar. Charlotte Buff erschien ihm nicht zuletzt deswegen so reizvoll, weil sie auf eine mütterlich warme Art ihre kleinen Geschwister versorgte. Die Unbefangenheit und unmittelbare Lebensfreude von Kindern gibt ihm ein positives Lebensgefühl, es hilft ihm, trübe Gedanken und Stimmungen zu bekämpfen, die ihn immer wieder überfallen. Er genießt den geordneten häuslichen Kreis um Charlotte von Stein, in den er sich eingliedern kann, ohne eine endgültige und ausschließliche Verantwortung als Familienvater übernehmen zu müssen, vor welcher er zurückschreckt. Wie gut also auch, daß sie bereits an einen anderen Mann gebunden ist.

Goethe etabliert sich

»Es ist wohl nun nicht anders, ich bleibe hier.«

1775/1776

Bereits im Februar 1776 steht für Goethe fest, daß er in Weimar bleiben wird. Neben anderen herausragenden Menschen, die sich von der besonderen, freigeistigen Atmosphäre am Weimarer Hof angezogen fühlen, wird er derjenige sein, der hier ein »Goldenes Zeitalter« der Künste begründet, wie es Zimmermann in einem Brief an Charlotte von Stein im Dezember 1775 bereits vor Augen hat:

»Ich wünsche Herrn Goethe alles mögliche Ansehen an Ihrem Hofe. Höflinge (entschuldigen Sie die unwürdige Bezeichnung!) dieser Art können neben einem so weisen[8], scharfsichtigen und aufgeklärten Fürsten, wie der Herzog ist, bei Ihnen ein Goldenes Zeitalter hervorrufen, das in der Geschichte Epoche machen und bei der Nachwelt die sogenannten großen Taten der großen Höfe und großen Nationen auslöschen wird.«

Weimar wird von Goethe geprägt. Er wird zum geistigen Mittelpunkt, durch den das unbedeutende Fürstentum die Ausstrahlung und Anziehungskraft bekommt, die es als Kulturmetropole berühmt macht bis in die heutige Zeit.

Charlotte erkennt offensichtlich, daß es ihre Aufgabe ist, Goethe zielgerichtet auf den rechten Weg zu bringen. Liebe macht nicht blind, sondern hellsichtig für die positiven Anlagen eines Menschen. Sie erfaßt sehr schnell sein tatsächliches Begabungspotential, auch wenn für ihn zunächst gesellschaftliche Zerstreuungen im Vordergrund stehen: »daß er jagd, scharff reit, mit der großen Peitsche klatscht, alles in Gesellschaft des Herzogs, [...] sind [...] seine Neigungen nicht«. Den Einfluß, den sie auf ihn hat, benützt sie, um seine Energie von den oberflächlichen Vergnügungen mit dem Herzog umzulenken auf die Bereiche, in denen er Außergewöhnliches leisten kann. Sie fördert das »Gute, Große und Schöne« in ihm.

Was geht in ihr vor während der ersten Monate, als ihr immer deutlicher wird, daß Goethes Bewunderung vor allem ihr gilt, mehr als allen anderen Frauen am Weimarer Hof? Wie reagiert eine 33jährige, die resigniert ist und vom Leben nichts mehr erwartet? Goethe, der für sich selbst immer Trost in der Natur findet, versucht ihren Lebensmut zu wecken, indem er ihr schreibt, die Sonne sei »der Born, der nie versiegt. Das Feuer, das nie verlischt ... auch dir nicht, die du manchmal wähnst der heilige Geist des Lebens habe dich verlassen« (25. März 1776). Wird sie das Glück zulassen, das ihr so unvermutet in den Schoß gefallen ist? Sie kämpft mit sich und mit den ihr anerzogenen moralischen Grundsätzen. Sie fühlt sich verpflichtet zur Loyalität ihrem Mann gegenüber, und sie muß ihren eigenen guten Ruf schützen: Sie legt Wert auf ihr Ansehen in den Hofkreisen. Es ist ihre Welt, außerhalb derer sie nicht existieren kann. Die Welt in Weimar ist zu klein und zu überschaubar, um irgend etwas verheimlichen zu können. Geklatscht wird in der ersten Zeit ohnehin: Die häufigen Besuche Goethes in der von Steinschen Wohnung bleiben nicht unbemerkt. Ebensowenig wie die schwärmerische Aufmerksamkeit und Bewunderung, die er Charlotte von Stein entgegenbringt. Gerade diese entwaffnende Offenheit, mit der er ihr vor aller Augen den Hof macht, ermöglicht es Charlotte von Stein, im

Scherz darauf einzugehen und es als ein gesellschaftliches Spiel darzustellen: die attraktive und lebenserfahrene Frau, die nachsichtig und gleichzeitig amüsiert die naiv-stürmischen Huldigungen eines gefühlvollen jungen Mannes entgegennimmt, die ihn lachend abwehrt wie einen verspielten jungen Hund, wenn er sich zuviel herausnimmt.

Doch Goethe bleibt wider Erwarten in Weimar, und aus dem Spiel wird Ernst: Er gewinnt allmählich ihre tiefe Zuneigung. Dennoch ist sie gezwungen, ihn weiterhin in die üblichen gesellschaftlichen Schranken zu verweisen. Die geschlechtsspezifische Doppelmoral unserer patriarchalischen Gesellschaft erlaubt es zwar jedem Mann, eine verheiratete Frau zu umwerben, aber von den Frauen erwartet man bis in die heutige Zeit, daß sie ihre sexuellen Bedürfnisse unterdrücken und unter Kontrolle halten. Charlotte von Stein hat diese Moralvorstellung verinnerlicht. Sie ist beherrscht und vernünftig genug – auf Kosten ihrer Sinnlichkeit –, um von Goethe zu verlangen, er müsse sich an die gesellschaftlich sanktionierten Spielregeln halten. In aller Öffentlichkeit gepflegte gefühlvolle Freundschaften mit erotischen Untertönen zwischen verheirateten Frauen und ihren Verehrern sind erlaubt. Allerdings muß die Frau eine sexuelle Befriedigung verweigern. Goethe ist nicht begeistert. Als sie ihn im März 1776 unter vier Augen »mit den sanfftesten Ton von der Welt« bittet, sie nicht zu duzen, weil es sich trotz aller Freundschaft nicht gehört und man daran Anstoß nehmen könnte, ist Goethe verletzt, »springt ... wild auf vom Kanape, sagt ich muß fort, läufft ein paar mahl auf und ab um seinen Stock zu suchen, find ihn nicht, rent so zur Thüre hinaus ohne Abschied ohne gute Nacht; Sehen Sie lieber Zimmermann so wars heute mit unsern Freund. Schon einige mahl habe ich bittern Verdruß um ihn gehabt das weis er nicht und sols nie wißen. nochmals gute Nacht.«

Dennoch, sie ist verliebt. Im Mai 1776 erlaubt sie sich in einem Brief an ihren Vertrauten Zimmermann, ihrem Gefühlsüberschwang Luft zu machen: »Mir geht's mit *Goethen* wunderbar, nach acht Tagen, wie er mich so hefftig verlaßen hat komt er mit einen Übermaas von Liebe wieder.«

In diesem Brief spricht sie fast ausschließlich von *ihm,* seinen Namen erwähnt sie *elf* Mal. Wie stark ihre Gefühle inzwischen sind, zeigt sich auch darin, daß sie Veränderungen an sich feststellt, die *er* verursacht: sie bekommt durch ihn neue Einsichten, stellt ihre bisherigen Ansichten (bis zu einem gewissen Grad) in Frage: »Ich hab zu mancherley Betrachtungen durch *Goethen* Anlaß bekommen; jemehr ein Mensch faßen kann, daucht mir, je dunckler [...] wird ihn das Ganze je eher fehlt mann den ruhigen Weg, gewiß hatten die gefallenen Engel mehr Verstand wie die übrigen.« Ein »gefallener« Engel ist für sie Goethe – menschlicher in seinen Fehlern, seiner Offenheit, seinen Ecken und Kanten als die glatten, angepaßten, in ihrem formvollendeten Verhalten scheinbar fehlerlosen Höflinge.

Es ist mittlerweile ein Geben und Nehmen zwischen beiden, sie beeinflussen sich gegenseitig: »Ich bin durch unßern lieben Goethe ins deutsch schreiben gekommen wie sie sehen, und ich danks ihm, was wird er wohl noch mehr aus mir machen? den[n] wen[n] er hier, lebt er immer um mich herum.«

Indem sie von der allgemein üblichen Gewohnheit abweicht, Briefe in französischer Sprache zu schreiben, betont sie, daß die deutsche Sprache durch das dichterische Können Goethes eine neue Bedeutung gewonnen hat – er hat sie sozusagen hoffähig gemacht.

Wie unsicher Charlotte von Stein sich in ihrer Situation noch fühlt, läßt sie erkennen in dem Satz, mit dem sie den Brief abschließt: »Gute Nacht lieber Zimmermann, ich bit um vergebung wegen vielen unützen Zeug daß ich geschwätz habe.«

Weniger vertrauten Menschen gegenüber hält sie sich zu diesem Zeitpunkt noch völlig bedeckt. Am gleichen Tag (10. Mai 1776) schreibt sie einen Brief an eine Bekannte, Luise von Döring. Darin ist keine Rede von ihren Gefühlen und den Veränderungen, die Goethe an ihr bewirkt: »Goethe verursacht hier einen großen Umsturz; wenn er auch wieder Ordnung machen kann, um so besser für sein Genie! Sicherlich ist seine Absicht gut, aber zu große Jugend und zu geringe Erfahrung – doch warten wir das Ende ab!«

Wegen ihrer Vorsicht und Zurückhaltung kommt es immer wieder zum »Verdruß« mit Goethe. Am 24. Mai 1776 kritisiert er in seinem Brief, daß sie zuviel Rücksicht nimmt auf die »Welt«, d. h. auf die Meinung der Gesellschaft: »Die Welt die mir nichts seyn kann will auch nicht daß du mir was seyn sollst.« Als Mann kann er es sich bedenkenlos erlauben, sich über die gesellschaftlichen Konventionen hinwegzusetzen: »Du hast recht mich zum heiligen zu machen, das heisst mich von deinem Herzen zu entfernen. Dich so heilig du bist kann ich nicht zur heiligen machen, und hab nichts als mich immer zu quälen dass ich mich nicht quälen will. ... Gut, ich will dich nicht sehen! – Gute Nacht.

Hier auch eine Urne, wenn allenfalls einmal vom Heiligen nur Reliquien überbleiben sollten.«

Charlotte von Stein verbannt ihn aus ihrer Gegenwart,

wenn sie befürchtet, daß die Beziehung zu leidenschaftlich werden könnte. So bekommt Goethe nicht die Erlaubnis, sie im Herbst 1776 nach Schloß Kochberg zu begleiten. Er muß in Weimar zurückbleiben – und leidet: »Adieu, ich bin dem Schicksaal zuviel schuldig als daß ich klagen sollte, und doch für meine Gefühle kann ich nichts. Adieu, ich werde nicht nach Kochberg kommen, denn ich verstund Wort und Blick. Adieu« (8. Sept. 1776). Er ist beleidigt: »O Sie haben eine Art zu peinigen wie das Schicksaal, man kann sich nicht drüber beklagen so weh es thut. [...] Ade. Von mir hören Sie nun nichts weiter, ich verbitte mir auch alle Nachricht von Ihnen oder Lenz[9]. Wenn was zu bestellen ist mag er's an Philip [Seidel] schreiben« (10. Sept. 1776).

Zwei Tage später lenkt er ein: »[...] ich hatte Bedencken Ihnen die vorhergehende Seite zu schicken, doch Sie mögen sehn wie mirs im Herzen manchmal aussieht, wie ich auch ungerecht gegen Sie werden kann. Ich dank Ihnen fürs erste Andencken von Ihrem Schreibtisch.«

Der letzte Satz zeigt, daß Charlotte von Stein ihm ein Versöhnungsangebot machte – allerdings aus der sicheren Distanz ihres Landsitzes. Offensichtlich beherrscht sie sehr gut das alterprobte Spiel, durch Rückzug und erneutes Entgegenkommen Goethes Gefühle zu verstärken. So wirft er ihr auch vor, daß sie ihm wohl aus der Entfernung gefühlvolle Briefe schreibt, sich in seiner Gegenwart aber kühl und distanziert verhält. Ihre zeitweilige Zurückhaltung macht Goethe gefügig. Er zeigt sich einsichtig wie ein gelehriger Schüler: »Sie sind lieb daß Sie mir alles gesagt haben.« Er will sie nur noch aus der Ferne lieben: »Ich seh dich eben künftig wie man *Sterne* sieht [...] Dein Verhältniß zu mir ist so heilig sonderbaar, daß ich erst recht bey dieser Gelegenheit fühlte: es kann nicht mit Worten ausgedrückt werden, Menschen könnens nicht sehen [...] Adieu liebe.«

Aber die von ihr erzwungene Distanz quält ihn: »mein Herz ist doch bey Ihnen, liebe einzige die mich glücklich macht ohne mir weh zu thun. doch – freylich auch nicht immer ohne Schmerz.« Dennoch ist sein Wunsch »Wenn ich nur leben könnte ohne zu lieben« bloßes Lippenbekenntnis. Er ist sich dessen bewußt, wie fruchtbar die Freundschaft mit Charlotte von Stein für seine eigene Entwicklung ist: »Liebste ... ich habe viel gezeichnet ... Die Liebe gibt mir alles und wo die nicht ist, dresch ich Stroh.«

Im Oktober 1776, als Goethe sich fast schon ein Jahr in Weimar aufhält, ist auch Charlotte von Stein sich darüber im klaren, daß ihre Gefühle für ihn über die einer Freundschaft hinausgehen: Sie bezeichnet ihre Zuneigung zu ihm als »liebe Sünde«, wenn sie ein Unrecht sei, dann möge der »Himmel« sie dafür bestrafen. Ihr verändertes, positives Lebensgefühl überzeugt sie wohl davon, daß ihre Liebe kein Unrecht sein kann. Sie empfindet keinen Lebensüberdruß mehr. Ihr Leben erhält einen neuen Sinn und Inhalt. Ende Oktober 1776 schreibt Goethe einen kurzen Einakter: »Die Geschwister«. Eine der Frauenfiguren trägt den Namen »Charlotte«. Eine ihrer Äußerungen dürfte – zumindest dem Sinn nach – auf Charlotte von Stein zurückzuführen sein: »Die Welt wird mir wider Lieb [...] ich hatte mich so los von ihr gemacht, wieder lieb durch Sie. [...] Vor einem halben Jahr war ich so bereit zu sterben, und ich bin's nicht mehr.«

Wie waren nun die äußeren Rahmenbedingungen, das alltägliche Leben, das den Hintergrund für ihre Liebesbeziehung bildete?

Goethe und Charlotte von Stein sehen sich täglich – oft auch mehrmals täglich – bei offiziellen Anlässen am Hof; er geht im Steinschen Haus aus und ein wie ein Familienmitglied: »Wenn heut abend jemand zu Haus ist, so komm ich, les den Kindern ein Märchen, esse mit Euch und ruhe an Deinen Augen von mancherlei aus.« Sie nehmen gemeinsam die Mahlzeiten ein, lesen, diskutieren, beschäftigen sich mit den drei Söhnen, Karl, Ernst und Fritz. Der Älteste ist 11, der Jüngste 3 Jahre alt. Goethe ersetzt ihnen zum Teil den Vater, der im Dienst des Herzogs fast ständig abwesend ist, so daß die beiden Männer sich gegenseitig nicht ins Gehege kommen. Dazwischen findet Goethe die Zeit, Briefe an Charlotte von Stein zu schreiben, in denen er sie unermüdlich seiner Zuneigung versichert. Wenn er auf Reisen ist, schildert er seine Eindrücke, schreibt von seiner Sehnsucht. Viele Briefe sind nur »Zettelgen« und bestehen aus kurzen Mitteilungen, Fragen nach dem Befinden, oder sie sind kleinen Geschenken beigelegt: Blumen, Äpfel, Spargel aus seinem Garten. Im Gegenzug läßt Charlotte von Stein ihm Mahlzeiten aus ihrer Küche in sein Gartenhaus bringen.

Einen lebhaften Eindruck vom Tagesablauf in Weimar erhält man aus einem Brief, den Goethe an eine Freundin, Gräfin Stolberg, schreibt:

»Den 18. Mai. Gestern konnt ich dir nichts mehr sagen. Der Husarnrittmeister kam in meinen Garten, ich ritt um elf nach dem Lustschloß Belvedere, wo ich hinten im Garten eine Einsiedelei anlege, allerlei Plätzchen drin für arme Kranke und bekümmerte Herzen. Ich aß mit dem Herzog, nach Tisch ging ich zur Frau von Stein, einem Engel von einem Weibe, der ich so oft die Beruhigung meines Herzens und manche der reinsten Glückseligkeiten zu verdanken habe. Wir gingen in meinen Garten spazieren. Ihr Mann, ihre Kinder, ihr Bruder, ein paar Fräulein Ilten, es kamen mehr zu uns, wir gingen spazieren, begegneten der Herzogin Mutter und dem Prinzen [Konstantin[10]], die sich zu uns. Wir waren ganz vergnügt. Ich verließ die Gesellschaft, ging noch einen Augenblick zum Herzog und aß mit Frau von Stein zu Nacht. Nun ists wieder schöner heitrer Tag. Soviel jetzt halb neun.

Nachts zehn. Im Garten versteht sich jetzt von selbst. Ging um elf heut früh in die Stadt, steckte mich in ehrbare Kleider, machte eine Visite, ging zum Herzog, einen Augenblick zur Herzogin Mutter, wir haben Italieners hier, die uns gute Güsse der Antiken schaffen, dann bei Frau von Stein zu Tisch, wir hatten Lust uns zu necken, um vier zu Wieland in Garten, wo der Maler Kraus dazukam. Beide mit mir in meinen Garten. Sie verließen mich, da kam der Herzog und der Prinz mit noch zween guten Geistern. Wir schwatzten und trieben allerlei, Frau von Stein mit ihrer Mutter kam von Oberweimar herunter spazieren, wir begleiteten sie, kehrten um, der Prinz verließ uns auch, ich erzählte dem Herzog eine Geschichte eines meiner Freunde, der sich wunderlich durch die Welt schlagen mußte, begleitet ihn nach der Stadt und kam allein zurück. Hier treu mein Tag, lieb Gustchen. Ich hab so viel gedacht! daß ichs doch nur nicht so hinsagen kann.«

Briefe 1775/1776

Anfang Januar 1776
Hier durch Schnee und Frost eine Blume. Wie durch das Eis und Sturmwetter des Lebens meine Liebe. Vielleicht komm ich heute. Ich bin wohl und ruhig, und meyne ich hätte Sie um viel lieber als sonst, das doch immer mir jeden Tag meist so vorkommt.

*

Lieber Engel, ich komm nicht ins Concert, denn ich bin so wohl, dass ich nicht sehen kann das Volck! lieber Engel Ich lies meine Briefe holen und es verdross mich dass kein Wort drinn war von dir, kein Wort mit Bleystifft, kein guter Abend. Liebe Frau, leide dass ich dich so lieb habe. Wenn ich iemand lieber haben kann, will ich dir's sagen. Will dich ungeplagt lassen. Adieu Gold. du begreiffst nicht ***wie*** *ich dich lieb hab.*
d. 28. Jan. 76. *G.*

*

Ich musste fort aber du sollst doch noch eine gute Nacht haben. Du Einzige die ich so lieben kann ohne daß mich's plagt – Und doch leb ich immer halb in Furcht – Nun mag's. All mein Vertrauen hast du, und sollst so Gott will auch nach und nach all meine Vertraulichkeit haben. O hätte meine Schwester einen Bruder irgend wie ich an dir eine Schwester habe. Denck an mich und drück deine Hand an die Lippen, denn du wirst Gusteln [Goethe] *seine Ungezogenheiten nicht abgewöhnen, die werden nur mit seiner Unruhe und Liebe im Grab enden. Gute Nacht. Ich habe nun wieder auf der ganzen Redoute nur deine Augen gesehn – Und da ist mir die Mücke um's Licht eingefallen. Ade! Wunderbaar geht's in mir seit dem gestrigen lesen. Morgen zu Pferd.*

Febr. d. 23. Nachts halb 1 Uhr

*

An Charlotte von Stein
16.4.1776

Warum gabst du uns die tiefen Blicke,
Unsre Zukunft ahndungsvoll zu schaun,
Unsrer Liebe, unserm Erdenglücke
Wähnend selig nimmer hinzutraun?
Warum gabst uns, Schicksal, die Gefühle,
Uns einander in das Herz zu sehn,
Um durch all die seltenen Gewühle
Unser wahr Verhältnis auszuspähn?

Ach, so viele tausend Menschen kennen,
Dumpf sich treibend, kaum ihr eigen Herz,
Schweben zwecklos hin und her und rennen
Hoffnungslos in unversehnen Schmerz;
Jauchzen wieder, wenn der schnellen Freuden
Unerwart'te Morgenröte tagt.
Nur uns armen Liebevollen beiden
Ist das wechselseitige Glück versagt,
Uns zu lieben, ohn uns zu verstehen,
In dem andern sehn, was er nie war,
Immer frisch auf Traumglück auszugehen
Und zu schwanken auch in Traumgefahr.

Glücklich, den ein leerer Traum beschäftigt!
Glücklich, dem die Ahndung eitel wär!
Jede Gegenwart und jeder Blick bekräftigt

Traum und Ahndung leider uns noch mehr.
Sag, was will das Schicksal uns bereiten?
Sag, wie band es uns so rein genau?
Ach, du warst in abgelebten Zeiten
Meine Schwester oder meine Frau.

Kanntest jeden Zug in meinem Wesen,
Spähtest, wie die reinste Nerve klingt,
Konntest mich mit Einem Blicke lesen,
Den so schwer ein sterblich Aug durchdringt;
Tropftest Mäßigung dem heißen Blute,
Richtetest den wilden irren Lauf,
Und in deinen Engelsarmen ruhte
Die zerstörte Brust sich wieder auf;
Hieltest zauberleicht ihn angebunden
Und vergaukeltest ihm manchen Tag.
Welche Seligkeit glich jenen Wonnestunden,
Da er dankbar dir zu Füßen lag,
Fühlt' sein Herz an deinem Herzen schwellen,
Fühlte sich in deinem Auge gut,
Alle seine Sinnen sich erhellen
Und beruhigen sein brausend Blut!

Und von allem dem schwebt ein Erinnern
Nur noch um das ungewisse Herz,
Fühlt die alte Wahrheit ewig gleich im Innern,
Und der neue Zustand wird ihm Schmerz.
Und wir scheinen uns nur halb beseelet,
Dämmernd ist um uns der hellste Tag.
Glücklich, daß das Schicksal, das uns quälet,
Uns doch nicht verändern mag!

Also auch das Verhältniß, das reinste, schönste, wahrste, das ich ausser meiner Schwester ie zu einem Weibe gehabt, auch das gestört! – Ich war drauf vorbereitet, ich litt nur unendlich für das Vergangne und das Zukünftige. Ich will Sie nicht sehn, Ihre Gegenwart würde mich traurig machen. Wenn ich mit Ihnen nicht leben soll, so hilft mir Ihre Liebe so wenig als die Liebe meiner Abwesenden, an der ich so reich bin. Die Gegenwart *im Augenblicke des Bedürfnisses entscheidet alles, lindert alles, kräfftiget alles. Der Abwesende kommt mit seiner Sprüzze wenn das Feuer nieder ist – und das alles um der Welt willen! Die Welt die mir nichts seyn kann will auch nicht daß du mir was seyn sollst – Sie wissen nicht was sie thun. Die Hand des Einsam verschlossnen, der die Stimme der Liebe nicht hört, drückt hart wo sie aufliegt. Adieu beste.*
d. 24. May 76

*

Hier liebe Frau den Tribut. Ich will sehn ob ich aushalte nicht zu kommen. Ganz sind Sie nicht sicher vor mir. Gestern hatt ich wieder einige Augenblicke in denen ich recht fühlte daß ich Sie lieb habe.
d. 4. Jun. 76 *G.*

*

Juni 1776
Warum soll ich dich plagen! Liebstes Geschöpf! – Warum mich betrügen und dich plagen und so fort. – Wir können einander nichts seyn und sind einander zu viel – Glaub mir wenn ich so klar wie Faden mit dir redte,du bist mit mir in allem einig. – Aber eben weil ich die Sachen nur seh wie sie sind, das macht mich rasend. Gute Nacht Engel und guten Morgen. Ich will dich nicht wiedersehn – Nur – du weisst al-

les – Ich hab mein Herz – Es ist alles dumm was ich sagen könnte. – Ich seh dich eben künftig wie man Sterne *sieht! – denck das durch.*

*

Du hast gestern Steinen lahm nach Hause kriegt, sonst wär ich noch einen Augenblick kommen, denn ich bedarf auch einiger Pflege; da ging ich zu Wieland und ward mir wieder freyer. Liebste Frau ich darf nich dran dencken daß Sie Dienstag weggehn, daß Sie auf ein halb Jahr hinaus von mir ab sind. Denn was hilft alles! Die Gegenwart ists allein die würckt, tröstet und erbaut! – Wenn sie auch wohl manchmal plagt – und das plagen ist der Sommerregen der Liebe. Ich hab Sie viel lieber seit neulich, viel theurer und viel werther ist mir deine Gutheit zu mir. Aber freylich auch klarer und tiefer ein Verhältniß, über das man so gerne wegschlüpft, über das man sich so gerne verblendet. Der Herzoginn Mutter entging nicht daß ich mich auf einmal veränderte. Adieu! Hier eine Rose aus meinem Garten, hier ein Paar halbwelcke, die ich an einer Hecke, gestern zurückreitend dir abbrach. Leb wohl bestes. Der Schwester einen guten Morgen. Addio.
d. 22. Jun. 76 *G.*

*

Als ich für dich zeichnete an der Ilm d. 29. Jun. 76. Zwischen Mittag und 1.

Hier bildend nach der reinen stillen
Natur, ich ach mein Herz der alten Schmerzen voll
Leb ich doch stets um derentwillen
Um derentwillen ich nicht leben soll.

Sonst hab ich noch allerley Ihnen geschrieben. Der Herzog nahm mir neulich was weg und wollt was drunter schreiben.

Es war Danck für Ihre herzliche Zeichnung. Brauch ich zu sagen daß ich Sie vermisse. – Es ist Prüfung daß Sie weg sind. Engel ade.
d. 2. Juli 76.

*

d. 2. Jul.
Es ist und bleibt Gegenwart alles! – Was hilft mich's dass Sie in der Welt sind, dass Sie an mich dencken. Sie fehlen mir an allen Ecken, ich schleiche meinen Tag herum und es ist mir eben weh bey der Sache. Mit Wielanden hab ich göttlich reine Stunden. Das tröstet mich viel. Ihre Schwester ist gut, sie kommt wohl einmal vor meinem Garten vorbey und guckt ob ich drinn bin. hinein ist sie noch nicht kommen. Ich hab ihr Rosen geschickt und hab sie lieb. Dass sie für mich zeichnen macht mir Hoffnung. der kleine ruhige Land Blick hat mir gar wohl an Herzen gethan. – Sie werden noch herrlich zeichnen lernen. Nur immer das Datum an ein Eckgen ganz klein. Addio

Nachts halb eilf der Mondschein war so göttlich ich lief noch ins Wasser. Auf der Wiese im Mond. Gute Nacht

*

d. 25. Nachts.
Sagt ich's nicht! kaum sind Sie weg, schon so ein Tag, ein unendlich verwickelter Tag, dass ich kaum schreiben und eigentlich gar nichts schreiben kann. Was sich nur sagen liesse – Kaum sagen liesse. – Gute Nacht beste.

*

Leben Sie wohl Beste! Sie gehen und weis Gott was werden wird! ich hätte dem Schicksaal danckbaar seyn sollen, das

ich in den ersten Augenblicken da ich Sie wiedersah so ganz rein fühlen lies wie lieb ich Sie habe, ich hätte mich damit begnügen und Sie nicht weiter sehen sollen. Verzeihen Sie! Ich seh nun wie meine Gegenwart Sie plagt, wie lieb ist mir's daß Sie gehen, in einer Stadt hielt ichs so nicht aus. Gestern bracht ich Ihnen Blumen mit und Pfirschen, konnts Ihnen aber nicht geben wie Sie waren, ich gab sie der Schwester. Leben Sie wohl. Bringen Sie das Lenzen. Sie kommen mir eine Zeither vor wie Madonna die gen Himmel fährt, vergebens daß ein rückbleibender seine Arme nach ihr ausstreckt, vergebens daß sein scheidender trähnenvoller Blick den ihrigen noch einmal niederwünscht, sie ist nur in den Glanz versuncken der sie umgiebt, nur voll Sehnsucht nach der Krone die ihr überm Haupte schwebt. Adieu doch Liebe!
d. 7. Okbr. 76 *G.*

Auf der Rückseite des Blattes in Charlottes Handschrift:

Obs unrecht ist was ich empfinde –
und ob ich büßen muß die mir so liebe Sünde
will mein Gewißen mir nicht sagen;
vernicht' es Himmel du! wenn michs je könt anklagen.

Die Seelenführerin

»Zu Tische komm ich, und habe Sie sehr lieb.«

1777/1778

Nachdem Charlotte von Stein durch Goethes Werben zunächst in Unruhe und in ein Wechselbad der Gefühle versetzt wird – Soll sie darauf eingehen? Wie weit kann sie darauf eingehen? –, scheint sie mit Hilfe ihrer unbeirrbaren Grundsätze einen Verhaltensmodus zu finden, der ihr wieder innere Ruhe und Sicherheit gibt.

Es ist eine Liebe, die sich nach außen glaubhaft als Freundschaft darstellt. Wenn sexuelle Wünsche eine Rolle spielen, dann nur in der Phantasie. Zu belastend sind unter damaligen Umständen die Folgen tatsächlich gelebter Sinnlichkeit für die Frau: Charlotte von Stein würde ihren guten Ruf verlieren, eventuell auch die Freundschaft der Herzogin und der Herzoginmutter Amalia. Sie müßte weitere Schwangerschaften in Kauf nehmen. Goethes leidenschaftliche Briefe verschaffen ihr dauerhaftere Glücksgefühle als eine sexuelle Beziehung. Die Liebe zwischen Goethe und Charlotte von Stein beruht auf geistigem Austausch und seelischer Verbundenheit, auf Gleichwertigkeit. Es herrschen gegenseitige Achtung und Verständnis. Goethe hat der Vertrautheit zwischen beiden bereits im April 1776 in einem Brief an Wieland Ausdruck gegeben, sie ließe sich nur durch »Seelenwanderung« erklären: »Ja, wir waren einst Mann und Weib!« Damit reduziert er aber gleichzeitig die sexuelle Komponente in seiner Beziehung zu Charlotte von Stein. Wenn man bereits ein ganzes Leben als Ehepaar hinter sich hat, kann die erotische Spannung nicht mehr vorherrschend sein.

Inzwischen hat Goethe die Gewißheit, daß Charlotte von Stein seine Zuneigung erwidert: Über seine Liebe zu ihr spricht er nun in einem ausgeglichenen, zuversichtlichen Ton. Er wird nicht mehr von Zweifeln gequält. Sie tun sich gegenseitig gut: »Langsam ritt ich nach Kochberg, fand Charlotte froh und ruhig und mir wards so frey und wohl noch den Abend und wachte mit der Sonne an meinem Geburtstag so heiter auf, daß ich alles, was vor mir liegt, leichter ansah« (Tagebuch, 27. 8. 1777). Hier wird auch eine Veränderung in Goethes Sprachgebrauch deutlich. Die explosiven und übersteigerten Äußerungen seiner frühen Briefe sind einer gemäßigten, ausgewogenen Ausdrucksweise gewichen.

Beide finden ineinander, was bisher in ihrem Leben gefehlt hat. Im September 1801 schreibt Charlotte von Stein im Rückblick an ihren Sohn Fritz: »Ich kann nicht instinktmäßig lieben, wie ich's bei Vielen sehe. Es verlangt mich nach Vollkommenheit, so viel es hier möglich ist in dem Gegenstand, der mich an sich zieht.« Und zwei Jahre später: »Eine dauernde Liebe kann nur nach meinem Begriff durch das wechselseitige Bestreben, um des Anderen willen immer besser zu werden, sich erhalten.« In Goethe hat sie das ideale Liebesobjekt für ihr Verlangen nach Besserung und Vollkommenheit gefunden. Er arbeitet hart an sich, um ihren Wünschen zu entsprechen und der vollkommene Mensch zu werden, den sie in ihrer strengen Art ihrer Liebe für wert halten kann. Charlotte von Stein hilft ihm in seinem Bemühen um Selbsterkenntnis. Bereits im April 1776 schickt er ihr ein Gedicht, in dem er zum Ausdruck bringt, wie sehr er ihre Erziehungsarbeit schätzt:

»Sag, was will das Schicksal uns bereiten?
Sag, wie band es uns so rein genau?
Ach, du warst in abgelebten Zeiten
Meine Schwester oder meine Frau.
Kanntest jeden Zug in meinem Wesen,
Spähtest, wie die reinste Nerve klingt,
Konntest mich mit einem Blicke lesen,
Den so schwer ein sterblich Aug durchdringt.
Tropftest Mäßigung dem heißen Blute.
Richtetest den wilden irren Lauf,
Und in deinen Engelsarmen ruhte
Die zerstörte Brust sich wieder auf;
Hieltest zauberleicht ihn angebunden
Und vergauckteltest ihm manchen Tag.
Welche Seligkeit glich jenen Wonnestunden,
Da er dankbar dir zu Füßen lag,
Fühlt' sein Herz an deinem Herzen schwellen,
Fühlte sich in deinem Auge gut,
Alle seine Sinne sich erhellen
Und beruhigen sein brausend Blut.«

»Tropftest Mäßigung dem heißen Blute« […]: Goethe hat viel von seinem jugendlichen Ungestüm abgelegt, ist nachdenklicher geworden. Inzwischen hält er sich auch konsequent an das von Charlotte von Stein verlangte »Sie«. Das muß aber nicht bedeuten, daß sie sich auch unter vier Augen siezen.

Im Umgang der beiden entstehen Gewohnheiten und Regelmäßigkeiten. Goethe läßt Charlotte von Stein teilhaben an seinen alltäglichen Aufgaben und Beschäftigungen: Sitzungen im »Conseil« (Geheimer Rat), Einladungen, Aus-

Haus an der Ackerwand, Weimarer Wohnsitz der Familie von Stein, Zeichnung von Otto Rasch

ritte, Fortschritte in seiner literarischen Arbeit. Sie ist meist die erste, die seine neuen Texte zu Gesicht bekommt. Sie helfen sich gegenseitig mit alltäglichen Kleinigkeiten und Gefälligkeiten. Nach erfolgreicher Jagd läßt Goethe Wildbret in die von Steinsche Küche bringen. Andererseits bittet er die Freundin gelegentlich ganz ungeniert und selbstverständlich darum, ihn mit einer Mahlzeit in der Abgeschiedenheit seines Hauses vor der Stadt zu versorgen: »Schicken Sie mir nur ein wenig zu essen, ich will im Stillen bleiben diesen Tag.« Sein Diener und Sekretär, Philipp Seidel, ist zwar anwesend, schläft mit Goethe im gleichen Raum, und sie tauschen nächtelang ihre Gedanken aus, doch die Kochkünste im Männerhaushalt scheinen sich auf »Eyerkuchen« zu beschränken.

Goethe besorgt gute Obstbäume für den Garten auf Schloß Kochberg. Er erleichtert Charlotte von Stein somit ihr »Wirtschaftskreuz« und nimmt Anteil an ihren Verwaltungsaufgaben. Ihrem Mann, Josias von Stein, scheint das recht zu sein. Er selbst kann sich wegen seines Amtes bei Hof kaum um das Gut kümmern. Als Oberstallmeister des Herzogs ist er viel auf Reisen. Er muß Pferde einkaufen für den herzoglichen Marstall, die herzoglichen Reisen organisieren, Quartiere besorgen und als Reisebegleiter fungieren. In Weimar nimmt er seine Mahlzeiten fast immer an der Hoftafel ein. Somit können Goethe und Charlotte von Stein ungestört miteinander speisen. Welche Rolle Josias von Stein in dieser Dreiecksgeschichte spielt, läßt sich nur vermuten. Von ihm selbst sind keine unmittelbaren Aussagen überliefert. Zum Teil wird er sogar in die Vertraulichkeiten zwischen seiner Frau und Goethe miteinbezogen: »Hier meine liebe sind die Verse zu unserm (Masken)Aufzug lassen Sie sie Steinen sehen sonst niemand.«

Aus den beiläufigen Äußerungen Goethes in seinen Briefen an Charlotte kann man schließen, daß die Beziehung der beiden Männer entspannt war. Auf keiner Seite gibt es erkennbare Eifersucht: »Steinen hab ich in Leipzig gesehn, er war vergnügt uns[11] zu treffen.« Josias von Stein scheint souverän genug zu sein, um mit der gegebenen Situation gelassen umgehen zu können. Womöglich fühlt er sich schuldig am kränkelnden Zustand seiner Frau, ohne ihr aber helfen zu können. Die Freundschaft mit Goethe gibt ihr wieder Lebensmut. Das ist Grund genug, ihm dankbar zu sein – schließlich profitiert die ganze Familie davon: *»If mother's happy, everybody's happy.«*

Herrn von Steins tolerante Haltung dürfte wesentlich da-

Charlotte von Stein, Kreidezeichnung, vermutlich von Goethe, 1777

Goethe, Tagebuch:

15. März 1777: ☉ gezeichnet.[12]
16. März 1777: fortgefahren und den ganzen Tag da.
18. März 1777: zu ☉ gezeichnet, Englisch sehr lebhafter Abend. Mit den Kindern gegessen. Affereyen ... das Portrait von ☉.
24. März 1777: Zu ☉ am Portr. Fortgezeichnet.
31. März 1777: ging zu ☉ essen und zeichnete am Portr.
2. April 1777: Nach Tische ☉ gezeichnet.
30. April 1777: Zu ☉ essen vergnügt. Seltsame schnelle traurige Veränderung, englisch Othello.

zu beigetragen haben, dem Klatsch Einhalt zu gebieten. Seine Frau und Goethe sind ihm für seine Großzügigkeit dankbar. Goethe verhält sich ihm gegenüber völlig unbefangen und hat nicht den Eindruck, in dieser Ehe ein störender Dritter zu sein. Er erwähnt Josias von Stein in seinen Briefen meist in einem beiläufigen Ton: »Grüßen Sie Steinen« ist eine standardisierte Floskel. Charlotte von Stein läßt Goethe vermutlich wissen, daß sie mit ihrem Mann nicht mehr in ehelicher Beziehung lebt. Auch Goethe hat somit keinen

Grund zur Eifersucht. Er ist sich außerdem bewußt, daß Josias von Stein ihm in den Bereichen, die Charlotte wichtig sind, in keiner Weise gewachsen ist. Von einer gemeinsamen Reise berichtet er ihr etwas süffisant: »Stein entzückt sich über alle Ochsen, wie wir über die Granite. [...] Ich habe ieden Augenblick des Tags genuzt, und mir noch zulezt eine Scene aus einem neuen Trauerspiel vorgesagt.« Der Wortkünstler gebraucht sein Metier, um sich in den Augen der Geliebten vorteilhaft darzustellen – und tut Josias von Stein unrecht, wenn er ihn andeutungsweise als Einfaltspinsel erscheinen läßt. Dieser verfügt wohl über eine ungewöhnliche menschliche Reife und Großzügigkeit. Er riskiert immerhin, Zielscheibe des öffentlichen Spottes zu werden, wenn er es dem jungen Doktor Goethe erlaubt, seiner Frau auf so unverhohlene Weise den Hof zu machen, daß ganz Weimar Zeuge dieses Schauspiels wird. Aber es gibt keinen Hinweis, daß er jemals interveniert hätte. Alle Beteiligten dieser Dreiecksbeziehung verhalten sich großzügig, diskret und verständnisvoll. Die Freundschaft zwischen seiner Frau und Goethe konnte das Ansehen und die Achtung, die Josias von Stein genoß, nicht beeinträchtigen.

Da beide Männer im Dienst des Herzogs stehen, haben sie vor allem geschäftlich miteinander zu tun. Goethe bittet Charlotte von Stein gelegentlich darum, einen Auftrag an ihren Mann zu übermitteln: »Bitten Sie Stein ob er nicht will mein Pferd heut Nachmittag nach Erfurt schicken und mir Morgen früh von hier aus bis hinüber ein andres geben daß ich frisch zu reiten kann.«

Oder: »[...] bitten Sie Steinen mir balde einen Wagen zu schicken der Herzog hats erlaubt.« Herr von Stein fungiert manchmal auch als Bote. Wenn Goethe mit dem Herzog auf

Reisen ist, überbringt ihm Josias von Stein nicht selten die Briefe Charlottes. Oder beide Männer schicken ihr Briefe mit der gleichen Post: »Stein sagt, er schicke morgen etwas an Sie und ich will dieses Briefgen mit geben.«

Josias von Stein stirbt 1793 und ist in den Jahren zuvor schon gesundheitlich angeschlagen: Er leidet über lange Phasen an schweren Kopfschmerzen. Bei der Obduktion nach seinem Tod stellt sich heraus, daß sie vermutlich von einem Knochensplitter verursacht wurden, der ihm in jungen Jahren bei einem Reitunfall ins Gehirn gedrungen war. Goethe nimmt Anteil am Befinden des Oberstallmeisters. An Charlotte schreibt er im Juli 1777: »Ich höre daß es mit Steinen besser geht, das ist mir sehr lieb.« Er fühlt sich zu Herrn von Stein zwar nicht in Freundschaft hingezogen, doch Charlotte zuliebe unterstützt er ihn, soweit es ihm möglich ist. Von Eisenach, wo die beiden Männer sich während einer Reise aufhalten, schreibt Goethe an Charlotte von Stein: »Es wird mir recht natürlich Steinen gefällig zu seyn und ihm leben zu helfen. Ich bin es dir schuldig, und was bin ich dir nicht ieden Tag und den deinigen schuldig.« Und er möchte noch mehr für sie tun. Er bittet sie, ihn darauf aufmerksam zu machen, wo immer er ihr das Leben erleichtern könne. Was sei schließlich der Nutzen »der Liebe wenn sie nicht thätig wird. Führe mich auf alles was dir gefallen kann ich bitte dich, denn ich fühls nicht immer.«

Das ist in diesem Stadium ihrer Beziehung die Rollenverteilung: Charlotte von Stein ist die »Meisterin«, sie »führt« Goethe, das zu tun, was in ihren Augen das Richtige ist. Er ist der »Schüler« und folgt ihren Wünschen. Gelegentlich nennt er sie seine »Seelenführerin«. Ihre Sorgen macht er zu seinen eigenen: »Ich bitte dich ia mich nicht zu schonen wenn du etwas auf dem Herzen hast.« Goethe ist es auch, der sich darum kümmert, daß die Familie Stein eine angenehmere Wohnung erhält. Er ist Angehöriger der Baukommission – in dieser Eigenschaft dürfte es ein Leichtes für ihn gewesen sein, ein Gebäude zu finden, das seinen Interessen in idealer Weise entsprach: das stattliche »Haus an der Ackerwand«, das Charlotte von Stein mit ihrer Familie ab 1777 bewohnt, liegt am südöstlichen Stadtrand von Weimar. Es gibt kein Stadthaus, das sich näher beim Gartenhaus Goethes befindet. Wenn er einen Besuch machen will, durchquert er lediglich den Wiesengrund der Ilm, nur einige hundert Meter Fußweg: »Wenn ich zu Hause bleibe, ist mir es ein angenehmer Gedancke daß zwischen mir und Ihnen nur die liebe freye Luft ist, und meine Seele keine widrigen Wohnungen überspringen darf um zu Ihnen zu kommen.« Goethe muß nicht mehr die Stadt durchqueren, um die Freundin zu besuchen; selten bekommt ihn jemand auf der kurzen Strecke zu Gesicht. Charlotte von Stein vor allem dürfte weiterhin darum bemüht gewesen sein, dem Klatsch keine neue Nahrung zu geben. In einem Brief vom 20. November 1782 rät Goethe ihr, wie sie sich verhalten soll, wenn sie für eine Spazierfahrt mit ihm zusammen unbemerkt die Stadt verlassen will: »Wenn du im Thore nicht gemeldet seyn willst, ist das sicherste du steigst an der Stern Brücke aus und ein. Bestelle dorthin den Wagen, ich hohle dich ab. Sonst gehts nicht man müßte es dem Thorschreiber verbieten [die Meldung zu notieren], und das sieht kurios aus. Adieu«

Offensichtlich war es ihnen weitgehend gelungen, ihre enge und gefühlvolle Freundschaft so darzustellen, daß nach einiger Zeit keine maßgeblichen Personen mehr Anstoß nahmen. Die Meinung der Öffentlichkeit spiegelt sich in einem Brief Friedrich Schillers. Nach seiner ersten Begegnung mit Charlotte von Stein im August 1787 schreibt er über ihre Beziehung zu Goethe: »Man sagt, daß ihr Umgang ganz rein und untadelhaft sein soll.«

Goethe sorgt dafür, daß die Steinsche Wohnung im ersten Stock des Gebäudes renoviert und geschmackvoll hergerichtet wird: »Ich hab noch heute früh die Farben in Ihre Zimmer ausgesucht, mit grün und grau gewechselt, und ein einzigs, das Besuch-Zimmer Paille [strohgelb] machen lassen. Es wird lichter dadurch. Ich bin oft bey Ihnen.«

So gibt es eine Reihe von Dingen, um die beide sich gemeinsam kümmern. Am meisten verbindet sie jedoch die Beschäftigung mit Charlotte von Steins Söhnen. Sie sind oft bei Goethe im Gartenhaus zu Besuch, er bezeichnet sie liebevoll als »Grasaffen«. Am 26. März 1777, kurz vor Ostern, trägt er in sein Tagebuch ein: »Die Kinder alle im Garten. Eyer suchen usw.« Oft finden sich Einträge wie im März 1778: »Nach Tisch mit den Kindern auf der Wiese Ball.« Wenn sie sich länger bei ihm aufhalten, schildert er ihrer Mutter, womit sie sich die Zeit vertreiben und versichert ihr, sie seien gut versorgt: »Die Grasaffen haben grose Lust das Gewitter bey mir abzuwarten, und hier haussen zu kampiren. Eyerkuchen haben wir schon gebacken und gegessen. Also seyn Sie ohne Sorge, gut sind sie aufgehoben. Morgen sollen Sie sie wieder haben und grossen Spas machts ihnen.«

In den Erinnerungen Karl von Steins spiegelt sich Goethes spielerische Auffassung von Kindererziehung:

»Ich war sehr eingenommen von Goethe. Das lag wohl an seinem unterhaltenden geselligen Wesen gegen mich und meine Brüder. Er nahm uns mit in sein neues Gartenhaus, wo wir Eierkuchen buken; außerdem kamen durch ihn gymnastische Übungen in Schwung, woran man früher in höheren Zirkeln nicht anders gedacht hatte als unschickliche Beschäftigungen. Wir lernten Schlittschuhlaufen, auf Stelzen gehen, baden, schwimmen, ja der Herzog ließ sogar mir und meinen Brüdern ein Seil zum Seiltanzen, etwa fünf Fuß über dem Erdboden, spannen.

Goethe enthusiasmierte uns für die Tugend, für ritterliche Bravheit und zur Teilnahme an unterdrückter Unschuld. Von ihm bekamen wir den Gehörnten Siegfried, die vier Heimonskinder, die Heilige Genoveva, die Schöne Melusine und lasen sie immer wieder.

Die Erziehung meines jüngeren Bruders (Fritz) hatte Goethe sich vorgenommen, ihn auch zu seinem Erben bestimmt.«

So hat Goethe eine Ersatzfamilie gefunden. Er kann seine Bedürfnisse nach Nähe und Zärtlichkeit, nach Geborgenheit ausleben, übernimmt auch einen Teil der Aufgaben, die eine Familie mit sich bringt – und ist doch nicht endgültig in letzter Verantwortung gebunden, behält seine Freiheit, wo sie ihm notwendig ist.

In den ersten Monaten des Jahres 1778 wird Goethe immer wieder von melancholischen Stimmungen gequält. Er entschuldigt sich bei Charlotte von Stein dafür, ihr nur »stumpfe Gesellschaft« gewesen zu sein und schreibt einige Wochen später von bösen Ahnungen, die ihm »wie Spinnen [...] übers Herz krabeln.« Er bekämpft die depressive Seite seiner Psyche, tut sein Möglichstes, um im Tätigsein und durch gesellschaftliche Vergnügungen wie Schlittschuhlaufen, Schlittenfahrten, Tanzen, Jagen das Leben zu genießen.

Aber die Melancholie holt ihn oft ein. Sie macht ihn verschlossen und schweigsam. In seinen Tagebüchern findet man dazu Bemerkungen wie diese: »War zugefroren gegen alle Menschen« (Anfang Dezember 1778). Als 75jähriger meint er – im Rückblick stark überzeichnend –, in seinem ganzen Leben sei er gerade einmal vier Wochen glücklich gewesen. Schon während seiner Studentenzeit klagte er über Anfälle von Weltschmerz: »Wenn ich sagen könnte: ich bin glücklich, so wäre das besser als [...] alles. [...] Die Welt ist so schön! so schön! Wers genießen könnte!«

Im März 1778 vermerkt Goethe in seinem Tagebuch: »Stockende verschlossne Tage.« Seine depressive Stimmung wird möglicherweise von Spannungen in der Freundschaft mit Charlotte von Stein verursacht. Sie quälen sich gegenseitig mit ihren gegensätzlichen Vorstellungen: Verlangen nach Nähe auf Seiten Goethes, das Beharren auf einer gewissen Distanz auf Seiten Charlottes. Sie bestraft ihn mit Liebesentzug oder droht zumindest damit, wenn er es wagt, ihr in unerwünschter Weise zu nahe zu kommen. Am 11. Februar klagt er ihr in einem Brief: »Ich fühle daß ich heute wieder im Verborgnen bleiben muß.« Anhand seiner Tagebucheintragungen kann man feststellen, daß er Charlotte von Stein von Ende Januar bis Mitte Februar kaum sieht. Die wenigen Briefe aus diesen Tagen weisen auf Meinungsverschiedenheiten und Verstimmungen hin. Erst am 13. Februar ist im Tagebuch zu lesen: »Zu ☉ essen mit ihr nachm. wieder hinaus [aufs Eis]. [...] Nachts zu ☉ wieder in Mondsch[ein] mit ihr spazieren.«

Wenn er sie in seinen Tagebuchaufzeichnungen erwähnt, verwendet er anstelle ihres Namens das astrologische Zeichen für die Sonne. Goethe ist der Planet, der um die »Sonne« kreist. Als Zeichen seiner Zuneigung möchte er Charlotte von Stein im Januar 1778 gern eine Strähne von seinem Haar schenken, wie es zwischen Verliebten damals üblich war. Aber er verzichtet darauf, weil er aus Erfahrung weiß, sie würde das Geschenk als unpassend empfinden: zu sehr dem sinnlich-sexuellen Aspekt verhaftet. Andererseits erlaubt sie ihm inzwischen – in den Briefen zumindest –, die vertrautesten Liebesworte für sie zu gebrauchen: »Sie werden zärtlich geliebt« ... »Leben Sie wohl liebste.« Die etwas unbeholfenen Anreden der ersten Monate – liebe Frau, liebstes Geschöpf, beste Frau –, die neben seiner Zuneigung noch eine respektvolle Distanz zum Ausdruck bringen, vermeidet er inzwischen.

Dennoch: Sein sexuelles Verlangen findet keine Entspannung. Charlotte von Stein bleibt unerreichbar. Das macht sie in seinen Augen um so begehrenswerter. Wenn sie von Weimar abwesend ist, sei es auf Schloß Kochberg oder zur Badekur in Pyrmont, raubt ihm die Sehnsucht seine Ruhe: »Überall such ich Sie, bey Hof, in Ihrem Haus und unter den Bäumen, auch ohne es zu wissen geh ich herum und suche was, und endlich kömts heraus daß Sie mir fehlen.« Auch ihren mäßigenden Einfluß vermißt er:

»Von mehr als Einer Seite verwaist
Klag ich um deinen Abschied hier.
Nicht allein meine Liebe verreist
Meine Tugend verreist mit dir.«

Als Goethe später Charlotte von Stein um die Rückgabe dieser vier Verszeilen bittet, weil er sie für ein längeres Gedicht verwenden will, schreibt sie auf die Rückseite des Blattes: »Ich geb nichts gern wieder was ich von Ihnen habe.«

Briefe 1777/1778

Januar/Februar 1777
Hab ich doch wieder eine Puppe womit ich spielen kann. Eine Wohnung für Sie! – Wir waren heut all auf der Sattelkammer. Der Baukontrolleur hat den Auftrag es aufzunehmen und ich sinne schon auf Einrichtungen davon nur einige nicht recht gehen wollen. Leben Sie wohl. Und Sie kommen!!

*

Wie der herrliche Morgen auf den gestrigen Nebel wohlthut, können Sie dencken. Und ich mögte nun wissen ob Sie das böse Kopfweh verlassen hat. Heut ist zwar Session ich hoffe aber doch um ein Uhr fertig zu seyn, denn es ist nicht viel. Und komme also. denn Nachmittag giebts wieder was zu thun. Abends hingegen sind die Grasaffen zum Feuerwerk eingeladen.
d. 11. Merz 77 *G.*

*

Guten Morgen mit Spargels. Wie ists Ihnen gestern gegangen. Mir hat Philipp noch einen Eyerkuchen gebacken und drauf hab ich mich in blauen Mantel gehüllt auf die Altan, an den Boden in ein trocken Winckelgen gelegt und im Bliz Donner und Regen herrlich geschlummert, daß mir sogar mein Bett nachher fatal war. Wenn Stein noch zu Haus ist sagen Sie ihm ich möchte gern das neue Pferdgen stallmeisterlich ausreiten er möchte es doch satteln lassen und mir's schicken und wenns ihm nicht zuwider wäre mich abholen.

Zu Tisch komm ich wohl liebstes.
d. 3. May 77 *G.*

Nur daß ich zu Tisch komme und den Herzog mitbring. Wie lieb ich Sie gestern Abend hatte durft ich Ihnen nicht sagen. Wie wunderbaar ich mir vorkam konnt ich nicht. Sie werfen mir vor immer daß ich ab und zunehme in Liebe, es ist nicht so, es ist nur gut daß ich nicht alle Tage so ganz fühle wie lieb ich Sie habe. Ich reite nach Belvedere um Steinen zu sprechen. Adieu beste.

d. 26. May 77 *G.*

*

Im Garten unter freyem Himmel! Seit Sie weg sind fühl ich erst daß ich etwas besizze, und daß mir was obliegt. Meine übrigen kleinen Leidenschafften, Zeitvertreibe und Miseleyen hingen sich nur so an dem Faden der Liebe zu Ihnen an, der mich durch mein iezzig Leben durchziehen hilft, da Sie weg sind fällt alles in Brunnen.

Heut früh war ich in Belveder, und haben gefischt und auf der Stelle gebacken, ich und der Waldnern Charlott ein trefflich Essen bereitet. [...]

d. 12. Juni 77 *G.*

*

Manebach beym Cantor. Zwischen Sebürg und Fichtenwald hab ich heut Abend gesessen und zeichnen wollen, aber es ging nicht. Meinen Weeg von Ihnen herüber hab ich gestern glücklich gefunden. Wie wohl ist mirs daß ich erst bey Ihnen war. Wie lieb ich Sie habe fühlt ich erst wieder in den Augenblicken da Sie vergnügt und munter waren, die Zeit her hab ich Sie nur leiden sehn und das drückt mich so daß ich auch meine Liebe nicht fühle. [...]

d. 29. Abends August 77 *G.*

Ich habe immer noch von Ihrem Biskuitkuchen und hoffe daß Sie keinen Kaffee mehr trincken.

*

Anfang September (6./7.) 1777

Dancke bestes Gold für den Boten, wir waren den vierten von Ilmenau früh weg also krieg ich das Packet ganz unerwartet erst Eisenach am 6ten. Alles ist wohl nur ich habe mir ein Monster von dicken Backen ganz wider allen Sinn meiner dürren Constitution geholt. In Stüzzerbach tanzt ich mit allen Bauernmädels im Nebel und trieb eine liederliche Wirthschafft bis Nacht eins [...]

Ja lieb Gold, ich glaub wohl daß Ihre Lieb zu mir mit dem Abseyn wächst. Denn wo ich weg bin können Sie auch die Idee lieben die Sie von mir haben, wenn ich da bin wird sie offt gestört, durch meine Thor und Tollheit.

Liebste! Ich habe Sie doch ganz allein lieb, das spür ich an der Wirthschafft mit den übrigen Frauen.

Eifersüchtig auf mich sind Sie nicht, sonst wollt ich Ihnen ein Mittel sagen. Das Futteral zum Souvernir hab ich nicht, aber Ihr Halstuch hab ich um, aus dem die blaue Farbe auch ausgewaschen ist. Ihr gestümpert Bild hab ich, und Ihre Liebe mehr als ich weis und soll. Adieu. Grüsen Sie die Kinder. Es ist ein weiter Weg zwischen uns, der Grade beschwerlicher als der Krumme. Ich seh Sie bald nicht wieder adieu – Engel. Ich hab Sie gegenwärtig Lieber als abwesend, drum könnt ich mir anmasen daß meine Liebe wahrer sey. Adieu.

*

Warum das Hauptingrediens Ihrer Empfindungen neuerdings Zweifel und Unglaube ist begreiff ich nicht, das ist aber wohl wahr daß Sie einen der nicht fest hielte in Treue und Liebe von sich wegzweifeln und träumen könnten, wie

man einem glauben machen kan er sähe blas aus und sey kranck. Gestern Abend hab ich einen Salto mortale über drey fatale Capitel meines Romans gemacht vor denen ich schon so lang scheue, nun da die hinter mir liegen hoff ich den ersten Theil bald ganz zu produziren. Addio.
d. lezten Okbr. Meinen Nahmenstag, auch Reformationsfest 1777 *G.*

*

Liebste Frau heut kommt Schuhmann aus dem neuen Haus, morgen Mittag ist alles gescheuert, hoff ich. Der Windofen wird in der Kinder Stube in wenigen Stunden stehn und das Küchelgen also zum Einräumen bereit seyn. Den Heerd laß ich stehn er hindert wenig. Machen Sie sich also zum Aufbruch bereit. Ich dächte Sie fingen gleich heute an eben den Vorrath und so weiter einzuräumen, liessen heute Nacht Wenden drinne schlafen daß er die Schlüssel zu sich nähme, und was transportirt wird in Empfang nähme, führen morgen mit Einräumen in die Stuben wie sie sauber werden fort, und könnten also auf den Freytag selbst einziehen. Ist dies Ihr Wille so schreiben Sie mir, oder was Sie wollen. So will ich noch heut früh zu Ihnen kommen und wir wollen alles abreden. Einen Windofen in Ihr grün Zimmergen können Sie immer noch haben.
d. 12. Nov. 77 *G.*

*

Tagebuch 14. 11. 1777:
»war ☉ im neuen Quartier eingezogen. bis Abends da.«

Eine Blume schick ich Ihnen die ich im Ausritt vom Harze, unter dem Schnee aus einem Felsen für Sie gebrochen habe, es war Beylage zum Brief der verlohren ist. Auch einige an-

gefangene Zeichnungen, auch eine Ente, und bitte Sie um meine Gedichte daß ich was einschreiben kan. Ich bin still in meiner Hütte. Heut Abend sehn Sie mich in dem Leichtsin der Representation. Addio beste.
d. 30. Dez. 77 *G.*

*

Ich habe gestern Abend viel an Sie gedacht, indem ich Briefe und das ganze Vergangne Jahr zusammen packte.

Ich mögt Ihnen so gern was zum neuen Jahr schicken und finde nichts, ich bin in Versuchung kommen, Ihnen von meinen Haaren zu schicken und hatte sie schon aufgebunden, als mirs war als wenn diese Bande keinen Zauber für Sie hätten. Heut werd ich Sie doch einmal finden.
d. 1. Jan. 78 *G.*

*

Es ist doch hübsch von Ihnen, daß Sie den, den Sie nicht mehr lieben, doch mit eingemachten Früchten nähren wollen. Dafür danck ich. Obs gleich aussieht als wenn Sie mir Gerichte schickten, damit ich nicht kommen solle sie bey Ihnen zu verzehren.
d. 1. Febr. 78 *G.*

*

Ich dancke recht sehr, daß Sie mir in meine Einsamkeit und Mangel, Frizzen und ein Frühstück schicken wollen.

Wenn Sie mir was dazu von sich gesagt hätten wärs noch hübscher gewesen. Adieu. Ich schick Ihnen eine aufkeimende Blume, ich habe weiter nichts.
d. 18. Febr. 78 *G.*

*

Hier haben Sie die Lieder und ein Blümlein Vergiß mein nicht. Der Himmel ist nicht wie gestern und ehegestern. Und

ich weis nicht was für Ahndungen wie Spinnen mir übers Herz krabeln. Ich wollt es wären Blähungen die vom Reiten vergehn. Adieu lieber Engel.
d. 13. Apr. 78 *G.*

*

Mai 1778
Berlin d. 19. Wenn ich nur könnte bey meiner Rückkunft Ihnen alles erzählen, wenn ich nur dürfte. Aber ach die eisernen Reifen mit denen mein Herz eingefasst wird treiben sich täglich fester an, daß endlich gar nichts mehr durchrinnen wird. – Wenn Sie das Gleichniß fortsezzen wollen, so liegt noch eine schöne Menge Allegorie drinn.

So viel kann ich sagen, ie gröser die Welt desto garstiger wird die Farce und ich schwöre, keine Zote und Eseley der Hanswurstiaden ist so eckelhafft als das Wesen der Grosen, Mittlern und Kleinen durch einander. Ich habe die Götter gebeten, daß sie mir meinen Muth und grad seyn erhalten wollen biß ans Ende, und lieber mögen das Ende vorrücken als mich den lezten Theil des Ziels lausig hinkriechen lassen. Aber den Werth, den wieder dieses Abenteuer für mich für uns alle hat, nenn ich nicht mit Nahmen. – Ich bete die Götter an und fühle mir doch Muth genug ihnen ewigen Haß zu schwören, wenn sie sich gegen uns betragen wollen wie ihr Bild die Menschen.

*

Potsdam d. 21. Durch einen schönen Schlaf hab ich meine Seele gereinigt. Gestern Abend sind wir wieder hier angekommen. Wir wollen uns noch umsehen und dann wohl morgen weiter [...] Mein Verlangen steht sehr vorwärts nach Hause. [...]

In Leipzig werd ich Ihre Briefe wohl nicht abhohlen, wir

gehn über Alstädt nach Hause. Sagen Sies aber nicht weiter. Wenn der Herzog sich Pferde entgegen schicken lässt schicken Sie mir doch auch ein Zettelgen mit. Adieu liebe. Grüsen Sie die Herzoginn, die Waldnern und Steinen.

G.

*

Anfang Juni 1778

Jupiter mochte von der Schlange keine Rose, Sie werden diese von einem Bären nehmen. gehört er nicht unter die seinen gehört er doch unter die treuen Thiere, wie im Reinecke Fuchs weiter nachzulesen ist. Das ist die erste Rose die in meinem Garten aufblüht nun werden sie zu Duzzenden folgen.

G.

*

Nehmen Sie die Knospen mit auf die Reise zu der der Himmel kein freundlicher Gesicht macht als ich. Es ziemt sich nicht zu fürchten, doch ist mirs fatal daß Sie in dem Wetter durch Wasser und Moor müssen. Adieu. Ich bin leider an Ihre Liebe zu fest geknüpft wenn ich manchmal versuche mich los zu machen thut mirs zu weh da laß ich's lieber seyn. Adieu.

d. 17. Jun. 78 G.

*

Sie waren ungläubig als ich Ihnen sagte daß die Herzoginn Ihnen was mitbringen würde, und doch hatte sie nichts angelegners als mir den Auftrag zu geben Ihnen beykommendes zuzustellen. Da es durch meine Hand geht werden Sie sich auch mit dabey meiner erinnern. Liebste ich habe gestern Abend bemerckt daß ich nichts lieber sehe in der Welt als Ihre Augen, und daß ich nicht lieber seyn mag als bey Ih-

nen. Es ist schon was altes und doch fällt mirs immer einmal wieder auf.
d. 3. Aug. 78 *G.*

*

Gestern Abend hatt ich so ein schön Verlangen Sie noch auf dem Plazze zu finden, daß ichs gewiß hoffte und recht zuritt. Ihr Nachtlicht das ich schon brennen sah wies mich allein nach Hause. Liebste hier sind die Gedichte wieder, und so sind Ihre schmeichelnden Zweifel auch gehoben. Heut muß ich mit Ihnen essen.
7. Aug. 78 *G.*

*

Hier schicke ich eine Leipziger Pfirsche mir von Misels[13] *gegeben, Ihnen zum guten Abend. Auch einen Schlüssel, daß Sie nicht wieder künftig umkehren müssen, aber ich bitte verschließen Sie ihn, zu Ihrem alleinigen Gebrauch.*[14] *Gute Nacht. Hier unten ist sehr feucht, ich bin wieder in der Küche.*
d. 6. Sept. 78 *G.*
Der Mama auch eine gute Nacht.

*

Brief nach Kochberg
Sie haben nun keine Hinderniß mehr herzukommen, bey Ihnen ist alles gesäubert und mit Besemenen gekehrt. Ich besuche Ihre Zimmer manchmal. Es ist aber unheimlich drinen, Ihre Geister sind alle hinausgeweist. Kommen Sie ia bald, denn die Abwesenden sind wie die Todten fern, und ohne Gewalt, desswegen man auch guts von ihnen reden soll. Ein paar frische Veilgen hab ich für Sie aufgehoben die sollen Sie dürr kriegen. Ade. Grüsen Sie Steinen und die Kinder. Ich

vermuthe daß mir der Bote auch einen Brief bringt. Dies schreib ich am grünen Tisch in der Canzley.
d. 9. Nov. 78 G.

*

Zwischen dem 11. und 23. Dezember 1778 geschrieben
Was die Schachtel enthält ist allein für Sie. Drum wenn etwa schon Sozietät bey Ihnen seyn sollte, so bitt ich die Schachtel nicht in ihrer Gegenwart aufzumachen, eine höfliche Austheilung *würde mich sehr ärgern.*

(Adresse: »Fr. v. Stein
vor Eröffnung der Schachtel aufzubrechen«)

*

[...] Sie waren sehr gut daß Sie mir was mitgaben, ich war gekommen Sie drum zu bitten und schämte mich vor Ihrer Mutter. Eigentlich hätt ich ein Halstuch gern gehabt, doch wollt ich nichts sagen und die Schleife war mir auch lieb, und iezt sehr lieb da ich von Ihnen weg bin. Es ist alles zu Bette. [...] und ich will auch schlafen. Geben Sie dem Boten nichts mit er trifft uns nicht mehr.

Den lezten früh halb sieben. Wir sind wieder fix und erwarten den Tag. Ihrer Schleife hab ich einen schönen Guten Morgen aufgeküsst [...] Adieu liebste. Ich hoffe Sie recht wohl wieder zu finden. Grüsen Sie Steinen und Frizzen. Adieu beste.
Apolde d. 30. nachts halb zwölfe. G.

Geben und Nehmen

»Eine Liebe und Vertrauen ohne Gränzen ist mir zur Gewohnheit worden.«

1779/1780

Charlotte von Stein ist mit Goethe seit drei Jahren befreundet. Ihre gegenseitige Liebe ist selbstverständlich und nicht mehr das zentrale Thema der Briefe. Die Nähe der Freundin ist Goethe unentbehrlich geworden. In Gesellschaft fühlt er sich nur dann wirklich wohl, wenn auch sie anwesend ist. Ist sie verreist, gibt es niemanden, mit dem er seine persönlichsten Gedanken austauschen kann: »Ich suche Sie und finde Sie nicht, ich folge Ihnen nach und erhasche Sie nicht. Es ist nun die Zeit da ich Sie täglich zu sehn gewohnt bin, ausruhe und mich mit Ihnen in ganz freyen Gesprächen von dem Zwang des Tags erhohle. [...] Seit Sie weg sind hab ich kein wort gesagt, was mir aus dem innersten gegangen wäre.« Die häufigsten Koseworte, die er verwendet, sind »meine vielgeliebte«, »allerliebste«, »beste liebste«; zum Abschied »Gute Nacht Liebe! Liebste!«. Eine Steigerung dieser Liebesworte ist nicht möglich.

Charlotte von Stein fertigt für Goethe eine Weste und macht sie ihm zu Beginn des Jahres 1779 zum Geschenk. Die Weste entzündet Phantasievorstellungen, die ihn monatelang beschäftigen: Er wünscht, Charlotte von Stein hätte sie für eine Nacht getragen, um sie zu »transsubstantiieren« (März 1779); damit meint er, sie zu »verwandeln«. Er bezieht sich damit auf das christliche Sakrament des Abendmahls, bei dem nach katholischem Glauben Brot und Wein *tatsächlich* in Leib und Blut Christi verwandelt werden. Es ist ein verschlüsselter, aber eindeutig sexueller Wunsch: Hätte Charlotte von Stein die Weste für eine Nacht getragen, dann hätte diese nach Goethes Vorstellung soviel von der Körperlichkeit der Geliebten aufgenommen, daß sie in seiner Phantasie identisch wäre mit dem Körper Charlottes. Mit diesem könnte er eins werden, wann immer er in die Weste schlüpft. Er liebt den Schnitt der Weste, die Charlotte so angefertigt hat, daß sie sich eng an seinen Körper schmiegt wie eine zweite Haut: Die »Weste sizt gar schön, es ist die erste die so passt zu meiner großen Freude« (August 1779). Im September äußert Goethe schließlich den Wunsch: »ich möchte ein ganz Gewand haben, das Sie gesponnen und gewürckt hätten um mich drein zu wickeln.« Er will sich ganz und gar umhüllen, sich versenken im Körper Charlottes.

Das alles bleibt jedoch Phantasie. Trotz seines sinnlichen Verlangens akzeptiert und schätzt er ihr Beharren auf sexueller Enthaltsamkeit, lobt sie als »weise Frau« dafür, daß sie sich seinen erotischen Wünschen entziehe:

Ach ihr wisst es wie ich liebe
Die so schön mich wieder liebt
Die den reinsten meiner Triebe
Mir noch reiner wiedergiebt.

(16. Dez. 1780)

Das heißt aber nicht, daß Goethe sich ergeben in sein Schicksal fügt. Ständig liegt er im Kampf mit den Versuchungen seiner Sinnlichkeit und wirft – in einem Wortspiel – Charlotte vor, in ihrer unerbittlichen Zurückhaltung *von* (= aus) Stein zu sein: Er soll einen Ring von ihr zum Geschenk erhalten und besteht darauf, daß sie die Initialen *C. v S.* eingravieren läßt, nicht *C. S.* wie sie das vorhatte: »Ihren Ring erhielt ich gestern und dancke Ihnen für das schöne Zeichen. [...] Sie haben doch wohl rathen können warum ich verlangte daß Sie mit einem *v* das *C.* und *S.* von einander trennen sollten, wenn Sies recht auslegen ists recht artig, ich zweifle fast, Sie werden das glänzende Püncktgen nicht treffen.«

Als Gegengabe für die Weste erhält die »Vielgeliebte« ein Geschenk, das ganz nach ihrem Geschmack ist: Goethe entwirft für sie einen Schreibtisch und überwacht dessen Anfertigung durch den Hoftischler Preller bis ins kleinste Detail.[15] Er freut sich, daß der Schreibtisch Charlotte von Stein »Vergnügen macht«. Kein Vergnügen macht ihr allerdings Goethes »Gesang der Geister über den Wassern«, worin er die menschliche Seele mit dem Wasser vergleicht, das zwar zum »Himmel steigt«, aber auch zur »Tiefe nieder« und zum »Abgrund« stürzt. In einem Brief an Knebel (Nov. 1779) verwahrt sie sich und ihre Seele dagegen, in solche Niederungen hinabzusteigen: »Nebst einem Gruß an Sie hat mir Goethe aufgetragen, Ihnen den Geistergesang abzuschreiben, und er habe oft an Sie gedacht. Dieser Gesang ist nicht ganz Ihre und meine Religion. Die Wasser mögen auch in ihrer Atmosphäre auf- und absteigen, aber unsere Seelen kann ich mir nicht anders als in die unendlichen Welten der ewigen Schöpfung verkettet denken.«

Ein weiterer Beweis dafür, daß Charlotte von Stein ihre Sinnlichkeit unterdrückt. Sie identifiziert sich völlig mit ihrem religiösen Glauben und den Lehren der Kirche. Eine *gefühlvolle* Liebesbeziehung hat hier durchaus ihren Platz. Nicht aber eine *sexuelle* Liebesbeziehung, die Charlotte von

J. W. Goethe, Ölgemälde von Angelika Kauffmann, 1787/1788

Stein nach christlicher Auffassung als »Ehebrecherin« brandmarken würde. Ihre moralischen Grundsätze sind keineswegs Fassade. Sie hat sie verinnerlicht und lebt danach – aber sie verengen ihre Erlebnisfähigkeit und berauben sie um eine ganze Facette ihres Menschseins.

Andererseits: Ist es nicht klug von ihr, Goethe in Spannung zu halten? Bekommt sie nicht unendlich mehr von ihm, indem sie die Sexualität aus ihrer Liebesbeziehung ausgrenzt? Zehn lange Jahre hindurch: Liebesbriefe, Liebesschwüre, Liebesbeteuerungen in immer neuen Formulierungen – und das fast täglich. Zu Beginn der Freundschaft hat Goethe gelegentlich versucht, Charlotte von Steins Eifersucht zu wecken. Er hoffte wohl, sie wäre dann entgegenkommender und weniger auf ihren Ruf bedacht. Goethe kennt seine Wirkung auf Frauen und flirtet leidenschaftlich gern – »miseln« in seinem Sprachgebrauch. Goethes »Miseley« ist eine recht harmlose Angelegenheit. Ob in der feinen

Hofgesellschaft oder bei derben Tanzereien auf den Dörfern: Es bleibt beim scherzhaften Flirt, beim unverbindlichen Gesellschaftsspiel.

Anders Herzog Karl August, dessen sexuelle Eskapaden bekannt sind und nicht ohne Folgen bleiben: Die illegitimen Söhne, die er mit Bauernmädchen zeugt, werden in den Forstdienst übernommen. Angeblich erkennt man sie daran, daß der Herzog sie duzt.

Die Mädchen und Frauen, mit denen Goethe flirtet, nennt er »Misels«. Das Wort stammt aus seiner Straßburger Zeit und ist wohl eine Verkürzung von »Mademoiselle«. Wenn Charlotte von Stein sich von ihm distanziert und er sich nach ihr sehnt, dann ist die »Liebeley« für ihn das beste Heilmittel: Schließlich »fing ich an zu miseln, und da gings besser« beschreibt er ihr eine Abendgesellschaft am Hof, der sie fernblieb. Ein »schönes Misel« hat es Goethe beson-

Schreibtisch, den Goethe für Charlotte von Stein entwarf und anfertigen ließ

ders angetan. Es ist die Sängerin und Schauspielerin Corona Schröter, die er bereits 1776 für die Weimarer Bühne von Leipzig geholt hat. Am 25. März 1776 schwärmt er in einem Brief an Charlotte von Stein – in seiner damaligen Art reichlich widersprüchlich und verworren: »Die Schröter ist ein Engel – Wenn mir doch Gott so ein Weib bescheeren wollte daß ich euch (Charlotte) könnt in Frieden lassen – Doch sie sieht dir nicht ähnlich gnug.« Am nächsten Tag erwähnt er Corona Schröter wieder: »Ich bin bey der Schrötern – ein edel Geschöpf in seiner Art, – ach wenn die nur ein halb Jahr um Sie wäre! beste Frau, was sollte aus der werden!« Zwar fällt auch der zweite Vergleich zugunsten Charlottes aus, dennoch wird sie gespürt haben, wie sehr Goethe von der Schauspielerin beeindruckt war.

1779 und 1780 intensiviert sich der Kontakt zwischen Goethe und Corona Schröter. Sie proben zusammen für die Aufführung der »Iphigenie«. Corona Schröter spielt die Titelrolle, Goethe den Orest. Charlotte ist jetzt wirklich eifersüchtig, obwohl Goethe sie von der Harmlosigkeit seines Umgangs mit der Schauspielerin zu überzeugen versucht, die eher Herzog Karl August nahesteht: »In mein Haus kommt nun gar kein Mensch, ausser dem schönen Misel, wir sind gar artig zusammen, denn wir sind in gleichem Falle, mir ist mein liebstes verreist, und ihr fürstlicher Freund hat andere Weege gefunden.« Bei einem weiteren Zusammensein mit Corona Schröter und dem Herzog vermerkt Goethe in seinem Tagebuch etwas aufschlußreicher: »Und da wir alle nicht mehr verliebt sind und die Lavaoberfläche verkühlt ist, ging's recht munter und artig, nur in die Ritzen darf man nicht visitieren, da brennt's noch.«

Dennoch wird man Goethe glauben dürfen, daß ihn nach

anfänglicher Verliebtheit mit Corona Schröter eine ausschließlich freundschaftliche Beziehung verband. Zudem diese Männern gegenüber sehr reserviert war und auf ihren Ruf bedacht: Sie lebte mit einer älteren Freundin zusammen, die als Anstandsdame fungierte. Was sie für sich erstrebte, war eine eheliche Verbindung und ein geordnetes Familienleben. Das übliche Schicksal einer Schauspielerin – Mätresse eines Adeligen, Einsamkeit und Not im Alter – wollte sie sich ersparen.[16] Henriette von Egloffstein[17] lernte als junges Mädchen Corona Schröter in Weimar kennen und berichtet in ihren Erinnerungen: »Trotz der leidenschaftlichen Liebe, die sie vielen Männern eingeflößt, konnte keiner ihrer Gunst sich rühmen, im Gegenteil machten diese ihr den Vorwurf einer unbesiegbaren Kälte, die, wie man versicherte, Goethe, Knebel, Einsiedel und der Herzog Karl August selbst erfahren haben sollten.«

Goethe fühlt sich für Corona Schröter verantwortlich. Er weiß, daß er durch eine kurzfristige Affäre ihr Leben ruinieren kann. Eine offizielle, dauerhafte Bindung sucht er ohnehin nicht. Er scheut die Verlockungen einer allzuschönen und verführerischen Frau. Sie wäre eine Gefahr für seine Unabhängigkeit, und er befürchtet, daß sie ihm »die Seele aus dem Leib winden würde«. Am Ende seines Lebens stellt er – etwas stilisiert und abgeklärt – die Versuchungen dar, welchen er durch Schauspielerinnen wie Corona Schröter ausgesetzt war: »Es fehlte bei unserm Theater nicht an Frauenzimmern, die schön und jung und dabei von großer Anmuth der Seele waren. – Ich fühlte mich zu mancher leidenschaftlich hingezogen; auch fehlte es nicht daß man mir auf halbem Wege entgegenkam. Allein ich faßte mich und sagte : *nicht weiter*! – Ich kannte meine Stellung und wußte

Corona Schröter, Öl auf Leinwand, Selbstbildnis um 1780

was ich ihr schuldig war. Ich stand hier nicht als Privatmann, sondern als Cheff einer Anstalt, deren Gedeihen mir mehr galt als mein augenblickliches privates Glück. Hätte ich mich in irgend einen Liebeshandel eingelassen, so würde ich geworden seyn wie ein Compaß, der unmöglich recht zeigen kann, wenn er einen einwirkenden Magneten an seiner Seite hat.

Dadurch aber daß ich mich durchaus rein erhielt und immer Herr meiner Selbst blieb, blieb ich auch Herr des Theaters, und es fehlte mir nie die nöthige Achtung ohne welche jede Autorität sehr bald dahin ist.«

Dennoch: Charlotte von Stein ist eifersüchtig – oder ist es auch der Neid auf das schauspielerische Können Corona Schröters? Auf ihre sinnliche Ausstrahlung? Sie will es sich ersparen, Corona Schröter und Goethe als Partner auf der Bühne zu sehen. Der Aufführung der »Iphigenie« auf Schloß Ettersburg bleibt sie fern. Damit bestraft sie sich selbst. Goethe war ein hinreißender Orest: »Noch nie erblickte man eine solche Vereinigung physischer und geistiger Vollkommenheit und Schönheit in einem Mann«, beschreibt ihn ein Zuschauer.

Goethe sagte in einem Gespräch, das er 1827 mit Eckermann[18] über seine ersten Weimarer Jahre führte, ihn habe damals »mehr als *ein* leidenschaftliches Verhältnis« beschäftigt. Neben Charlotte von Stein dürften das Corona Schröter und Herzogin Luise gewesen sein.

Welchen Versuchungen Goethe auch ausgesetzt war, Charlotte von Stein ist diejenige, die ihn dauerhaft anzieht. Im Juni 1780 versichert er ihr: *Eine Liebe und Vertrauen ohne Gränzen ist mir zur Gewohnheit worden.* Charlotte von Stein ist für ihn das, was er in seinem Roman »Wilhelm Meister« als »schöne Seele« bezeichnet. Noch braucht er sie als Führerin und Vorbild für seine eigene Entwicklung: »Und wenn ich heimlich mit mir nicht zufrieden bin so sind Sie wie die ehrne Schlange zu der ich mich aus meinen Sünd und Fehlen aufrichte und gesund werde.«

Im Juni 1780 sind Goethe und Charlotte von Stein sich so nahe und ihrer Zuneigung so gewiß, daß niedliche »Misels« und Verehrer Charlottes kein Streitpunkt mehr sind. Sie können sich nun gegenseitig damit necken, in der Gewißheit, daß ihre Liebe durch niemanden gefährdet werden kann: »Es ist nicht ganz hübsch von Ihnen daß Sie Sich vom H. Vetter die Cour machen lassen, indeß ich fast aller Miseley entsagt habe, es mir auch gar nicht schmecken will.

Wenn Sie mir's recht ausführlich erzählen, und mir auch sonst romantischen und dramatischen Stoff mitbringen, wird Ihnen diese Untreue verziehen.« Nichtsdestotrotz ist sich Goethe als Charmeur und Herzensbrecher seiner Wirkung gewiß. Seine ultimative Äußerung zu diesem Thema lautet: »Ich bin und bleibe [nun] einmal der Frauen Günstling, und als einen solchen mußt du mich auch lieben.«

Goethe setzt inzwischen alle seine Gaben und Kräfte für seine Tätigkeit als Minister ein. Noch ist er davon überzeugt, seine politischen Vorstellungen verwirklichen zu können, wie er in einem Brief an den Freund Lavater zum Ausdruck bringt: »Das Tagewerk, das mir aufgetragen ist, das mir täglich leichter und schwerer wird, erfordert wachend und träumend meine Gegenwart. Diese Pflicht wird mir täglich teurer [...] Diese Begierde, die Pyramide meines Daseins [...] so hoch als möglich in die Luft zu spitzen, überwiegt alles andre und läßt kaum augenblickliches Vergessen zu. Ich darf mich nicht säumen, ich bin schon weit in Jahren vor[19], und vielleicht bricht mich das Schicksal in der Mitte, und der babylonische Turm bleibt stumpf und unvollendet. Wenigstens soll man sagen, es war kühn entworfen, und wenn ich lebe, sollen, wills Gott, die Kräfte bis hinauf reichen.« Selten stellt er seinen Ehrgeiz so unverhüllt dar. Charlotte von Stein, die große Liebe dieser Lebensphase, ist nur Beiwerk, Würze zum täglichen Brot des eigentlichen Lebensinhalts – im Brief fährt er fort: »Auch tut der Talisman jener schönen Liebe, womit die Stein mein Leben würzt, sehr viel.«

Andererseits sind ihm die alltäglichen politischen Aufgaben auch eine Last – und sie halten ihn zu seinem Bedauern von seiner literarischen Arbeit ab. Charlotte von Stein ist diejenige, der er seine Sorgen und Nöte klagt: Ich »hab immer schreiben wollen, bald an Sie, bald an meinem roman und bin immer nicht dazu gekommen ... Gute Nacht liebste. Dieser Tag dauert mich. Er hätte besser können angewendet werden.« In seinem Tagebuch schreibt er: »Es weiß kein

Mensch, was ich tue und mit wieviel Feinden ich kämpfe, um das wenige hervorzubringen.«

Die Reisen mit dem Herzog an die Höfe und Regierungssitze in ganz Deutschland mißfallen ihm besonders: »So ziehen wir an den Höfen herum, frieren und langweilen, essen schlecht und trincken noch schlechter. [...] Es ist unglaublich was der Umgang mit Menschen die nicht unser sind den armen Reisenden abzehrt.« Aus Berlin schreibt er im Mai 1778: »So viel kann ich sagen, ie gröser die Welt desto garstiger wird die Farce und ich schwöre, keine Zote und Eseley der Hanswurstiaden ist so eckelhafft als das Wesen der Grosen, Mittlern und Kleinen durch einander.« Unechtes Verhalten ist ihm zuwider. In der sogenannten »großen Welt«, wo der Schein mehr gilt als das Sein, fühlt Goethe sich nicht wohl: »Mein Verlangen steht sehr vorwärts nach Hause.«

Ganz anders die Reise in die Schweiz im Herbst 1779. Er genießt die Schönheit der Natur und freut sich auf das Wiedersehen mit Lavater, in dem er eine verwandte Seele erkennt: »Die Bekanntschafft von Lavatern ist für den Herzog und mich was ich gehofft habe, Siegel und oberste Spizze der ganzen Reise, und eine Weide an Himmelsbrod wovon man lange gute Folgen spüren wird. Die trefflichkeit dieses Menschen spricht kein Mund aus [...] Er ist der beste grösste weiseste innigste aller sterblichen und unsterblichen Menschen die ich kenne.«

Charlotte von Stein kann er gut entbehren, wenn er angeregt wird durch neue äußere Eindrücke, und nur selten finden sich in den Schweizer Reisebriefen Bemerkungen wie die folgende: »Gute Nacht, meine beste. Ach man weis nicht was man hat, wenn man gute Nacht mit Hand und Mund sagen kan.«

Briefe 1779/1780

Freitag 1. Januar 1779
Friz hat mich vor vieren geweckt und das neue Jahr herbey gegäckelt. Auch ein glücklichs neues Jahr liebste, und Zuckerbrodt. Friz will wieder fort. Wollen Sie mich heut zu Tische?

G.

*

[...] Die Wittrung von Frühlingslufft hat mich heut früh recht lebendig gemacht, ich bin im Garten herumgesprungen, meine Bäume besehen, habe mich der Zeiten erinnert da ich sie pflanzte und wie nun die gewünschten und gehofften Zeiten da sind, wo sie gedeyen, gefühlt. Gebe uns der Himel den Genuss davon, und stäube allen Ackten und Hofstaub um uns weg. Adieu liebste. [...]
d. 2. Febr. 1779 G.

*

Wenn ich an ein Ort komme, wo ich mit Ihnen gewesen bin, oder wo ich weis daß Sie waren, ist mir's immer viel lieber. Heut hab ich im Paradiese an Sie gedacht, daß Sie drinn herumgingen eh Sie mich kannten. Es ist mir fast unangenehm, daß eine Zeit war wo Sie mich nicht kannten, und nicht liebten. Wenn ich wieder auf die Erde komme will ich die Götter bitten, daß ich nur einmal liebe, und wenn Sie nicht so feind dieser Welt wären, wollt ich um Sie bitten zu dieser lieben Gefährtinn. Noch etwas hätten Sie mir mit geben können, einen Talisman mehr, denn ich habe wohl allerley und doch nicht genug. Wenn Sie ein Misel wären hätt ich Sie gebeten das Westgen erst einmal eine Nacht anzuziehn und es so zu transsubstantiieren, wie Sie aber eine weise Frau sind muß ich mit dem Calvinischen Sakrament vorlieb nehmen.

Knebeln können Sie sagen daß das Stück sich formt, und Glieder kriegt. Morgen hab ich die Auslesung, dann will ich mich in das neue Schloß sperren und einige Tage an meinen Figuren posseln. Am 5ten treff ich in Apolda ein, da verlang ich aber einen Boten von Ihnen zu finden, und viel geschriebnes, und sonst allerley Sachen.

Jetzt leb ich mit den Menschen dieser Welt, und esse und trincke, spase auch wohl mit ihnen, spüre sie aber kaum, denn mein inneres Leben geht unverrücklich seinen Gang.

Indem ich das Blat umwende bedenck ich, daß ich Ihnen diesen Brief gleich schicken, und morgen um diese Zeit schon Antwort von Ihnen haben kan. Wenn Sie einigermassen können schreiben Sie mir viel. Grüsen Sie den Herzog. Adieu Liebste. Schreiben Sie mir daß Sie wohl sind. Adieu
Dornburg d. 2. März Abends halb neune. *G.*

*

Soll mans gut oder bös deuten wenn man die kindischten Empfindungen nicht los werden kan. Ich gönne und wünsche Ihnen immer Freude, und daß Sie eine kleine Lust ohne mich geniessen macht mir einen Tag üblen Humor. Daß so viel selbstisches in der Liebe ist und doch was wär sie ohne das. Ich habe mich in die Büsche an der Strase versteckt, um Sie herein fahren zu sehen, um wenige Minuten hätt ich ganz nah bey Ihnen verborgen stehen können, ich kam zu spät und musste in der Ferne bleiben. Wenn sie mit mir wäre dacht ich genösse sie des schönen Abends der über alles schön ist, nun fährt sie im Staub hinein. Doch weis ich, daß Sie Sich mein Andencken nicht aus der Seele rasseln noch musiciren lassen. Daß ich so viel schreibe ist wohl ein Zei-

chen, daß mir nicht wohl ist. Adieu liebstes Herz. Ich schicke Ihnen das verlangte. Kommen Sie morgen ia in Garten.
d. 20. Apr. 1779 *G.*

*

Wenn ich nur was anders hätte Ihnen zu schicken als Blumen, und immer dieselbigen Blumen. Es ist wie mit der Liebe die ist auch monoton.
d. 23. May 1779 *G.*

*

Mein Egmont ruckt doch ob ich gleich d. 1. Jun. nicht fertig werde. Ich muß wohl aushalten, merck ich, es ist nicht anders. Heut Abend hofft ich bey Ihnen zu seyn, der Mond scheint recht schön und hätte mich gut bis in Ihre Berge gebracht, den Montag wollt ich zurück, das soll mir auch nicht werden. Denn der Herzog ist seit gestern weg, und kommt erst Morgen, und da sind Sachen, wenn sie nicht Montags früh in Bewegung gehn, geschehn sie die ganze Woche nicht. Dem Fürsten wird eine Stunde nach der andern gestohlen, und dagegen ist er offt in der Noth uns ganze Tage zu rauben.

Diese Woche hat die Last die ich trage wieder stärcker gedrückt. An Orten wo die Weiber Vicktualien und andres in Körben auf dem Kopfe tragen, haben sie Kringen wie sies nennen von Tuch mit Pferdehaar ausgestopft daß der harte Korb nicht auf den Scheitel drückt, manchmal wird mirs als wenn mir eins das Küssen wegnähme und manchmal wieder unterschöbe. Steinen seh ich wenig, er ist nie zu Hause wenn ich nach ihm frage. Ihre Tauben wissen gar nicht wie ihnen geschieht, daß das Fenster sich nicht öffnen will. Das Eichhörngen ist wohl. In mein Haus kommt nun gar kein Mensch, ausser dem schönen Misel [Corona Schröter], *wir sind gar artig zusammen, denn wir sind in gleichem Falle, mir ist mein liebstes verreist, und ihr fürstlicher Freund hat andre Weege gefunden.*

Sonst seh ich recht wie ich von allen Menschen, und alle Menschen von mir fallen. Knebeln besuch ich manchmal, von Herdern hör ich gar nichts. Indeß ist ein neu Drama unterweegs, und Sie werden ia auch wieder kommen. Gute Nacht wenigstens schrifftlich.

d. 21. Aug. Sonnab. 1779 *G.*

*

Ihre Weste trag ich bey ieder Feyerlichkeit, ich möchte ein ganz Gewand haben das Sie gesponnen und gewürckt hätten um mich drein zu wickeln.

Ich schicke Ihnen was von Egmont fertig ist, und alle meine andre Sachen, heben Sie mir sie auf. Da ist zulezt von Ihnen ging schied ich ungerner als Sie mich liessen, denn ich wusste daß ich Sie sobald nicht wiedersehen würde. Wir verreisen und zwar eine gewünschte und gehoffte Reise, wie wir einen Schritt vorsezzen sollen Sie Nachricht haben. Und Sie schreiben mir auch hoff ich. Leben Sie wohl, und recht wohl. […]

NB Der Herzog hat Schnausen, Lynckern und mir den Geheimdenraths Titel gegeben, es kommt mir wunderbaar vor daß ich so wie im Traum, mit dem 30ten Jahre die höchste Ehrenstufe die ein Bürger in Teutschland erreichen kann, betrete. […]

Adieu, wenn Sie noch in Kochberg sind wenn wir zurückkommen, seh ich Sie gleich, Grüsen Sie alles. Adieu.

Wir gehen erst künftigen Sonntag also erwart ich noch ein Wort von Ihnen.

W. d. 7. Sept. 1779 *G.*

d. 2. November. Genv. 79

Auch hier sind wir länger geblieben als wir dachten, und müssen doch noch leider interessante Personen und Sachen, ungekannt und ungesehn zurücklassen. Die Stadt selbst macht mir einen fatalen Eindruck.

Ich hoffe Schritt vor Schritt Ihnen erzählen zu können wohin wir gehn und was wir sehn. Beschrieben ists zwar schon besser, doch unser Schicksaal nicht. Adieu liebste. Vor 14 Tagen kann ich nichts an Sie auf die Post geben, also hören Sie vor 4 Wochen von heut an nichts von mir. Adieu. Grüsen Sie Steinen und alles, ich dencke Sie sind in der Stadt.

Mich hat Genv ganz in mich hineingestimmt, um alles blieb ich nicht noch acht Tage in dem Loche.

Daß man bey den Franzosen auch von meinem Werther bezaubert *ist hätt ich mir nicht vermuthet, man macht mir viel Complimente, und ich versichre dagegen daß es mir unerwartet ist, man fragt mich ob ich nicht mehr dergleichen schreibe, und ich sage: Gott möge mich behüten, daß ich nicht ie wieder in den Fall komme, einen zu schreiben und schreiben zu können. Indeß giebt mir dieses Echo aus der Ferne doch einiges Interesse mehr an meinen Sachen, vielleicht bin ich künftig fleisiger und verpasse nicht wie bisher die guten Stunden. Ade.*

*

Ihre erste Weimarer Worte erhalt ich hier und freue mich Sie wieder meine Nachbaarinn zu wissen, und daß Ihnen der Schreibtisch Vergnügen macht. Glauben Sie mir ich halt ihn auch für kostbaar *und muß, denn seit Anfang dieses Jahrs hab ich mich beschäfftigt ihn zusammenzutreiben, alles selbst ausgesucht, aufgesucht, davon viel Aneckdoten zu er-*

zählen wären, bin offt vergnügt von Ihnen weg zum Tischler gegangen weil etwas im Werck war das Sie freuen sollte, das nicht auf der Messe erkauft, das von seinem ersten Entwurf meine Sorge, meine Puppe, meine Unterhaltung war. Wenn Freundschafft sich bezahlen *lässt; so ist dünckt mich das die einzige von Gott und Menschen geliebte Art. Also meine beste – verzeihen Sie mir diese Rodomontade! Ich werde verleitet Sie auf den eigentlichen Preis des Dings zu weisen, da Sie nur einen Augenblick an einen andern dencken konnten.*

Wir sind in und mit Lavatern glücklich, es ist uns allen eine Cur, um einen Menschen zu seyn, der in der Häuslichkeit der Liebe lebt und strebt, der an dem was er würckt Genuß im Würcken hat, und seine Freunde mit unglaublicher Aufmercksamkeit trägt, nährt, leitet und erfreut. Wie gern mögt ich ein Vierteljahr neben ihm zubringen, freylich nicht müsig wie iezt. Etwas zu arbeiten haben, und Abends wieder zusammen lauffen. Die Wahrheit ist einem doch immer neu, und wenn man wieder einmal so einen ganz wahren Menschen sieht meynt man, man käme erst auf die Welt. [...]

Adieu meine Beste. Noch hab ich mein unleserliches Tagbuch an Sie von Martinach bis hierher nicht abdicktiren können. Wills Gott heut Abend oder morgen. Adieu. Grüsen Sie alles.

Zürch d. 30. Nov. 79 *G.*

Übermorgen gehen wir von hier ab, und haben noch den Costnizer See und den Rheinfall vor uns.

Charlotte von Stein an Knebel
Kochberg, 4. November 1779
Nebst einem Gruß an Sie hat mir Goethe aufgetragen, Ihnen den Geistergesang [»Gesang der Geister über den Wassern«] *abzuschreiben, und er habe oft an Sie gedacht.*

Dieser Gesang ist nicht ganz Ihre und meine Religion. Die Wasser mögen auch in ihrer Atmosphäre auf- und absteigen, aber unsere Seelen kann ich mir nicht anders als in die unendlichen Welten der ewigen Schöpfung verkettet denken.

*

Mitte März 1780
Guten Morgen liebe. Eben dacht ich dran heut mit Ihnen zu essen. Ich will was kochen lassen und kommen es mit zu verzehren.

G.

*

Gestern Abend hat mich das schöne Misel [Corona Schröter] *gleich einem Cometen, aus meiner gewöhnlichen Bahn mit sich nach Hause gezogen. Es war viel übler Humor in der Probe. Besonders der Autor und die Heldinn schienen zusammen nicht zufrieden zu seyn. Ich habe den Aeolischen Schlauch der Leidenschafften halb geöffnet, und einige herauspipsen lassen, die stärcksten aber zur Aufführung bewahrt. Ich will diesen Morgen fleisig seyn um zu Mittag ein freundlich Wort in Tiefurt von Ihnen zu verdienen.* [Sommersitz der Herzoginmutter Anna Amalia.]
d. 30 März 80 G.

*

Es wäre sehr abenteuerlich wenn Sie eine von denen zwey weisen sizzenden Figuren vorgestern Abend auf der Espla-

nade gewesen wären, denen ich ausgewichen bin. Erst hielt ichs für ein vertrautes Pärgen das ich nicht stören wollte, nachher glaubt ich zwey Frauens zu sehn die mir wegen ihrer weißen Kleidung an dem Orte seltsam vorkamen, doch war ich schon zu weit vorbey um meine Neugier mit Schicklichkeit befriedigen zu können. Ich habe ein sehr großes Vergnügen verlohren das ich mir anderwärts zu ersetzen bitte.
d. 18ten May 80 *G.*

*

Lassen Sie mir doch sagen wie Sie sich befinden. Wenn Sie wohl sind; so ist der Morgen zu schön als daß Sie mich nicht besuchen sollten.
d. 29. May 1780 *G.*

*

So wenig diese Blumen sagen wollen, so sagen sie doch daß ich Sie liebe.

G.

*

24. Juni
An dem unsäglichen Verlangen Sie wieder zu sehen fühl ich erst wie ich Sie liebe. Die Sachen hängen wunderlich in dem Menschen zusammen. Diese Sehnsucht nach Ihnen trifft auf eben die Nerve wo der alte Schmerz, daß ich Sie das erste Jahr in Kochberg nicht sehen durfte, sich verheilt hat, bringt eben die Empfindung hervor, und erinnert mich, wie eine alte Melodie, iener Zeit.

Noch wart ich auf einen Brief von Ihnen, das Zettelgen hab ich, mit Knebels Brief. [...]

Ein geringes Geschenck, dem Ansehn nach, wartet auf Sie wenn Sie wiederkommen. Es hat aber das merckwürdige daß ichs nur Einem Frauenzimmer, ein einzigsmal in meinem Leben schencken kan. [Ein Paar Handschuhe der Freimaurer. Goethe erhielt sie bei der Aufnahmezeremonie am 23. Juni 1780.]

*

Schon bin ich wieder zurück und mögte wissen wie Sie leben? Wann gehn Sie heut Abend aus? wohin? und wie zurück? Mit werd ich wohl nicht gehn, vielleicht schleich ich Ihnen zu begegnen. Adieu beste!

d. 4. Aug. 80 *G.*

*

Sonnabend 5. August (?)

Eben da sie schicken wollt ich anfragen. Ich will um sechse kommen und wenn wir Ruhe haben lesen wir, sonst gehn wir spazieren und sezzen uns hierhaussen zusammen. Weis d. Herzog etwas davon?

G.

*

Meine beste ich bin in die Herrmannsteiner Höhe gestiegen, an den Plaz wo Sie mit mir waren und habe das S, das so frisch noch wie von gestern angezeichnet steht geküsst und wieder geküsst, daß der Porphyr seinen ganzen Erdgeruch ausathmete um mir auf seine Art wenigstens zu antworten. Ich bat den hundertköpfigen Gott, der mich so viel vorgerückt und verändert und mir doch Ihre Liebe, und diese Felsen erhalten hat, noch weiter fortzufahren und mich werther zu machen seiner Liebe und der Ihrigen.

Es ist ein ganz reiner Himmel und ich gehe des Sonnen Untergangs mich zu freuen. Die Aussicht ist gros aber einfach.

Die Sonne ist unter. Es ist eben die Ggend von der ich Ihnen die aufsteigenden Nebels zeichnete, iezt ist sie so rein

und ruhig, und so uninteressant als eine grose schöne Seele wenn sie sich am wohlsten befindet.
d. 6. Sept. 80

*

Oktober 1780
d. 13. Nachts. Durch die Botin und Steinen hab ich etwas von Ihnen, nun bin ich still und vergnügt wenn Sie mir etwas sagen.

Es ist wunderbaar und doch ists so, daß ich eifersüchtig und dummsinnig bin wie ein kleiner Junge wenn Sie andern freundlich begegnen. Gute Nacht Gold. Seit denen Paar Tagen bin ich noch nicht zur Ruhe gekommen als schlafend, das ist mir aber am gesundsten.

Heut sinds fünf Jahre daß ich nach Weimar kommen bin. Es thut mir recht leid daß ich mein Lustrum *nicht mit Ihnen feyern kan.*

Gestern hatten wir recht schön und wunderbaar Wetter, kamen sehr vergnügt hierher. Ihrer Liebe wieder ganz gewiß, ist mirs ganz anders, es muß mit uns wie mit dem Rheinweine alle Jahr besser werden. Ich rekapitulire in der Stille mein Leben seit diesen 5 Jahren, und finde wunderbaare Geschichten. Der Mensch ist doch wie ein Nachtgänger er steigt die gefährlichsten Kanten im Schlafe. Behalten Sie mich lieb. Das muß einen befestigen daß man mit allem guten bleibender und näher wird, das andre wie Schaalen und Schuppen täglich von einem herunter fällt.

Der Prinz hat auch wie ich mercke eine politisch sentimentalische Visite gemacht. […]

Adieu. Grüsen Sie Lingen. Es warten ihrer eingemachte Früchte. Auch Steinen und Frizzen.

Kommen Sie glücklich.

W. d. 7. Nov. 80 *G.*

*

Auf die gestrige Eisfahrt hab ich sehr gut geschlafen. Wenn Sie nur einen Augenblick gekommen wären! Ich esse wieder draussen und nähme wohl ein Stück Braten an, mein Gözze solls im Vorbeygehn mit nehmen.

d. 6. Dez. 80 *G.*

*

Sagen Sie mir meine beste wie Sie geschlafen haben? wie Sie Sich befinden? denn ich fürchte daß Ihnen mögte nicht wohl seyn. Ists Ihnen aber so, und können Sie mir den heutigen Tag schencken, so soll er mir in mehr als einer Betrachtung Sabath seyn.

Seit Donnerstag Abends kan ich Sie versichern bin ich nicht einen Augenblick von Ihnen gewichen. Gestern und vorgestern hab ich meine Pflicht gethan, aber was ist Pflicht ohne die Gegenwart der Liebe. Adieu liebste wenn Sie wollen so seh ich Sie bald.

d. 10. Dez. 80

*

Sag ich's euch geliebte Bäume
Die ich ahndevoll gepflanzt
Als die wunderbarsten Träume
Morgenröthlich mich umtanzt
Ach ihr wisst es wie ich liebe
Die so schön mich wieder liebt
Die den reinsten meiner Triebe
Mir noch reiner wiedergiebt.

Wachset wie aus meinem Herzen
Treibet in die Luft hinein
Denn ich grub viel Freud und Schmerzen
Unter eure Wurzeln ein
Bringet Schatten traget Früchte
Neue Freude ieden Tag
Nur daß ich sie dichte dichte
Dicht bey ihr geniessen mag.
d. 16. Dez. 80

*

Ihr Bote ist noch nicht da, ich will voraus schreiben. Gestern bin ich noch lange spazieren gegangen es war sehr schön, und mein warmer Pelz hielt mich wohl. Ich hab eine große Unterredung mit meinen Bäumen gehabt, und ihnen erzählt wie ich Sie liebe. Heut will ich viel wegarbeiten, Jagemannen zu Tisch bitten, und immer an Sie dencken.

Ich bin offt versucht worden Ihnen zuvorzukommen. Nach Tisch mahl ich am Portefeuil, und heut Abend geh ich um Ihr Haus herum.

Was man thut ist doch immer besser als was man sagt, Sie geben mir mit Ihrem Geschenck den Muth wieder den Sie mir gestern genommen haben. Ich dancke recht sehr und weihe hiermit Ihre Feder ein. Adieu beste. Ich esse heut bey Fritschens, wahrscheinlich sind Bechtolsheims da.

d. 24. Dez. 80 *G.*

Vertraute Nähe

»Du kannst mir nicht gegenwärtiger und näher werden ... deine Liebe ist das schöne Licht aller meiner Tage.«

1781

Der Winter 1781 ist geprägt durch gesellschaftliche Vergnügungen. »Komödien, Bälle, Aufzüge, Redouten usw., das alles hat sich gejagt«, schreibt die Hofdame Fräulein von Göchhausen. Es ist sehr kalt und trocken, die Ilm ist zugefroren. Goethe läuft leidenschaftlich gern Schlittschuh und hat dieses Wintervergnügen in Weimar populär gemacht. In seinem Tagebuch vermerkt er am 17. Januar: »auf der Ilm Schlitt-sch[uh] gefahren mit ⊙«. In einem Brief des Ministers Kranz an Goethes Mutter in Frankfurt heißt es, »daß der Geheime Legationsrat dann und wann mit den Herrschaften abends Schlitt-Schuhe läuft, und zwar en masque. Die Herzoginnen, gnädigen Frauen und Fräuleins lassen sich im Schlitten schieben. Der Teich, welcher nicht klein ist, wird rundum mit Fackeln, Lampen und Pechpfannen erleuchtet.«

Als weitere Zerstreuung finden Aufführungen der Weimarer Hofbühne statt. Goethe trägt Charlotte von Stein auf, ihren Mann zu bitten, die Rolle eines Wirtes zu übernehmen. Sie selbst stellt in einem Maskenaufzug die »Nacht« dar – dies veranlaßt Goethe, sie in einem Billet als seinen lieben »Tag und liebe Nacht« zu grüßen. Er selbst verkleidet sich als »Schlaf« – und bekommt bei den Vorbereitungen für den Maskenaufzug plötzlich Bedenken, daß beider Masken Anlaß zu anzüglichem Gerede geben könnten: »Ferner geht mir eine Grille durch den Kopf: ob ich wohl thue bey der

Maskerade zu seyn. Wär ich nicht mit Ihnen versprochen, würd ich ihr nachhängen, so aber will ich's ganz in Ihre Hände legen, sehen Sie's unbefangen an und sagen mir ob ich soll oder nicht [...] Ihr Ausspruch allein soll mich bestimmen und beruhigen. Fänden Sie daß ich wohl thue davon zu bleiben; so hab ich in meiner Kranckheit eine bereite Entschuldigung.«

Charlotte von Stein hat ein gutes Gewissen und findet nichts Anstößiges in der Rollenverteilung. Sie ist mehr denn je der Mittelpunkt seines Lebens, sein »liebes A und O«. »Ich habe keine zusammenhängende Gedancken, sie hängen aber alle zusammen an Ihnen.« Seine »beste allerliebste« scheint zumindest in Worten ihre Zurückhaltung aufgegeben zu haben, so daß Goethe sich ihrer als »meine immer nahe« gewiß sein kann: »Ihre lieben Augen [...] sagen, daß ich geliebt bin.«

Charlotte von Steins Verhalten hat sich geändert. Es ist nicht mehr so, daß sie auf Goethes Liebesbezeigungen lediglich *reagiert.* Sie zeigt Initiative und kommt ihm etwa mit einem Neujahrsgeschenk zuvor. Auch ein »Nachtwestgen« arbeitet sie für ihn. Dieses Geschenk regt seine Phantasie wieder zu einem Bild an – aber der erotische Unterton früherer Jahre klingt nicht mehr mit: »In Ihr Geschenk will ich mich kleiden wie in Ihre Liebe.« Heißt das, Goethe hat seine sexuellen Wünsche zum Schweigen gebracht? Ein weiteres Bild scheint das zu bestätigen: »Ich habe mein Herz einem Raubschlosse verglichen das Sie nun in Besiz genommen haben, das Gesindel ist draus vertrieben.«

Wie Charlotte von Stein es fordert, sieht er den sinnlichen Aspekt seiner Liebe nun als etwas Negatives, das ihn nicht mehr in seiner Gewalt hat. Diese Entwicklung erscheint ihm als Fortschritt: Durch Charlottes Einfluß werde er »heil und gut und ganz«. – Während seiner Italienreise fünf Jahre später wird er es anders beurteilen! Jetzt aber empfindet er es als Befreiung, daß ihm mit Hilfe von Charlottes Standhaftigkeit gelungen ist, sein sexuelles Verlangen in Gefühle tiefer, ruhiger Freundschaft und Verbundenheit umzuwandeln. Wenn Goethe sich trotzdem als *»your lover for ever«* bezeichnet oder als »Ihr Freund und Geliebter«, beziehungsweise Charlotte von Stein als seine »Geliebte«, dann verwendet er diese Bezeichnungen in ihrem ursprünglichen Sinn: eine Person, die liebt oder geliebt wird.

Nach fünfjähriger Freundschaft scheint Goethe die gefährlichen und beunruhigenden Triebregungen unter Kontrolle gebracht zu haben. Aus dieser Sicherheit heraus kann er sich über die Beziehung zu Charlotte von Stein in einer Weise äußern, wie er es nie zuvor getan hat. Er wünscht sich, es gäbe »irgend ein Gelübde oder Sakrament«, das ihre ungewöhnliche Beziehung legitimisieren würde[20]. An eine Ehe denkt er dabei offensichtlich nicht, denn ihre Verbundenheit ist eine seelische: »Meine Seele ist fest an die deine angewachsen.« Er sagt später zwar: »Wir sind wohl verheurathet« – aber seine Definition dafür lautet, »das heist: durch ein Band verbunden wovon der Zettel aus Liebe und Freude, der Eintrag aus Kreuz Kummer und Elend besteht. Adieu grüse Steinen.«[21] Der sexuell-erotische Aspekt ist bei diesem Verständnis einer ehelichen Gemeinschaft völlig ausgeklammert – und der Gruß an den offiziellen Ehemann kann ohne Probleme unmittelbar angeschlossen werden.

Weshalb steht die Möglichkeit einer Scheidung Charlotte von Steins nie zur Debatte? Gesellschaftliche Rücksichtnahme kann es nicht gewesen sein. Scheidungen waren zwar ungewöhnlich, aber in der Weimarer Oberschicht *gab* es geschiedene Ehen. Eine Wiederverheiratung Charlottes mit Goethe wäre aufgrund der gesellschaftlichen Stellung und des hohen Ansehens beider akzeptiert worden. Herzog Karl August war ihnen wohlgesonnen und hätte keine Hindernisse in den Weg gelegt. Für Charlotte von Stein wäre möglicherweise eine Scheidung und eine zweite Ehe aus religiösen Gründen nicht in Frage gekommen. Für Goethe spielen religiöse Bedenken keine Rolle: Im Gegensatz zu Charlotte geht er nicht in die Kirche und bezeichnet sich als »Haide«. Während eines Reiseaufenthalts im Mai 1782 beschwert er sich: »Ich wohne gegen der Kirche über, das ist eine schröckliche Situation für einen der weder auf diesem noch auf ienem Berge betet, noch vorgeschriebene Stunden hat Gott zu ehren. Sie läuten schon seit früh um viere und orgeln daß ich aufhören muß denn ich kann keinen Gedancken zusammenbringen. Adieu liebe liebe Lotte.«

Eine vertraute seelisch-geistige Verbundenheit war vermutlich genau das, was Charlotte von Stein sich für ihr Leben wünschte. Eine ähnliche – wenn auch weniger intensive – Freundschaft pflegte sie mit Karl Ludwig von Knebel[22], dem ehemaligen Erzieher des Prinzen Constantin.

Zu Beginn ihrer Freundschaft mit Goethe war Charlotte von Stein Anfang dreißig. In Anbetracht ihrer Fruchtbarkeit hätte eine erneute Ehe mit größter Wahrscheinlichkeit weitere Schwangerschaften mit sich gebracht – ein Zustand, der sie schon als junge Frau zur Verzweiflung trieb. Sie war nie eine begeisterte Mutter gewesen und war erleichtert, daß ihre drei Söhne mittlerweile ihre Zeit kaum mehr beanspruchten.

In der seelischen Verbundenheit mit Goethe konnte

Charlotte von Stein alle Vorteile einer Ehe genießen – ohne das in Kauf nehmen zu müssen, was sie als die Unannehmlichkeiten einer ehelichen Verbindung betrachtete. Es gab für sie also keinen Grund, um an der bestehenden Situation etwas zu ändern. Andererseits läßt auch Goethe in keinem seiner fast 1700 Briefe auch nur den Versuch erkennen, Charlotte von Stein zu einer Trennung von ihrem Mann zu bewegen. Trotz seiner häufigen Klagen über Charlottes Distanziertheit war im Grunde genommen und ohne daß er dies sich selbst eingestand – eine Liebesbeziehung, in der er seine sinnliche Leidenschaft *nicht* ausleben konnte, für ihn ideal. So war er *nicht* gezwungen, sich mit seinen sexuellen Problemen auseinanderzusetzen. Selbst in dem oben zitierten Briefausschnitt spricht Goethe nicht konkret von einer möglichen Ehe, sondern wählt die nebulöse Formulierung, *irgendein* »Gelübde oder Sakrament« möge sie beide verbinden. Außerdem schreibt er diesen Brief aus sicherer Distanz während einer Reise, so daß er auf keinen Fall beim Wort genommen werden kann. Möglicherweise war Goethe sich auch durchaus bewußt, daß Charlotte von Stein als Ehefrau sehr fordernd und unbequem für ihn gewesen wäre, auf immer neuen Anstrengungen beharrend – entsprechend ihrer Grundhaltung: »es verlangt mich nach Vollkommenheit in dem Gegenstand, der mich an sich zieht.« Goethe versichert ihr zwar: »Ich bin immer dein und bey dir, leibeigner als sich denken läßt« – aber er weiß dennoch die Ungebundenheit und die beruhigende Distanz zu schätzen, die zwei getrennte Haushaltungen mit sich bringen.

In dieser Phase ihres Lebens waren sie beide selbständige, unabhängige Menschen, die ihre Freiräume nicht aufgeben wollten. Die Gesellschaft erlaubte es ihnen, ihre enge

Freundschaft auszuleben, nahm sogar daran teil. Die Beziehung Stein – Goethe bereicherte das Weimarer Gesellschaftsleben: Man konnte die beiden beobachten, über sie klatschen, Vermutungen anstellen. Genau so wie es heute die Regenbogenpresse mit prominenten Paaren tut.

Sie hatten beide ihre Gründe, den Status quo aufrechtzuerhalten, selbst in der intensivsten Phase ihrer Liebesbeziehung, in der sowohl Goethe als auch Charlotte von Stein in ihren Briefen vom »Sie« zum »Du« wechseln: »Ich kan nicht mehr *Sie* schreiben wie ich eine ganze Zeit nicht *du* sagen konnte.« Als die »liebe süse« doch wieder in das gewohnte »Sie« zurückfällt, entrüstet Goethe sich auf gespielt-überzogene Art: »um Gotteswillen kein *Sie* mehr! – Wie hofft ich auf deinen Brief ich macht ihn zuletzt auf, und die *Ihnen*! er mag nun erst liegen ich muß dich erst aus diesen *Ihnen* wieder übersetzen. Zur Strafe schreib ich dir nichts von mir und meiner Liebe du sollst nur hören wie es andern geht und mir mit andern.

Indeß die andre Seite trocknete hab ich deinen Brief durchkorrigirt, und alle *Ihnen* weggestrichen. Nun wird es erst ein Brief. Verzeih daß ich die Kleinigkeit zu Etwas mache! [...] Laß das zum letztenmal seyn und verzeih.«

Das Duzen in den Briefen war ihr Geheimnis, von dem selbst enge Freunde nichts wußten. Das heißt, sie hatten eine besondere Form des Sprachgebrauchs für sich allein. Sie war Ausdruck einer ungewöhnlichen Vertrautheit und Nähe. In gehobenen Kreisen jener Zeit war es nicht einmal für Ehepaare allgemein üblich, sich zu duzen. Die gegenseitige Vertrautheit zeigt sich auch in immer wiederkehrenden detaillierten Äußerungen über Krankheiten und Wehwehchen, die beide plagen: Goethe leidet Anfang des Jahres an einer

Erkältung und Halsschmerzen (vom Eislaufen?), an Nasenbluten – das er »einem gebratnen Täubgen und einigen Gläsern Wein« zuschreibt. Zahnschmerzen und »eine unregelmäsige Bewegung des Bluts« machen ihm zu schaffen. Ein Großteil der Briefe Goethes beginnt mit der standardisierten Frage: »Wie hast du geschlafen und bist du wohl?« Charlotte von Stein hat langwierige Beschwerden mit einem »Fus« und leidet häufig an Kopfschmerzen. Goethe leistet ihr Gesellschaft und umsorgt sie, »denn wie kan ich leben und am Leben mich freuen wenn du kranck bist.«

Er interessiert sich für jedes Detail im Tagesablauf Charlottes – »bitte mir zu sagen wie du deinen Tag zubringst« – und fügt sich ihren Wünschen – wenn ihm danach ist: »Mein liebes Orackel hat sich noch nicht hören lassen, hat mein Schicksal noch nicht entschieden, hat noch nicht gesagt was es heute mit mir anfangen will.« Im Formulieren von Liebesworten ist er unerschöpflich: Charlotte von Stein ist seines »Herzens Lust«, seine »Erfüllung vieler Tausend Wünsche«, die nie versiegende »Quelle« seines »Glücks«. Was kann seine Geliebte sich Besseres wünschen? Wie viele Frauen werden so verwöhnt mit sprachlichen Liebkosungen?

Die Probleme und Auseinandersetzungen früherer Jahre scheinen überwunden: »Es ist und wird gewiß recht schön und gut mit uns, denn alles geräth nach und nach.« In einem kurzen Billet am 25. Dezember 1781 zu Charlottes Geburtstag wirkt Goethe euphorisch und überschwenglich: »Dancke aber und abermal für alles. Bald seh ich dich, denn ich werde mich in Feyerkleider setzen und dir geputzt und bey Hofe und überall sagen daß ich dich unaussprechlich liebe.«

Im Rückblick auf den November 1781 macht Goethe folgenden Tagebucheintrag: »Glück durch ☉«.

Briefe 1781

Schon war ich erwacht, und lag und dachte was ich Ihnen zum neuen Jahr sagen und schicken wollte, als mir Ihr Packetgen zuvorkam. Ich dancke tausendmal meine beste. Keine Reime kan ich Ihnen schicken denn mein prosaisch Leben verschlingt diese Bächlein wie ein weiter Sand, aber die Poesie meine Beste zu lieben, kan mir nicht genommen werden. Ihr artig Büchsgen wird ich immer bey mir führen, und schicke etwas süses dagegen, das freylich seiner Natur nach angenehm und vergänglich ist. Adieu.

d. 1. Jan. 81 *G.*

*

Sagen Sie mir wie Sie geschlafen haben? wie Sie leben und ob Sie noch reisen? Nehmen Sie's gut auf, daß ich für Ihre Gesundheit besorgt bin, denn wenn Sie nicht wohl sind bin ich auch kranck.

d. 3. Jan. 81 *G.*

*

Da ich Sie gestern nicht gesehen habe sind Sie so artig gewesen mich heute Nacht mit Knebeln zu besuchen, dafür ich dancke. Geben Sie doch Überbringern das Röllgen Geld, und ich schicke zugleich die Mitschuldigen. Bitten Sie doch Steinen daß er sie liest, und sich entschliest den Wirth zu machen. Er wird ihn gewiß recht hübsch spielen, und uns wär es eine grose Freude das Stück zu geben. Es ist entsezlich kalt. Wenn Sie auf der Ilm fahren wollen, es wird Bahn gekehrt. Thun Sies um der Seltenheit willen. Ich gehe auf die KriegsCommission lassen Sie mir die Stunde sagen wenn Sie herunter kommen wollen, vielleicht um Mittag. Auch bitt ich

um die Papiere die bey Ihnen liegen, versiegelt. Womöglich noch vor 9 Uhr.
d. 15. Jan. 81 G.

*

Wenn Sie mich mögen, so sollen nach 1 Uhr zwey gebratne Feldhühner ankommen, die wir zusammen verzehren wollen in Friede und Eintracht. Ich hoffe das Conseil soll nicht lang dauern, denn es ist nicht viel da. Nur ein Wörtgen Antwort. Adieu beste.
d. 19. Jan. 81 G.

*

Es geht mir ziemlich doch fürcht ich dass sich mein Hals nicht ganz giebt, ich hab auch äusserlich einige Spannung. Ich will mich ruhig halten, und hoffen. Am Schirm hab ich nichts machen können ich will morgen früh das mögliche thun. Der Wind geht von mir zu Ihnen also bringt er Ihnen meine Gedanken. doch können auch die gegen den Wind gehn und also hoff ich Besuch von den Ihrigen. Um achte will ich nicht vergessen sie bey der Uhr zu grüssen. Wenn ich ein Paar Racketen hätte so würf ich sie, Ihnen einen guten Abend zu sagen.
d. 28. Jan. 81 G.

*

Ihr Packet erhalt ich im Kloster, wo ich an diesem anmutigen Morgen schon lange auf den gehofften Boten laure. Die Äpfel sind mir sehr willkommen denn es mangelte mir am Frühstück. In Ihr Geschenck will ich mich kleiden wie in Ihre Liebe. Es ist so schön daß ich wünschte Sie kämen nachher einen Augenblick herunter. Zu Tische werden Sie wohl Ihren immer getreuen Gast haben.
d. 4. März 81 G.

Neuheiligen d. 7. März Nachts 10
Man ist auseinander gegangen, ich habe mein neues Nachtwestgen zum erstenmale angezogen, und will dem Kutscher der Morgen früh zurück geht einige Worte mitgeben. Der Ritt hierher war ein bittrer Bissen, besonders die lezten Stunden, wo es feinen Regen im Winde trieb. Der Herzog hat einen entsezlichen Schnuppen, mir ists ganz wohl bekommen und wir sind hier gar artig. Ihnen danck ich tausendmal für die Nähe Ihrer Liebe, und alles was Sie mir mitgegeben und mich hoffen lassen. Dafür hab ich Ihnen auch ein Paar schöne Gleichnisse erfunden. Morgen soll wenn das Glück gut ist gezeichnet werden. [...]

Ich sehne mich nach Ihren lieben Augen die mir gegenwärtiger sind als irgend etwas sicht oder unsichtbaares. Noch nie hab ich Sie so lieb gehabt und noch nie bin ich so nah gewesen Ihrer Liebe werth zu seyn. Adieu beste. Grüsen Sie die Waldnern. Empfehlen Sie mich der Herzoginn.

G.

*

Anfang März
Kaum bin ich von Ihnen weg; so hab ich Ihnen schon etwas zu sagen und zu schicken. Der Himmel war gar schön, ich wünschte Sie nur einen Augenblick heraus. Die Lufft war gelinde und deutete von fern auf den Frühling. Der Braten den ich Ihnen schicke, wird von härtlicher Natur seyn. Vielleicht wär er am besten in einer Pastete. Entscheiden Sie das und lassen mich wo möglich noch davon geniessen. Adieu beste! wenn es nur Worte gäbe Ihnen zu sagen wie ich Sie liebe und eine Dinte sie zu schreiben. Adieu! Adieu.

G.

Meine Seele ist fest an die deine angewachsen, ich mag keine Worte machen, du weist daß ich von dir unzertrennlich bin und daß weder hohes noch tiefes mich zu scheiden vermag. Ich wollte daß es irgend ein Gelübde oder Sakrament gäbe, das mich dir auch sichtlich und gesezlich zu eigen machte, wie werth sollte es mir seyn. Adieu. Ich kan nicht mehr Sie *schreiben wie ich eine ganze Zeit nicht du sagen konnte. [...]*

Noch etwas von meiner Reiseandacht. – Die Juden haben Schnüre mit denen sie die Arme beym Gebet umwickeln, so wickle ich dein holdes Band um den Arm wenn ich an dich mein Gebet richte, und deiner Güte, Weisheit, Mäsigkeit und Geduld theilhafft zu werden wünsche. Ich bitte dich fusfällig vollende dein Werck, mache mich recht gut! du kannsts, nicht nur wenn du mich liebst, sondern deine Gewalt wird unendlich vermehrt wenn du glaubst daß ich dich liebe. Lebe wohl.

Ich hoffe immer daß du wohl seyst. Leb wohl. Mir fällt eins aufs andre ein. Leb wohl, ich kan nicht von dir kommen wenn nicht des Blätgens Ende wie zu Hause die Thüre mich von dir schiede.

d. 12. März Montags von halb 11 Nachts. 81 *G.*

*

Deine Liebe ist mir wie der Morgen und Abendstern, er geht nach der Sonne unter und vor der Sonne wieder auf. Ja wie ein Gestirn des Pols das nie untergehend über unserm Haupt einen ewig lebendigen Kranz flicht. Ich bete daß es mir auf der Bahn des Lebens die Götter nie verduncklen mögen. Der erste Frühlingsregen wird unsrer Spazierfahrt schaden. Die Pflanzen wird er aufquellen, daß wir bald des ersten Grüns uns erfreuen. Wir haben noch so keinen schönen Frühling

zusammen erlebt, mögte er keinen Herbst haben. Adieu. Ich frage gegen 12 Uhr nach wie es wird. Adieu beste liebste.
d. 22. März 81 *G.*

*

Der Himmel trübt sich, ich werde nicht drüber murren denn wenn ich bey dir bin so ist alles heiter. Den Frauens, und dir besonders hab ich in der Stille des Morgens eine Lobrede gehalten. Eure Neigungen sind immer lebendig und thätig, und ihr könnt nicht lieben und vernachlässigen. Die Offenheit und Ruhe meines Herzens die du mir wiedergegeben hast, sey auch für dich allein, und alles Gute was anderen und mir draus entspringt sey auch dein. Glaub mir ich fühle mich ganz anders, meine alte Wohlthätigkeit kehrt zurück und mit ihr die Freude meines Lebens, du hast mir den Genuß im Guts thun gegeben, den ich ganz verlohren hatte. Ich thats aus Instinckt und es ward mir nicht wohl dabey. Adieu. So mögt ich immer fortfahren und seys gegenwärtig oder auf dem Papiere, wie schwer wird mirs, mich von dir zu scheiden.
d. 27. März 81 *G.*

*

Das schöne Wetter und deine Liebe thun zusammen die gewohnte Würckung, es ist mir recht artig. Wenigstens spür ich gar keinen Husten.

Sag mir was der Fus auf den gestrigen Tanz macht. Heut ist Conseil. Sag mir etwas von heute Nachmittag und Abend.
d. 30. März 81 *G.*

*

Ihr liebes Briefgen hat mich noch im Bette gefunden, wo ich die üblen Einflüsse der Jahreszeit zu lindern geblieben bin. Sehr ungern hör ich daß meine Wünsche nicht länger die

Übel von Ihnen entfernt halten. Sie hätten nicht zeichnen sondern ruhen sollen. Der Himmel klärt sich auf, sonst bitt ich Sie nicht zu kommen. Ich bringe lieber die Zeichnungen hinüber.

[...] Adieu beste. Der Herzog hat sich heute nacht ins Dickbein verwundt. Ich will ihn heute früh besuchen. Adieu beste. Frizzen hab ich in deine Seele geküsst.

d. 31. März 81 *G.*

*

Immer mit meinen Gedancken um dich beschäfftigt, hab ich dir schon wieder viel zu sagen was ich für dich und an dich gedacht habe. Das sey auf die erste gute Stunde die mir mit dir wird. Du schienst gestern Abend zu verlangen daß ich mitfahren mögte, mache mit mir was du willst [...]

d. 9. April 81 *G.*

*

Sie wird kommen! Sie wird kommen! War mein Ausruf als ich die Augen aufmachte und die Sonne sah. Die Stunden dieses Tags bringen mir ein schönes Glück.

Hierbey ist eine Epistel, wenn Sie meynen so schicken Sie das Blat dem Herzog, reden Sie mit ihm und schonen Sie ihn nicht. Ich will nichts als Ruhe, und daß er auch weis woran er ist. Sie können ihm auch sagen, daß ich Ihnen erklärt hätte, keine Reise mehr mit ihm zu thun. Mach es nach deiner Klugheit und Sanftheit. Und theile meine Ruhe und mein Glück, da du soviel mit mir ausgestanden hast, und wisse wie glücklich ich in deiner Liebe bin.

d. 26. April 81 *G.*

*

Der Himmel will mir das zugedachte Gute noch aufspaaren, indessen muß ich leben und kan dich nicht entbehren. Heut ist Conseil doch bitt ich hebe mir etwas zu Essen auf ich will mich von deinen Händen nähren, aber warten mußt du nicht wegen Ernsts. Adieu beste ich habe allerley zu thun, und deine Liebe macht mir auch zu thun, so eine angenehme Beschäfftigung es ist. Ich bin bei dir bis zur Abenddämmerung der Götter.

d. 27. April 81 G.

*

Heute ruft dich das Wetter und heist dich das Herz zu mir zu kommen und dich am Reste der Blüten zu ergözzen. Sag mir liebe wie du geschlafen hast, und die Stunde wann du diesen Nachmittag kommen, und wen du mitbringen willst. Adieu du Liebe unversiegende Quelle meines Glücks.

d. 28. April 81 G.

*

Aus allerley beschwerlicher Arbeit ruf ich dir zu daß ich dich liebe Beste so wie du nie aufhören wirst, so schaffe und bilde mich auch so daß ich deiner werth bleibe und laß es uns so halten daß dein liebes Herz dir nicht widerspricht.

d. 14. May 81 G.

*

Wie hast du geschlafen. Was macht der Fus und willst du mich zu Tische? Das sind meine alten Fragen, und noch eine die ich auch immer thue will ich mir diesmal selbst beantworten.

d. 25. May 81 G.

*

[...] Du weist doch wer mein Schäzzel ist, fangt sich ein alt Lied an. [...]

Knebel wird dir diesen Brief bringen und sagen wie es uns gegangen ist und wie es mir geht. Er wird von einem

Donnerwetter erzählen das nach Mitternacht über den Wald kam und mit einer fürchterlichen Gewalt um uns leuchtete schlug und prasselte, da es gegen Nordost zog dacht ich vielleicht weckt es auch meine liebe auf, an mich zu dencken.

Ich sehne mich heimlich nach dir ohne es mir zu sagen, mein Geist wird kleinlich und hat an nichts Lust, einmal gewinnen Sorgen die Oberhand, einmal der Unmuth, und ein böser Genius misbraucht meiner Entfernung von euch, schildert mir die lästigste Seite meines Zustandes und räth mir mich mit der Flucht zu retten; bald aber fühl ich daß ein Blick, ein Wort von dir alle diese Nebel verscheuchen kan.

Lebe wohl meine Liebste die Tage die ich von dir entfernt seyn muß. Gar sehr verlang ich nach einem Briefe von dir.

Jeden Abend grüs ich das röthliche Gestirn des Mars, das über die Fichtenberge vor meinem Fenster aufgeht, es muß dir über meinem Garten stehn und bald seh ichs mit dir an einem Fenster. Gute Nacht meine beste, entfernt von seiner Liebe ist nicht zu leben.

Ilmenau d. 8. Jul. 81 *G.*

*

Schon seit dem frühsten Tag verlangt mich nach einem Worte von dir. Ich kan's nicht erwarten vor dir zu knien, dir tausend tausendmal zu sagen, daß ich ewig dein bin.

d. 20. Jul. 81 *G.*

*

Sag mir liebste wie du dich befindest und ob du mit mir einig bist. Es thut mir nichts weher als wenn wir uns einen Augenblick misverstehen, als wenn mein Wesen an deines falsch anschlägt, mit oder ohne meine Schuld.

Adieu. Schicke mir meine Schrifften.

d. 4. Aug. 81 *G.*

d. 1. Oktbr. 81 Weimar

Heute Nacht gegen zwölfe sind wir wieder angekommen. Fritz ist gar brav, es ist davon viel zu erzählen. Jetzt bin ich so zerstreut daß ich nichts ordentliches werde vorbringen können.

Steinen hab ich in Leipzig gesehn, er war vergnügt uns zu treffen ... Fritzens Urtheil über die Menschen ist unglaublich richtig. Nur müssen wir suchen zu hindern daß ihn das Glück nicht übermuthig mache. Ich hab ihm einige ruhige, sehr wahre Lecktionen gegeben, und er ist sehr geschmeidig.

Du hattest mir verboten dir nichts mitzubringen, schon ging ich betrübt unter manchen schönen Sachen, als mir das Glück einen geschnittnen Stein zuführte, davon ein Abdruck beyliegt, selten findet man unter Juwelier Waare ein so artig Steingen. Es stellt Psyche vor mit dem Schmetterling auf der Brust in gelbem Achat. Es ist als wenn ich dich immer meine Liebe Seele nennte. Auch hab ich dir ein Gedicht gemacht das du durch den Weeg des Tiefurter Journals sollst zu sehen kriegen [...]

Meine Liebste ich habe mich immer mit dir unterhalten und dir in deinem Knaben gutes und liebes erzeigt. Ich hab ihn gewärmt und weich gelegt, mich an ihm ergötzt und seiner Bildung nachgedacht.

Knebel hat mir eine Stunde verplaudert die dir gewiedmet war. Ich habe ihm die Quintessenz meiner Reise erzählt warum kan ich es nicht dir diesen Mittag.

Den Boten will ich erst morgen fortschicken, denn ich kan doch von dir keine Antwort haben eh ich nach Gotha gehe.

Anfang Oktober 1781

Den einzigen Lotte welchen du lieben kanst
Forderst du ganz für dich und mit Recht.
Auch ist er einzig dein. Denn seit ich von dir binn
Scheint mir des schnellsten Lebens lärmende Bewegung
Nur ein leichter Flor durch den ich deine Gestalt
Immerfort wie in Wolcken erblicke,
Sie leuchtet mir freundlich und treu
Wie durch des Nordlichts bewegliche Strahlen
Ewige Sterne schimmern.

*

Nach Kochberg

Dein Quartier ist fertig und ich erwarte nun von ieder Stunde daß sie mir dich wiederschencken soll. Ich bin diese Tage her meist allein gewesen und habe mich viel beschäfftigt, mein Haus wird mir aufs neue lieb und werth, wenn ich auch eine Wohnung in der Stadt hätte ich zöge nicht hinein.

Der Augenblick dich wiederzusehn wird auch kommen, ich stehe viel gegen das Fenster wo ich mir dich hinter den Bergen dencke, meine Liebste! mein Glück! Es wird ein wohlthätigerer November seyn als der vorige.

Nun scheint mir alles fröhlich und gut wenn du nur gesund bleibst! komme bald! Bis dahin freu ich mich deiner Zeichen die ich hie und da antreffe. O du Gute. Halte mich nur an daß ich fleisig bin. Adieu ich kan nicht von dir kommen.

d. 23. O. 81 *G.*

*

Sonnabend d. 27. Oktbr. 81

Sehr unerwartet und unangenehm meine beste war mir die Nachricht daß du ausbleibst. Denn ich kan und darf nicht ohne dich leben. Schon hatte ich mir eine Menge Beschäffti-

gungen ausgesonnen, was ich in die nächste Woche legen wollte und nun schickt mir der Himmel eine neue Prüfung der Geduld in einem sehr beschweerlichen Auftrag davon du die Geschichte mündlich erfahren sollst.

G.

*

Von Jena wo ich seit gestern bin schick ich dir eine Schachtel mit Trauben möge sie gut bey dir ankommen. [...]

Meine Seele ist an dich fest gebunden, deine Liebe ist das schöne Licht aller meiner Tage, dein Beyfall ist mein bester Ruhm, und wenn ich einen guten Nahmen von aussen recht schätze, so ists um deintwillen daß ich dir keine Schande mache. Leb wohl meine liebste. Laß mich einen Brief von dir in Weimar finden. Adieu beste.

Montag Jena, 29. Oktober G.

*

Schick mir liebste meine Schlüssel die ich gestern habe liegen lassen. Aber die Schlüssel mit denen du mein ganzes Wesen zuschliesest daß nichts ausser dir Eingang findet bewahre wohl und für dich alleine. Adieu ich hoffe schon wieder auf dich.

d. 6. Dez. 81 G.

*

Gotha d. 8. Dez. 81

Von freundlichen Gesichtern empfangen, lustig unterhalten und beschenckt, hab ich gestern einen angenehmen Tag zugebracht. Es ist hier gewöhnlich daß der Nikolas bescheert, dieser hat mir auch allerley verehrt. Wäre etwas dabey das dir Freude machen könnte so schickte ich dir es gleich mit. Von der Herzoginn hab ich ein Paar schöne Manschetten, und von der Oberhofmeisterinn eine Dose mit Rousseaus

Bild. Wir waren sehr lustig bis Nachts um zwölfe, es wurden Austern gegessen und Punsch getruncken.

Durch alles das begleitet mich der vielgeliebte Talisman, und Abends und Morgens, und Nachts wenn ich aufwache nenn ich deinen Nahmen und hoffe auf dich. Schon freu ich mich bey meiner Rückkehr deinen Brief zu finden.

Leb wohl beste, deine Gestalt und deine Liebe glänzt immer um mich, und wie in eine glückliche Heimat trag ich alles in Gedancken zu dir. Leb wohl. Und schreibe mir viel.

G.

*

Ich muß dir einen Guten Morgen sagen und dir ein Stück Feyertags Kuchen schicken, damit mein Verlangen dich zu sprechen nur einigermassen befriedigt werde, und ich noch an etwas anders diese Paar Stunden dencken könne bis ich dich sehe. Um 10 geh ich auf das Theater und vorher einen Augenblick zu dir.

d. 24. Dez. 81 G.

Beginn einer Lebenskrise

»... und begreife immer weniger was ich bin und was ich soll. ... Bleibe mir liebe Lotte du bist mein Ancker zwischen diesen Klippen.«

1782

1782 ist ein Jahr äußerer Veränderungen. Bereits im November 1781 erwähnt Goethe sein Vorhaben, im kommenden Frühjahr das Haus am Frauenplan zur Miete zu übernehmen: »Diesen Winter bleib ich noch hier haussen in meinem Neste, künftig hab ich auch ein Quartier in der Stadt, das hübsch liegt und gräumig ist.« Trotz der Vorfreude auf die neue Wohnung schmerzt es ihn sehr, das Gartenhaus verlassen zu müssen. Entgegen seinem ursprünglichen Plan entschließt er sich, es nicht zu vermieten, um sich weiterhin gelegentlich dort aufhalten zu können.

»Dein Besuch hat mir viel Nachdenken erspart, da ich nicht bey dir seyn konnte ging ich nach meinem Garten, und iede Rose sagte zu mir: und du willst uns weggeben. In dem Augenblicke fühlt ich daß ich diese Wohnung des Friedens nicht entbehren könnte. Ich hatte dich zwey drey Tage immer gesehn und so glaubt ich mir das übrige nicht nothwendig. Hab ich dich denn immer? Nein Lotte ich gäbe viel weg [...]«

Das weitläufige Stadthaus hat den Vorteil, daß Goethe dort seinen amtlichen und gesellschaftlichen Verpflichtungen bequemer nachkommen kann. Er lädt von nun an einmal wöchentlich zum »Thee«. Auch für seine anwachsenden naturwissenschaftlichen Sammlungen bietet das Haus mehr

Platz. Wie bei der von Steinschen Wohnung dürfte auch hier wieder die Lage ausschlaggebend gewesen sein: Das neue Domizil befindet sich am südöstlichen Stadtrand und bringt Goethe in die fast unmittelbare Nachbarschaft der von Steins. Zwei Möglichkeiten hat er, um dorthin zu gelangen: Auf dem vorderen Weg, durch die Seifengasse, sind es höchstens zweihundert Meter zum Haus an der Ackerwand. Goethe findet den rückwärtigen Weg noch angenehmer: »Adieu, beste du siehst das Glück sorgt für uns. Der Ausgang durch den Garten ist nicht das geringste von den Annehmlichkeiten dieser Wohnung.« Durch den Hinterausgang lassen sich die häufigen Besuche noch bequemer und unauffälliger gestalten. Ein Hinweis darauf, daß beide nach wie vor darauf achten, möglichst wenig Gerede und Aufsehen zu erregen.

Goethe freut sich darauf, im Winter 1781/82 zusammen mit Charlotte von Stein die Ausstattung des neuen Heims planen zu können: »Auf Ostern zieht Hendrich [der Vormieter] aus und ich trete in seine Miethe habe den ganzen Sommer Zeit mich einzurichten, und künftigen Winter sehn wir unsern Planen entgegen.« Im Mai 1782 schreibt er ihr von einem Reiseaufenthalt in Gotha: »O meine Lotte! Wie freu ich mich auf meine neue Einrichtung! Auf alles was mir deine Liebe wird ordnen und erhalten helfen. Mögest du so viel Freude haben als du mich glücklich machst.«

Hinter den Kulissen haben noch andere dazu beigetragen, daß Goethe – wie es sich für seine Stellung gebührt – endlich ein repräsentatives und standesgemäßes Stadthaus bewohnt. Der Briefwechsel zwischen Goethes Mutter in Frankfurt und der Herzoginmutter Anna Amalia gibt uns hier einen amüsanten Einblick. Goethe wird von seiner

Mutter gelegentlich als ihr »Hätschelhans« bezeichnet (es ist nicht bekannt, daß sie für seine Schwester Cornelia einen ähnlichen Kosenamen verwendet hätte). Sie macht sich Sorgen um die Gesundheit des »Hätschelhans« und bittet die Herzoginmutter untertänigst: »Haben doch Ew. Durchlaucht die Gnade und helfen mit dazu, daß mein Sohn den Winter in der Stadt eine Wohnung bekomt – So oft wir hir schlimme Witterung haben (wie eben jetzt der Fall ist, da des Regens kein Ende werden will) so fält mirs schwer auf's Hertz, daß der Dokter Wolf in seinen Garten gehen muß.«

Darauf die »gnädige« Antwort Anna Amalias, die sie damit beruhigen kann, »daß ihr geliebter Hätschelhans sich in Gnaden resolviret hat, ein Haus in der Stadt zu miethen.– auch habe ich ihm versprochen einige Meubeln anzuschaffen, weil er so hübsch fein und gut ist.« Die Mutter ist dankbar: »Es hat mich sehr gefreut, daß mein Sohn sich ins künftige wie andre Christenmenschen geberden und aufführen will – Daß Ihro Durchlaucht die Gnade haben wollen, dem guten Wolf sein neues Hauß ausschmücken zu helfen – davor statte ich den Unterthänigsten Danck ab.«

Ein weiterer Markstein, der in diesem Jahr Goethes glänzenden äußeren Aufstieg kennzeichnet: Er wird im Frühjahr in den Adelsstand erhoben. Es ist allerdings keine Ehrung des Dichters, sondern eine politische Notwendigkeit: Wenn er als Gesandter des Herzogs von Weimar die deutschen Fürstenhöfe bereist, können ihm als Bürgerlichem nicht die angemessenen Ehrenbezeigungen erwiesen werden. Goethe gibt in seinen Äußerungen nicht zu erkennen, was ihm der Adelstitel bedeutet: »Die Herz. Mutter hat mir gestern eine weitläufige Demonstration gehalten daß mich der Herzog müsse und wolle adlen lassen, ich habe sehr einfach meine Meynung gesagt und einiges dabey nicht verhelt, was ich dir auch noch erzählen will.«

Einerseits ist die Erhebung in den Adel ein Zeichen seines Erfolgs als Politiker, andererseits sieht er wohl die Ironie seiner Situation: Noch vor wenigen Jahren entwarf er in seiner Sturm-und-Drang-Zeit ein recht negatives Bild des Standes, dem er nun selbst angehört. Er behauptet, sich selbst treu zu bleiben: »Ich richte mich ein in dieser Welt, ohne ein Haar breit von dem Wesen nachzugeben, was mich innerlich erhält und glücklich macht.«

Im Sommer 1782 übernimmt Goethe einen weiteren und belastenden Aufgabenbereich: Er wird Kammerpräsident. Das heißt, er muß die chaotischen finanziellen Verhältnisse im Herzogtum ordnen. Dadurch bekommt er viel Ärger, auch mit Herzog Karl August, der über seine finanziellen

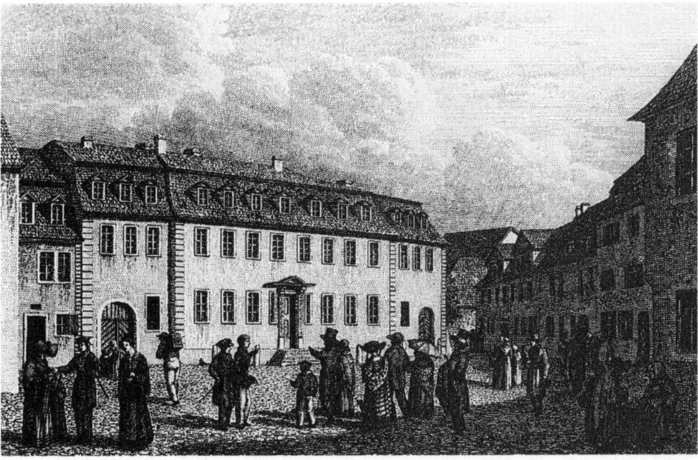

Weimar, Goethehaus am Frauenplan,
Stich von L. Schütz nach O. Wagner, 1827

Verhältnisse lebt und von Goethe zu Sparsamkeit angehalten werden muß. »Morgen gehts auf die Jagd [...] Des hin und wieder fahrens, schleppens reitens, laufens ist keine Rast. Der Hofmarsch flucht, der Oberstallmeister murrt, und am Ende geschieht alles. Wenn diese Hast und Hatze vorbey ist und wir wären um eine Provinz reicher so wollt ich's loben, da es aber nur auf ein Paar zerbrochne Rippen, verschlagne Pferde und einen leeren Beutel angesehn ist, so hab ich nichts damit zu schaffen. [...] Der Herzog ist vergnügt und gut, nur find ich den Spas zu theuer, er füttert 80 Menschen in der Wildniss und dem Frost, hat noch kein Schwein, weil er im freyen hetzen will [...] plagt und ennuirt die seinigen, und unterhält ein Paar schmarutzende Edelleute aus der Nachbarschafft, die es ihm nicht dancken. Und das alles mit dem besten Willen sich und andre zu vergnügen. Gott weis ob er lernen wird, daß ein Feuerwerck um Mittag keinen Effeckt thut.«

Um sein Ziel zu erreichen und die Finanzangelegenheiten nach seinen Vorstellungen zu regeln, droht Goethe mit Abdankung. Auf dem Höhepunkt seiner Ministerlaufbahn sind ihm die Staatsgeschäfte zunehmend eine Belastung. Die Verwirklichung seiner Reformpläne erscheint ihm fraglich. Er wird von Selbstzweifeln gequält: War es richtig, in Weimar zu bleiben und eine Politikerkarriere zu verfolgen? Der Herzog sucht zwar Goethes Unterstützung und Rat, aber er handelt nicht unbedingt danach. Goethe kritisiert enttäuscht: »Der Herzog hat doch im Grunde eine enge Vorstellungs Art und was er kühnes unternimmt ist nur im Taumel, einen langen Plan durchzusetzen der in seiner Länge und Breite verwegen wäre, fehlt es ihm an Folge der Ideen und an wahrer Standhafftigkeit.« Karl August ist Alleinherrscher geblieben. Goethes persönlicher Einfluß auf ihn trägt nicht dazu bei, die Dinge entscheidend zu verändern.

Im Laufe des Jahres 1782 wird ein Wandel in Goethes Selbstverständnis deutlich. Im Herbst versucht er, sich so weit als möglich dem Hofleben zu entziehen: »Ganz stille habe ich mich nach Hause begeben, um zu lesen, zu kramen und an dich zu dencken. Ich bin recht zu einem Privatmenschen erschaffen und begreiffe nicht wie mich das Schicksal in eine Staatsverwaltung und eine fürstliche Familie hat einflicken mögen.«

Seine wissenschaftlichen Interessen rücken in den Vordergrund, unter anderem die Mineralogie und die Geologie: »Ich freue mich auf's neue unsere Naturlustige [naturwissenschaftliche] Gesellschafft künftigen Winter zu bewirthen. Die Einrichtung wird gewiß artig, wenn nicht der böse Dämon der Plattheit, der mir so manches verderbt hat, auch dieses zerstört.« Vor allem anderen drängt es ihn danach, wieder mehr Zeit für seine literarische Arbeit zu verwenden: »Heute früh habe ich das Capitel im Wilhelm [Meister] geendigt wovon ich dir den Anfang dicktirte. Es machte mir eine gute Stunde. Eigentlich bin ich zum Schriftsteller gebohren. Es gewährt mir eine reinere Freude als iemals wenn ich etwas nach meinen Gedancken gut geschrieben habe.«

Alle diese Äußerungen zeigen, daß die Ereignisse des Jahres – Erhebung in den Adelsstand, Übernahme weiterer politischer Aufgaben, eine standesgemäße Wohnung – Verhältnisse im Äußeren verfestigen, von welchen Goethe in seinem Inneren bereits begonnen hat, sich zu lösen. Goethes offizielle Aufgaben und seine öffentliche Position stehen im Gegensatz zu seiner inneren Entwicklung. Dieser

Widerspruch in seinem Leben führt im November zu einer Persönlichkeitskrise und in eine tief depressive Phase. Goethe versucht Bilanz zu ziehen. Während er einen Höhepunkt seiner Karriere erreicht hat, zweifelt er am Sinn seines Tuns: »Seit einigen Tagen seh ich die Briefe durch die an mich seit zehen Jahren geschrieben worden, und begreife immer weniger was ich bin und was ich soll.« Seine Selbstzweifel lassen ihn in Charlotte von Stein noch stärker die unentbehrliche Freundin und Vertraute sehen. In seiner Schwäche wird sie ihm Stütze und Halt: »Bleibe mir liebe Lotte du bist mein Ancker zwischen diesen Klippen.«

In der ersten Hälfte des Jahres 1782 wirken Goethes Briefe an Charlotte von Stein floskelhaft mit teilweise stereotypem Inhalt: Fragen nach dem Befinden, nach dem Tagesablauf. Vorbei scheint der Überschwang der Gefühle. Die Freundschaft ist zur alltäglichen Gewohnheit geworden. Der sonst so gefühlvolle Goethe erscheint seltsam unberührt und unbeteiligt. Seine Liebesbeteuerungen haben nicht die emotionale Unmittelbarkeit und Intensität von früher: »Ich stecke in Zahlen und Ackten. Liebe mich so hab ich eine Aussicht auf ieden Morgen und ieden Abend.« Im Juli kommt es zu einem anhaltenden und ernsthaften Streit zwischen Charlotte von Stein und Goethe. Zehn aufeinanderfolgende Briefe beziehen sich allein darauf, aber sie enthalten keinen Hinweis auf die Ursache des Zerwürfnisses. Hat Charlotte Goethes emotionale Distanziertheit gespürt? Hat sie – bewußt oder unbewußt – einen Streit provoziert, um die Belastbarkeit der Beziehung zu testen? Goethe erwähnt ein »Mißverständnis«. Er ist außer sich und befürchtet ein Ende der Freundschaft, weil Charlotte von Stein lange Zeit nicht bereit ist einzulenken. Er klagt: »Ich kan nicht

Goethe, Silhouette

Herder über Goethe: »Er ist also jetzt Wirklicher Geheimer Rat, Kammerpräsident, Präsident des Kriegscollegii, Aufseher des Bauwesens bis zum Wegbau hinunter, Direktor des Bergwerks, dabei auch *directeur des plaisirs*, Hofpoet, Verfasser von schönen Festivitäten, Hofopern, Balletts, Redouten-Aufzügen, Inskriptionen, Kunstwerken et cetera, Direktor der Zeichen-Akademie, in der er den Winter über Vorlesungen über die Osteologie gehalten; selbst überall der erste Akteur, Tänzer, kurz das Factotum des Weimarschen und, so Gott will, bald der Majordomus sämtlicher Ernestinischer Häuser, bei denen er zur Anbetung umherzieht. Er ist baronisiert, und an seinem Geburtstage wird die Standeserhebung erklärt werden. Er ist aus seinem Garten in die Stadt gezogen und macht ein adlich Haus, hält Lese-Gesellschaften, die sich bald in Assembleen verwandeln werden etc. etc.« (Weimar, 11. Juli 1782)

weinen, und weis nicht wohin. Adieu verzeih mir. Dein Schmerz ist's der mich ängstigt. Wenn dir's nicht wieder mit mir wohl werden kann so geb ich auf eine freudige Stunde zu haben.«

Das traditionelle Rollenschema ist vertauscht. Die herkömmliche Rolle der Frau, großmütig nachzugeben und zu verzeihen, entspricht nicht Charlottes Wesen. Sie beharrt auf ihrem Standpunkt, kann die Mißstimmung länger und besser ertragen als Goethe. Er ist der Versöhnliche, der –

großzügig und warmherzig – versucht einzulenken, obwohl er der Meinung ist, daß sie beide das Zerwürfnis verursachten. Schließlich läßt Charlotte von Stein sich erweichen, und man versöhnt sich wieder: »Ich bin und bleibe dein und um dich. Heute früh kam mir's vor als wenn kein Mensch in einer glücklicheren Lage seyn könnte als ich«, schreibt Goethe erleichtert.

Die depressive Phase im November schwächt ihn dann so sehr, daß er wieder völlig abhängig wird von Charlottes Zuneigung. Er braucht sie offensichtlich mehr als in den vorausgehenden Monaten, seine Liebesbeteuerungen sind voller Gefühl: »Nun brauche ich deine Liebe täglich mehr um den bösen Geistern zu widerstehn die mich anfallen. [...] Meine Seele neigt sich zur Einsamkeit, und mein Herz empfielt sich dem deinigen. [...] Dein Anblick, eine Zeile von dir ist mir so anziehend. Das einzige was mir noch recht anziehend ist. Ich mögte zu dir daß du mir's recht ansehen könntest wie ich dich liebe. Danck für dein Mitleiden. Dein mit mir Leiden und verzeih mir und liebe mich.«

Man fühlt eine unendliche Traurigkeit und Orientierungslosigkeit in seinem ungewöhnlich langen Brief vom 17. November: »Ich strich um mein verlassen Häusgen[23], wie Melusine um das ihrige wohin sie nicht zurückkehren sollte, und dachte an die Vergangenheit von der ich nichts verstehe, und an die Zukunft von der ich nichts weis. Wie viel hab ich verlohren da ich ienen stillen Aufenthalt verlassen muste! Es war der zweyte Faden der mich hielt, ietzt hänge ich ganz allein an dir, und Gott sey danck ist dies der stärckste.« Aber: Wird dieser »Faden« stark genug sein, Goethe in Weimar zu halten – trotz aller Ärgernisse und trotz seiner inneren Unzufriedenheit?

Herzogin Anna Amalia von Sachsen-Weimar-Eisenach, Öl auf Leinwand, von Johann Ernst Heinsius, 1773

Goethe über Anna Amalia: »eine vollkommene Fürstin mit vollkommen menschlichem Sinn«

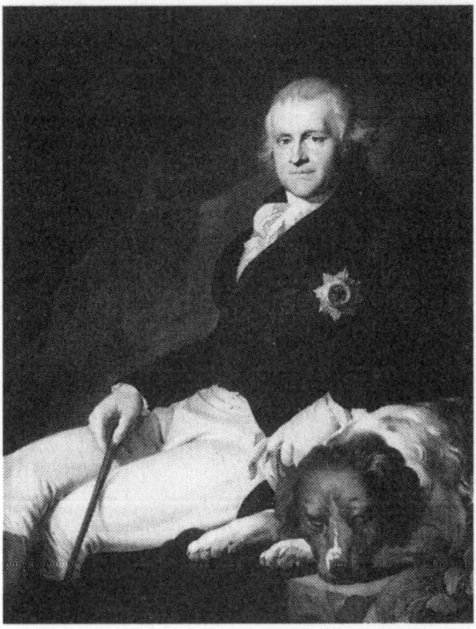

Ihr Sohn, Herzog Karl August von Sachsen-Weimar-Eisenach, Öl auf Leinwand, von Kraus nach Tischbein, 1795

Goethe über Karl August: »Ich leugne nicht, er hat mir anfänglich manche Not und Sorge gemacht. Doch seine tüchtige Natur reinigte sich bald und bildete sich bald zum Besten, so daß es eine Freude wurde, mit ihm zu leben und zu wirken.«

Wintervergnügen sind es, wie früher schon, die ihm helfen, sich aus der Depression zu befreien. Ende November schneit es, Schlittenfahrten sind geplant: »Der Schnee kommt mir erwünscht er bringt mir die vorigen Winterzeiten ins Gedächtniß und manche Scene deiner Freundlichkeit. Lebe wohl du süser Traum meines Lebens, du Schlaftrunck meiner Leiden. [...] Ich will Steinen ersuchen daß er mich Morgen Schlitten und Pferd probiren läßt.« Das Los soll entscheiden, wer mit wem in einem Schlitten sitzt. Goethe hofft, daß das Schicksal ihm Charlotte von Stein zuteilen wird.

Eine Reise nach Leipzig läßt Goethe im Dezember endgültig seine schwarzen Stimmungen überwinden. Er sehnt sich nach einem Ortswechsel und nach neuen Eindrücken. Seine Kräfte kehren zurück, er fühlt sich unabhängig und braucht Charlottes Nähe nicht mehr, auch wenn er das Gegenteil beteuert: »Der Herzog liegt mir an ich soll acht Tage mit ihm verreisen. Was sagst du dazu? Mich hält nur deine Liebe. [...] Fast mögt ich wünschen einmal durch fremde Luft durchzugehen, und kann mich doch nicht von dir getrennt dencken.« Goethe braucht »fremde Luft« momentan mehr als Charlotte von Stein: Er verreist und lebt auf in Leipzig. Seine Reisemitteilungen zeigen eine Angeregtheit, die ihm während des ganzen vorausgehenden Jahres fremd war. Mit Genugtuung stellt er fest, wie sehr er sich zum Positiven verändert hat in den dreizehn Jahren, seit er als Zwanzigjähriger Leipzig nach seinen ersten Studiensemestern wieder verließ.

Die Entfernung von Weimar tut ihm gut. Seine Beteuerungen, Charlotte von Stein zu vermissen, klingen unecht, von seinem schlechten Gewissen diktiert, das ihr vormachen soll, sie sei ihm unentbehrlich. »Noch einige Tage bleib ich hier auch um deintwillen, denn ich war zuletzt unleidlich, es wollte gar nicht mehr fort. [...] Ich sehe und höre vielerley.« Um die Freundin nicht eifersüchtig zu machen, räumt er ein: »Mit unter läufft freylich ein Augenblick langer Weile und offt reisst das Verlangen zu dir an meinem Herzen.« Das hindert ihn aber nicht daran, im nächsten Satz fortzufahren: »Ich wünschte mich ein viertel Jahr hier aufhalten zu können denn es stickt unglaublich viel hier beysammen. [...] Reichthum, Wissenschafft, Talente, Besitzthümer aller Art geben dem Ort eine Fülle die ein Fremder wenn er es versteht sehr wohl geniessen und nutzen kann.« Man spürt aus diesen Zeilen, wie ausgehungert er ist nach Anregungen aller Art. Er scheint sie aufzusaugen wie ein Schwamm. Diese Reise und ihre Wirkung auf Goethe ist bereits ein Vorbote dessen, was die Italienreise ihm bedeuten wird.

Goethe ist es zu eng in Weimar. Die Impulse, die er von seinen Ämtern und im Gespräch mit Charlotte von Stein bekommt, genügen ihm nicht mehr. Er muß neue Orte und Gesichter sehen. Zu diesem Zeitpunkt ist ihm das selbst noch nicht klar. Der Leidensdruck ist noch nicht stark genug, und seine Pläne müssen noch reifen.

Charlotte von Stein scheint die Veränderungen in Goethes Innerem zu spüren. Offensichtlich quälen sie Vorahnungen, daß die Zeit der engen Verbundenheit sich ihrem Ende nähert. Sie scheint mit Goethe über ihre Befürchtungen gesprochen zu haben, denn Anfang November 1782 – sieben Jahre nach seiner Ankunft in Weimar – versucht er sie zu beruhigen: »Lebe wohl fürchte das achte Jahr nicht und keine bestimmte noch unbestimmte Zeit. Lebe wohl und liebe mich wie gestern und immer.«

Einige Wochen später holen aber auch ihn die Ängste hinsichtlich der Zukunft ihrer Beziehung ein. An einem grauen, regnerischen Novembersonntag macht er in melancholischer Stimmung einen Spaziergang zum Gartenhaus.

Dort befindet sich unter einem Baum ein Stein, der Charlotte gewidmet ist, mit der Inschrift: »Hier gedachte still ein Liebender seiner Geliebten.« An diesem Nachmittag laufen die Regentropfen am Stein herab und veranlassen Goethe zu der ahnungsvollen Bemerkung: »Die schönen Trähnen des Himmels rollten an ihm herunter, es soll hoff ich nichts zu bedeuten haben.«

In depressiven Stimmungen ist die Freundin zwar sein »Ancker«: Nun »brauch ich deine Liebe täglich mehr um den bösen Geistern zu widerstehn die mich anfallen.« Er beteuert, sie sei das einzige, das ihn in Weimar noch hält. Aber zieht sie ihn noch so sehr an wie in früheren Jahren? Und reicht ihre Anziehungskraft, um ihn von neuen Zielen abzuhalten? Im Gegensatz zu Charlotte von Stein ist Goethe ein Mensch, der sich unablässig wandelt, keinen Stillstand kennt. Die Freunde, die seinen Wandlungen nicht folgen können oder ihnen im Weg sind, läßt er hinter sich zurück.

Briefe 1782

Wie du die Augen aufthust mögt ich dir einen guten Morgen sagen, und hören wie du geschlafen hast. Ich schreibe dies Zettelgen, schon ganz frühe und muss es liegen lassen bis es Tag wird. Indessen antworte ich mir selber und sage mir in deinem Nahmen das beste. Ich freue mich auf ein süses Wort von dir im Masken Getümmel, freue mich aber nicht auf das Getümmel, was heute unser schönes ruhiges Zusammenseyn unterbrechen wird.

d. 4. Jan. 82 G.

*

Da ich dir ieden Tag etwas geben mögte, und doch nicht eder Tag reich ist; so ist mir's lieb daß die Abschrifft in einzelnen Bogen kommt. Lege diese auch zu den übrigen, die letzten werden bald fertig seyn.

Meinen besten Grus zum schönen kalten Morgen, bald sehn wir uns auf dem Eise. Heute bleib ich zu Hause und bin fleisig.

d. 5. Jan. 82 G.

*

Dienstag 29. Januar

Nach überstandner Tageslast eilt ich zu dir. Da erschreckten mich Geibels erleuchtete Fenster. Doch konnt ich noch hoffen dich zu Hause zu finden und ging nur geschwinder. Ich fand dich nicht, und murrte einen Augenblick! dann ging ich in dem schönen Mondschein heraus und fand dein liebliches Wort wofür ich dir dancke. Psyche war nicht stumm. du Liebe! Gute Nacht! Wenn du gewusst hättest wie ich eines

Blickes vor dir bedarf, du wärst zu Hause geblieben. Ich will kein Kind seyn Adieu

G.

*

undatiert, Anfang Februar 1782

Wie nothwendig mir gestern Abend als ich nach Hause kam deine Gegenwart gewesen wäre kann ich dir mit Worten nicht ausdrücken, ich unterhielt mich lange im Geist mit dir. Habe Tausend Danck für dein Briefgen ich komme noch vor Tische kann aber wegen einer dringenden Arbeit vor 12 Uhr nicht ausgehn. Diesen Abend sind wir zusammen und so immer fort. Lebe wohl. liebe mich es ist mein gröstes Bedürfniß.

G.

*

Buttstädt d. 20 März.

Mein Verlangen zu dir meine Geliebte läßt mich dir fast nicht schreiben, wenn ich ihm folgte, so setzte ich mich auf und ritte hinein, denn der Zeit nach wär ich doch Morgen zur rechten Stunde wo ich seyn soll. Wäre es lieblich Wetter so geschäh es auch, nun hält mich der Sturm, und der entsetzliche Weeg von dir ab.

G.

*

Abends.

Ich habe gelesen, ausgezogen und geschrieben. Den ersten Tag daß ich von dir weg bin will es nie recht gehn, mich reisst iedes Fäsergen meines Wesens zu dir. Heute war mir's fast unerträglich daß ich dich erst in acht Tagen wieder sehen sollte. Was für wunderbare, ich mag wohl sagen thörige Bewegungen in mir vorgehen darf ich dir nicht erzählen.

Zum Egmont habe ich Hoffnung, doch wirds langsamer

gehn als ich dachte. Es ist ein wunderbaares Stück. Wenn ich's noch zu schreiben hätte schrieb ich es anders, und vielleicht gar nicht. da es nun aber da steht so mag es stehen, ich will nur das allzuaufgeknöpfte, Studentenhaffte der Manier zu tilgen suchen, das der Würde des Gegenstands widerspricht.

G.

*

Meiningen d. 12ten May 82

Meine Sachen gehen ordentlich und gut, es ist freylich nichts wichtiges noch schweeres, indessen da ich, wie du weisst, alles als Übung behandle; so hat auch dies Reiz genug für mich. Ich habe als Gesandter eine förmliche Audienz bey beyden Herzogen gehabt; die Livree auf dem Saal, der Hof im Vorzimmer, an den Thürflügeln zwey Pagen und die gnädigsten Herrn im Audienz Gemach, Morgen geh ich nach Coburg dieselbe Comödie zu spielen, will in Hildburghausen mich auch an Hof stellen, und gegen Ende der Woche nach Rudolstadt gehn da ich einmal auf dem Weege bin und hiermit alle Thüringische Höfe absolviren. Von Rudolstadt schick ich einen Boten auf Kochberg zu hören ob du da bist. [...]

*

Willst du l. Lotte mir heute ein wenig Essen machen lassen meine Leute sind über und über beschäfftigt. Ich lasse es gegen 1 Uhr holen. Denn ich will zu Hause bleiben, und alte Sünden aufräumen. Adieu Ich sehe dich gegen Abend und wir schreiben weiter. Wie hast du geschlafen.

d. 25. May 82 G.

*

Zum erstenmale aus dem neuen Quartier[24] *schreib ich und schick ich dir was du aus dem alten so offt erhieltest, einen Morgengrus und die Versicherung meiner Liebe. Es ist mir ganz einerley wo ich bin wenn ich dir nur nahe wohne. Zugleich folgt ein Bund Spargel den ich diesen Mittag mit dir zu verzehren hoffe. Adieu. L. ich sehe dich bald.*
d. 2. Juni 82 G.

*

Es ist alles fort und meine L. ist noch da, und so ist für mich alles hier. Wie schön daß ich dir es einmal an einem schönen Morgen sagen kann. Diesen Mittag esse ich bey dir, wenn du willst so spazieren wir den Abend und ich will kaltes Essen in meinen Garten bestellen. Nur wenig. Vielleicht mag deine Schwägerinn oder sonst iemand dazu.
d. 9. Jun. 82 G.

*

Aus dem Garten einen guten Morgen an den schönen Garten in dem mein Herz immer wie unter Rosen und Lilien spaziren geht. Diesen Nachmittag komm ich in die Stadt und frage bey dir an.

Lebe wohl. Und sage mir auch ein Wort. Diesen Abend sind wir wohl wie immer unzertrennlich.
d. 14. Jul. 82 G.

*

Gieb L. L. ein Zeichen des Lebens und der Liebe von dir. Gestern konnte mir den ganzen Tag nicht wohl werden.
d. 18. Jul. 82 G.

*

Sage mir L. Lotte wie bist du aufgestanden? sag mir ist es phisisch oder hast du etwas in der Seele was dich kränckt. Du glaubst nicht was mich dein Zustand gestern geängstigt

hat. Das einzige Interesse meines Lebens ist daß du offen gegen mich seyn magst. Das Eingeschlossne halt ich nicht aus. Lebe wohl. Der deine
d. 19. Jul. 82 G.

*

Hier schick ich die ganze Pappe, Krause mag sich aussuchen. Die großen Bände liegen beym Herzog darinn auch die beyden Figuren sind. Du hast mein Herz in Verwahrung und also brauchst du weiter nichts. Die Zeit wird ia wohl auch wieder kommen wo das deinige sich öffnet. Adieu.
G.

*

Ich will nicht überlästig seyn, aber nur so viel sagen, daß ichs nicht verdient habe. Daß ichs fühle. Und schweige.
d. 22. Jul. 82 G.

*

Ich schicke das Büchelgen nur zum Vorwande. Denn du mußt mir noch ein Wort sagen, sonst hab ich keine Ruhe. Ich bin dir viel schuldig das weis ich wohl, aber du bist mir's auch. Laß mich nicht so.
So war es denn Gott sey Danck ein Mißverständniß das dich dein Billet schreiben lies. Ich bin noch betäubt davon. Es war wie der Todt man hat ein Wort und keinen Begriff für so etwas. Von meinem gestrigen Stück, das sehr glücklich ablief, bleibt mir leider nichts als der Verdruß daß du es nicht gesehn hast. Lebe wohl Öffne mir dein Herz wieder l. L.
d. 23. Jul. 82 G.

*

Mittwoch, 24. Juli
Während daß ich schlief kam die Erquickung von dir, wie ich aufwache erhalte ich sie. Noch weis ich nicht wie mir ist,

o daß der Zustand bald vorüber gehn möge. Es ist noch so heis, in einigen Stunden will ich kommen, will abwarten wo es hinaus will, mein ganzes Wesen ist in seinem innersten angegriffen. So tief deine Liebe drang und mir wohl machte so tief hat der Schmerz die Weege gefunden und zieht mich in mir selbst zusammen. Ich kan nicht weinen, und weis nicht wohin. Adieu verzeih mir. Dein Schmerz ist's der mich ängstigt. Wenn dir's nicht wieder mit mir wohl werden kann so geb ich auf eine freudige Stunde zu haben.

*

am selben Tag

Es wird hoff ich werden, noch size ich da und sehe vor mich hin, es ist mir so wie eine Leerheit in meinem Ganzen Wesen. Tausend Danck für deine Liebe. Ich kann nichts zusammenbringen. Aengstige dich nicht du kannst alles. O Geliebte. Ich will kommen so bald ich nur kann

G.

*

Ich habe lang geschlafen und gut, dein frühes Zettelgen empfängt mich und ist der erste Grus des neuen Tags. Mir ist um vieles besser, noch wie ein vom Bliz gestreifter fühl ich eine kleine Lähmung, die wird aber bald verschwinden wenn die einzige Arzeney angewendet wird. Wenn ich noch daran zurück dencke so graust michs wieder, und ich kann nicht eher ruhig werden, als biß ich für die Zukunft sicher bin. Wie gern will ich mich heute durch die Blechkasten und Ackten durch arbeiten, da ich zu dir mit Freuden meine Gedancken wenden kann. Lebe wohl und sey versichert daß mein ganzes Wesen an dich gebunden ist.

d. 25. Jul. 82 *G.*

Ist Dein Gast fort? und was habe ich von dem heutigen Tage zu hoffen. Ich will im Garten essen, wenn du mit einigen wolltest zu mir kommen, Thee trincken und Abends bleiben! Was ihr wollt; so würdest du mich glücklich machen der Mond würde recht schön aufgehen und mir an deiner Seite leuchten. Lebe wohl.

d. 21. Aug. 82 *G.*

*

Nach Kochberg *d. 27. früh*

Liebe Lotte komm zurück! Ich weis bald nicht mehr warum ich aufstehe.

*

Aug. d. 28. früh

Guten Morgen meine Geliebte. Ungern trete ich aus einem Jahre meines Lebens das mir so viel Glück gegeben hat, und das mir durch die Versicherung deiner Liebe unvergeßlich werden wird. Ich habe für das nächste wenig Wünsche, nur den sehr eifrig daß du mir bleiben und gleich bleiben mögest. Warum bist du eben abwesend daß ich den Segen nicht von deinen Lippen erhalten kann.

Mein Bote muß fort. Adieu tausendmal.

*

d. 1. Sept. 82

Das Stück ist ziemlich gut abgelaufen.

Ich höre daß heute Abend die Pferde zu dir gehen, also nur Ein Wort.

Ich erwarte dich morgen zu Mittage in meinem Garten wo ich dir ein Essen bereiten will. Welche Freude dich wieder zu sehen und neues Leben von deinem daseyn zu nehmen.

Adieu liebste, zärtlichste und zärtlich geliebteste.

G.

Ja liebe Lotte du bists und wirsts bleiben. Vor Tische seh ich dich, und bedaure schon meinen einsamen Abend. Morgen soll es desto besser werden. Ans Scheiden mag ich gar nicht dencken. Ich bin dir so fest angebunden daß ich mein Leben zerreisen würde, wenn ich an eine Trennung dächte. Leb wohl Liebste und froh am fröhligen Tage.
d. 8. Sept. 82

*

d. 18ten früh

Die ersten Tage meiner Entfernung von dir sind immer sehr schmerzhafftijeden Augenblick mögte ich zu dir laufen, und kann meine Gedancken nirgendhin ableiten. Sehnsuchtsvoll erwarte ich ein Briefgen von dir, und wie dir es in Rudolstadt gegangen ist.

Wie schön wird es seyn wenn du wieder da bist und nur die Ackerwand uns trennt du einzige.

*

d. 19ten früh

Mein Vorschlag ist der du sollst mir Sonntags in Blanckenhahn begegnen. Ich ritte zu guter Zeit hinaus und fände dich, wir blieben den Tag zusammen und gingen Abends zurück. Ich kann nicht bis Michäl warten, und kann täglich weniger ohne dich seyn.

Auch kann ich nicht warten bis ein Bote kommt, ich schicke meinen Purschen zu Pferde der mag sich durch Wind und Wetter schlagen.

Hierbey empfängst du allerley.

Und die eifrigste Versicherung meiner Liebe.

G.

Mein Zahnweh ruht, um es nicht aufzuwecken will ich den Tag zu Hause bleiben. Gegen Abend erwart ich dich und Steinen zum Thee. Komm nicht zu spät damit du zuerst meine neuen Stuben betreten mögest. Du erstes und letztes.
d. 26. O. 82 G.

*

Wenn du um vier Uhr von deiner Mutter zurückkommst wirst du mich finden, der deiner mit Sehnsucht erwartet. Du gehst nicht an Hof, ich auch nicht, wir wollen schreiben und lesen und was der Himmel giebt. Lebe wohl du nimmer Abwesende.
d. 3. Nov. 82 G.

*

Heute sind es sieben Jahre daß ich herkam, mögte ich doch auch mit heute eine neue Epoche meines Lebens und Wesens anfangen wodurch ich dir immer gefälliger würde. Tausend Gedancken gehen zu und von dir. O meine Geliebte die Schicksaale der Menschen sind wunderlich.

Hier schick ich dir die Weltkarte die du einige Zeit vermissest, es ist kein Pläzgen drauf gezeichnet oder drinn enthalten wo ich nicht dein mit Liebe und Treue gedencken würde. Lebe wohl und sey und bleibe mir was du bist alles und alles.
d. 7. Nov. 82 G.

*

Ich bleibe zu Hause und erwarte dich einzige unter vielen heut Abend. Meine Seele neigt sich zur Einsamkeit, und mein Herz empfiehlt sich dem deinigen.
d. 16. Nov. 82 G.

Wie erquickst du mich Beste durch iedes Wort was aus deinem Munde geht, das mir nothwendiger als Brod ist. Hier schick ich dir das verlangte. Nach Tische komm ich selbst. Der Herzog liegt mir an ich soll auf acht Tage mit ihm verreisen. Was sagst du dazu?

Mich hält nur deine Liebe. Meine andern Sachen haben Raum. Fast mögt ich wünschen einmal durch fremde Lufft durchzugehen, und kann mich doch nicht von dir getrennt dencken. Lebe wohl. Diesen Nachmittag mehr.

d. 8. Dez. 82 *G.*

*

Sage mir vor allen Dingen wie du dich befindest, ob es besser mit dir ist? ich kann dir nicht sagen wie sehr ich um dich besorgt bin. Wie sehr ich um dich leide. Du gehst doch heute Abend in Gesellschaft? Ich muß fleisig seyn, und komme gegen Abend dich zu nehmen.

d. 16. Dez. 82 *G.*

Rollentausch

»Mein innerstes will nicht mehr zusammenhalten ... und wenn du nicht wärst hätt ich alles lange abgeschüttelt.«

1783/1784

Die Anfangsmonate des Jahres 1783 sind nicht geprägt von Wintervergnügungen, sondern von Arbeitsroutine. Goethe sehnt sich nach Ruhe und entzieht sich den gesellschaftlichen Abendveranstaltungen, die sowohl ihm als auch Charlotte von Stein inzwischen hohl und nichtssagend erscheinen. Lieber ist es ihnen, wenn sie die Abende zu zweit – meist lesend oder zeichnend – verbringen können: »Diesen Abend geh ich nicht auf die Redoute. Bleibst du auch zu Hause; so bin ich bei dir.« Einem Minimum an gesellschaftlichen Verpflichtungen müssen jedoch beide nachkommen. So einige Tage später, am 4. Februar: »Leider stört uns heute die Ankunft der Herrschafften und man wird Abends auf dem Piqnick erscheinen müssen. Auf alle Fälle seh ich dich. Und hole Erholung denn es stürmt wieder einmal scharf auf mich zu. Adieu Lotte Adieu liebe. Gedencke mein.«

Aus Goethes Briefen erfährt man wenig über die Dinge, die Charlotte von Steins Alltag ausmachen. Er schreibt fast ausschließlich über seine eigenen Belange: die Amtsgeschäfte (die ihn belasten), die Hofgesellschaft (ein unvermeidliches Übel), seine wechselnden Stimmungen. Wenn er am Alltagsleben Charlotte von Steins teilnimmt, dann im Gespräch.

Eine Neuerung an der sprachlichen Gestaltung vieler Briefe in diesem Jahr – und in den letzten Monaten des Jahres 1782 – besteht darin, daß Goethe die Freundin oft in der dritten Person anspricht: »Ich mögte erfahren, wie meine Beste geschlafen hat und ob sie mir recht freundlich erwacht ist [...] Meiner lieben Lotte sage ich durch das trübe Wetter den freundlichsten guten Morgen, versichre sie meiner ewigen Anhänglichkeit und bitte sie heute Abend für mich zu Hause zu sein. Mittags bin ich zur Herzogin Mutter geladen. [...] Wie befindet sich meine Lotte. Hat sich der gute Tag recht gut eingestellt? und was hat sie heute vor. In die Commödie wird wohl nicht gegangen. Vielleicht wäre es artig zu mir zu kommen. Lebe wohl [...] «

So spricht ein wohlwollender Vater etwas gönnerhaft-distanziert und herablassend mit seiner Lieblingstochter. Ein Rollentausch scheint stattgefunden zu haben: Goethe ist jetzt der Führende, Überlegene. Charlotte von Stein die Schülerin, die sich von ihm – vor allem auf geistigem Gebiet – führen läßt und ihm folgt. Sie ist in eine gewisse Abhängigkeit geraten: Wie alleingelassen und verarmt wäre sie ohne den Gedankenaustausch mit Goethe. Sie schenkt ihm nun ungefragt die Liebeszeichen, um die er sie in früheren Jahren vergeblich bat. Goethe trägt bereits eine Strähne von ihrem Haar bei sich, als er vor einer Reise nach Jena ein Geschenk erhält, das er folgendermaßen beschreibt: »Seit Deianirens Zeiten ist wohl kein gefährlicher Gewand einem Geliebten gegeben worden.« Deianira war die Gattin von Herakles. Sie tötete ihn mit einem in das Blut des Zentauren getauchten Gewand. Das »Gewand«, von dem Goethe hier spricht, könnte ein Stück Tuch gewesen sein mit einem Blutstropfen Charlottes. Blut kann eine Freundschaft besiegeln, es kann aber auch eine erotische Deutung erhalten. Eine sexuelle Beziehung lehnt Charlotte von Stein zwar unverändert ab, aber die erotische Spannung versucht sie am Leben zu erhalten. Für Goethe ist das weder Fisch noch Fleisch. Er läßt sich nach fast achtjähriger Freundschaft und allzu langem Darben nicht mehr zu erotischen Phantasien inspirieren. Kurz und bündig fährt er fort: »ich habe es in meine Brieftasche geschlossen, es hätte mich aufgezehrt.« Die von Charlotte beabsichtigte Wirkung wehrt er somit ab.

Zwei Monate später bekommt er ein drittes Geschenk, das er bei sich tragen soll. Seine Reaktion ist ein lakonischer und etwas erzwungener Dank: »Ich dancke dir! Oder vielmehr mein Danck ist über allen Ausdruck für das neue Zeichen deiner Liebe. Ich habe es zu deinen Haaren gethan und trage es nun bey mir.«

Goethe wirkt geradezu erleichtert, daß seine Gefühle für Charlotte von Stein nun frei sind von sexuellen Begierden. Er bittet sie: »wecke den Amor nicht wenn der unruhige Knabe ein Kissen gefunden hat und schlummert.« Es sind nicht mehr die körperlich-erotischen Reize Charlotte von Steins – und das muß nicht unbedingt mit ihrem Alter zu tun haben –, die Goethe schätzt. Es sind andere Qualitäten, die sie ihm wert und teuer erscheinen lassen. Er lobt sie etwa für ihre Tüchtigkeit als Hausfrau und als Verwalterin des Kochberger Gutes: »Auch in der Art wie du die Kochberger Wirthschafft angreifst lieb ich dich aufs neue. Was kannst du thun worinne nicht dein köstliches Wesen erscheine.« Anstelle der gewohnten leidenschaftlichen Kosenamen verwendet Goethe immer häufiger die Anrede »meine Beste«, »meine Gute«.

Charlotte von Stein ist sensibel genug, um diesen Wandel in Goethes Gefühlen wahrzunehmen. Sie wird eifersüchtig, vor allem, wenn er auf Reisen ist. Aus Eisenach versucht Goethe, sie zu beruhigen: »Ich erhalte deinen letzten Brief, er macht mich betrübt. Glaubst du daß meine Sehnsucht nach dir in der Ferne sich verlieren oder vermindern könnte. Wo ist irgend etwas zu finden, das deiner Liebe gleicht.« Dennoch ist Charlotte von Stein verunsichert. Es scheint ihr ein Bedürfnis zu werden, auch mit Besuchern, die sie nur flüchtig kennt, über ihre Freundschaft mit Goethe zu sprechen, durch das Vorzeigen von Briefen ihre Verbundenheit zu demonstrieren. Charlotte von Kalb, die Geliebte Friedrich Schillers, beschreibt ihre Eindrücke bei einigen Besuchen im Jahre 1786: »Bald nach diesem ersten Sehen teilte sie mir schon manches von Goethe mit [...] So las ich gierig Manuskripte, und auch Briefe wurden mir anvertraut.« Man kann davon ausgehen, daß es Briefe mit unverfänglichem Inhalt waren, die Charlotte von Stein ihren Besuchern zu lesen gab, wie etwa Reisebeschreibungen. Dennoch sieht Goethe sich gezwungen, sie zur Vorsicht zu ermahnen: »Sehr verlangt mich von der Kleinen[25] und was sie dir vertraut zu hören. Nimm dich vor ihr in Acht laß sie ia keinen meiner Briefe sehen, sie ist im Falle alles zu misbrauchen. Verschliese sorgfältig meine Blätter ich bin aus mehr als Einer Ursache sorgsam.«

Goethe ist zunehmend unzufrieden mit seiner Situation in Weimar. Die Hinweise mehren sich, daß er nach Möglichkeiten sucht, sich seiner politischen Ämter zu entledigen: »Der Hof nimmt alle Freude weg und giebt nie Freude [...], und wenn du nicht wärst hätt ich alles lange abgeschüttelt. [...] Wie einsam ich bin lässt sich nicht mit Worten ausdrücken. Ich sehe niemand und wenn ich iemand sehe ist nur eine Gestalt von mir in der Gesellschaft [...] an dich allein mag ich schreiben wie ich allein mit dir reden mag. Wenn ich mit andern selbst vernünftigen Menschen spreche, wie viel Mittel Töne fehlen die bey dir alle anschlagen.«

Depressive Phasen, die ihn seit jeher belasten, häufen sich. Er verschließt sich. Obwohl er selbst es nicht zu bemerken scheint, teilt er sich auch Charlotte von Stein nicht mehr so offen und rückhaltlos mit, wie sie es gewohnt ist. Im Herbst 1784 besucht er sie für einige Tage auf Schloß Kochberg. Sie nimmt es ihm übel, daß er sie nicht mit Neuigkeiten über das Weimarer Gesellschaftsleben versorgt und beschwert sich bei ihrer Schwägerin: »Ich habe dich um die anziehenden Personen beneidet, die in Weimar waren, und ich hätte gewünscht, du wärst ein wenig ausführlicher über sie gewesen. Unser Freund Goethe [...] hat mir davon nicht das Geringste gesagt. Du kennst seine Art; er denkt viel, ohne etwas zu sagen; man könnte unter sein Bild setzen: El penseroso.«

Goethes innere Zerrissenheit und Zwiespältigkeit zeigt sich allmählich auch in seinen Gefühlen zu Charlotte von Stein. Neben den gewohnten Liebesbeteuerungen findet man Bemerkungen, die sie nachdenklich machen mußten: »Recht feierlich liebe Lotte möchte ich dich bitten, vermehre nicht durch dein süßes Betragen täglich meine Liebe zu dir [...] Meine Lotte sollte mir würcklich auf einige Zeit Urlaub geben und mich nicht immer enger und enger an sich ziehen und befestigen.« Im Juni 1783 schreibt Charlotte von Stein an ihre Schwägerin über ihr Verhältnis zu Goethe: »mündlich ist nicht mit ihm zu sprechen, ohne daß wir uns beide weh tun, wie ich dir schon letzt etwas davon geschrieben habe«.

Auffällig ist, daß die Anzahl der Briefe Goethes in einigen

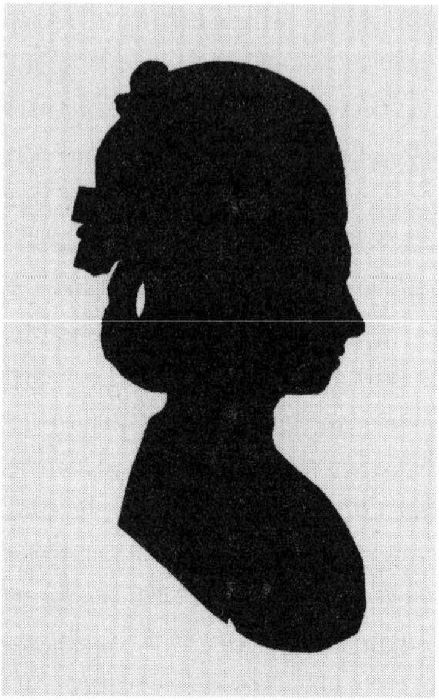

Charlotte von Stein, Silhouette

»Die Beste unter allen war Frau von Stein, eine wahrhaft eigene interessante Person, und von der ich begreife, daß Goethe sich so ganz an sie attachiert hat. Schön kann sie nie gewesen sein, aber ihr Gesicht hat einen sanften Ernst und eine ganz eigene Offenheit. Ein gesunder Verstand, Gefühl und Wahrheit liegen in ihrem Wesen. Diese Frau besitzt vielleicht über tausend Briefe von Goethe, und aus Italien hat er ihr noch jede Woche geschrieben. Man sagt, daß ihr Umgang ganz rein und untadelhaft sein soll.«
Schiller an Körner, 12. August 1787

»Frau von Stein werde ich bald wiedersehen; käme es auf meinen Wunsch an, ich besuchte sie alle Tage, es ist mir wohl in ihrer Gesellschaft.«
Schiller an Charlotte von Lengefeld, 3. Januar 1789

Monaten der Jahre 1783/84 deutlich abnimmt. Es ist nicht anzunehmen, daß eine große Zahl von Briefen verlorenging. In früheren Jahren erhielt Charlotte von Stein etwa zwanzig Briefe im Monat, oft auch mehr. Vom März und Mai 1783, zum Beispiel, sind nur je zehn Briefe überliefert, ebenso vom April und Juli 1784.

Charlotte von Stein hält sich in diesen Jahren länger als früher auf Schloß Kochberg auf. Aus finanziellen Gründen ist es notwendig, daß sie sich um die Bewirtschaftung des Schlosses kümmert, wenn auch ohne große Erfolgserlebnisse: »ich [...] gehe auch manchmal in den Kuhstall und kriege eine vortreffliche Einsicht, wie ich betrogen werde, aber ohne etwas abhelfen zu können«. Ihr Mann kann sich wegen seiner Aufgaben bei Hof nicht regelmäßig um die Gutsverwaltung kümmern. Außerdem hat er eine Vorliebe dafür, mit neuen landwirtschaftlichen Theorien zu experimentieren, die meist fehlschlagen und die Erträge weiter vermindern. Goethe erkannte bald, daß Josias von Stein nicht in der Lage war, das Gut gewinnbringend zu verwalten: »Stein wird schweer geheilt werden, du dauerst mich. Wenn du noch von dieser Seite beruhigt wärest, so würden wir die Last der Welt wenig fühlen. Ich habe mich diese Tage recht bemüht meine Gedancken auf die Erdschollen zu konzentrieren, und bin nur überzeugter daß ein Mensch der seine Lebzeit am Spieltisch zugebracht hat, nicht ein Bauer werden kann. Man muß ganz nah an der Erde gebohren und erzogen seyn um ihr etwas abzugewinnen.«

Der Verzicht auf den gewohnten Umgang mit den Weimarer Freunden fällt Charlotte von Stein nicht leicht. Im März 1784 schreibt sie Knebel: »Ich gehe zu Ende Mai nach Kochberg und werde den Sommer in der größten Einsamkeit zubringen, denn der regierende Hof mit allem, was daran hängt, selbst die fürstlichen Kinder, gehen zu Anfang Juni auf vier Monate nach Eisenach. Unser Freund Goethe muß wegen dem Landtag auch dahin und wird alsdann eine Reise auf den Fichtelberg machen; und so versprech ich mir selbst von den mir Ergebensten wenig Besuch.« Aus der Not macht sie eine Tugend und schildert im Juni ihrer Schwägerin das Landleben mit einem gewissen Galgenhumor: »Es ist alles dürr und leer und der Geist Gottes schwebt über der Dürre. Doch ist mein größter Zeitvertreib, vor der Haustüre auf der Brücke zu sitzen, und da kann ich mit Recht singen:

Beschattet von der Pappelweide / Am grünbemoosten Bach. [...] Ich habe immer so viel zu schreiben, daß mir ganze Tage damit hingehen, und um die Wirtschaft bekümmere ich mich auch.«

Charlotte von Stein bleibt so lange auf dem Schloß, daß schließlich Herzogin Luise, mit der sie inzwischen eng befreundet ist, ungeduldig ihre Rückkehr verlangt: »Wollen Sie sich in Kochberg begraben lassen? Ich bitte, mir dieses zu sagen, damit ich mich darauf vorbereiten kann, anzufangen, Sie zu vergessen [...] Denn ich bin gewiß, daß Sie, wenn Sie dort sind, an niemand denken. Leben Sie wohl meine liebe Landfrau. Trotz meines Ärgers über Ihre neue Leidenschaft werde ich nie aufhören, Sie zu lieben und von ganzem Herzen zu sein Ihre treue, gute Freundin Luise.« Herzogin Luise, fünfzehn Jahre jünger als Charlotte von Stein und dankbar für die Ratschläge der Älteren, ist eine eher ernste, zurückhaltende und verschlossene Frau. Sie fühlt sich sehr unglücklich in ihrer Ehe mit dem lebenslustigen, unbekümmerten Karl August. Charlotte von Stein und Goethe müssen bei Ehezwisten immer wieder als Vermittler fungieren und die Rolle des Eheberaters übernehmen.

Im Herbst 1784 halten Charlotte von Stein und Goethe sich wieder in Weimar auf. Sie sehen sich nach wie vor täglich. Gelegentlich ist auch Josias von Stein anwesend, wie

Herzogin Luise,
nach einem Ölgemälde von
F. A. Tischbein, 1795

»Gestern war ich in Belveder. Louise ist eben ein unendlicher Engel, ich habe meine Augen bewahren müssen nicht über Tisch nach ihr zu sehn.«

(Goethe an Ch. v. Stein, 12. Sept. 1776)

Goethes Brief vom 16.12.1784 zeigt: »Diesen Abend erwarte ich dich mit viel Vergnügen. Stein kommt doch auch nach der Comödie. Lebe wohl. Liebe!« Die gemeinsamen Abende sind zur festen Gewohnheit geworden. Kaum ein Brief, in dem Goethe nicht erwähnt: »Diesen Abend bin ich bey dir.« Die Vorfreude scheint ihm den Alltag erträglicher zu machen. In einem Brief an Knebel schreibt Charlotte von Stein: »Goethe, mein treuer Abendgast, zu dem sich, seit Sie fort sind, kein zweiter gesellt. [...] Der Herzog ist recht gut, verständig und liebenswürdig, Goethe weise; Erfahrung und Gesundheit können ihn noch zum Meister machen. Ich halte mich glücklich, daß mir beschieden ist, seine goldnen Sprüche zu hören.«

Goethe fühlt sich zunehmend zu seinen naturwissenschaftlichen Interessen hingezogen als Ausgleich für die ungeliebten Amtsgeschäfte. Er intensiviert seine Studien, vertieft auf Reisen seine geologischen Kenntnisse: »Hier bin ich recht in meinem Elemente, und freue mich nur, daß ich finde ich sey auf dem rechten Weege mit meinen Spekulationen über die alte Kruste der neuen Welt. Ich unterrichte mich so viel es die Geschwindigkeit erlaubt, sehe viel, das Urtheil giebt sich. [...] Es wird in die Gruben eingefahren, ein beschweerlicher Weg der mir sehr lehrreich seyn wird. Auf Höhen und in Tiefen schicke ich dir meine Gedancken zu und freue mich die Berge wieder zu sehen, die ich schon vor Jahren mit Sehnsucht zu dir im Herzen bestiegen habe. Meine Gedancken gehen immer darauf dir was ich gesehen zu erzählen, oder dir etwas zu dichten das dich erfreuen könnte.« Er läßt naturgetreue Zeichnungen anfertigen und freut sich auf Charlotte von Steins Teilnahme an seinen Forschungen: »Krause hat heute wieder sehr schön gezeichnet und wenn ich die Gegenstände die wir sehen auf seinem Papiere wachsen sehe freu ich mich nur immer daß ich dir sie werde zeigen daß ich dir ein Theil an unsern schönen Stunden geben kann.« An den Winterabenden werden sie dann beide die neuen Materialien studieren, sich gemeinsam weiterbilden: »Ich bringe dir viel mit zurück. Du gewinnst auch auf den Winter wenn dein Geliebter mit neu ausstaffiertem Kopfe und altem beständigem Herzen zurückkehrt. [...] Du wirst dich freuen über eine Menge Ideen die ich mitbringe auch über menschlich Natur und Wesen [...] du kannst mich immer noch einige Zeit missen, denn du wirst der entbehrten Tage doppelt geniessen.«

Dieser geistige Austausch, das Streben nach Vervollkommnung ist das Rückgrat und die Basis ihrer Beziehung. Gemeinsam lesen sie philosophische Schriften. Im Mai 1784 schreibt Charlotte von Stein an Knebel: »Herders neue Schrift macht wahrscheinlich, daß wir erst Pflanzen und Tiere waren; was nun die Natur weiter aus uns stampfen wird, wird uns wohl unbekannt bleiben. Goethe grübelt jetzt gar denkreich in diesen Dingen, und jedes, was erst durch seine Vorstellung gegangen ist, wird äußerst interessant. So sind mir's durch ihn die gehässigen Knochen geworden und das öde Steinreich.« Einige Monate später berichtet sie ihrer Schwägerin von einem neuen Interessengebiet: »Ich lese jetzt eine Physik: das Kapitel über den Magnet ist so anziehend als möglich, und ich habe lange nichts gefunden, was meine Wißbegierde mehr gereizt hätte.«

Herzogin Luise
und Herzog Karl August

»Louise war gestern lieb. Groser Gott ich begreife nur nicht, was ihr Herz so zusammen zieht. Ich sah ihr in die Seele, und doch wenn ich nicht so warm für sie wäre, sie hätte mich erkältet. Ihr Verdruß über's Herzogs Hund war auch so ersichtlich. Sie haben eben immer beyde unrecht. Er hätt ihn draus lassen sollen, und da er hinn [herinnen] war hätt sie ihn eben auch leiden können.«
(Goethe an Ch. v. Stein, Ende Januar/Anfang Februar 1776)

Im März 1784 entdeckt Goethe den Zwischenkieferknochen beim Menschen und leistet damit einen Beitrag für den Beweis, »daß wir erst Pflanzen und Tiere waren«, wie Charlotte von Stein es formuliert. Außer sich vor Freude teilt er ihr mit: »Es ist mir ein köstliches Vergnügen geworden, ich habe eine anatomische Entdeckung gemacht die wichtig und schön ist. Du sollst auch dein Theil dran haben. [...] Ich habe eine solche Freude, daß sich mir alle Eingeweide bewegen.« Um detaillierte anatomische Studien machen zu können, besorgt Goethe sich einen Elefantenschädel und läßt ihn zu sich nach Eisenach bringen, wo er sich im Juni 1784 aufhält. Charlotte von Stein erzählt er, welche Vorsichtsmaßnahmen er ergreifen muß, um wegen des Schädels nicht für verrückt erklärt zu werden: »Zu meiner großen Freude ist der Elephanten Schädel von Cassel hier angekommen und was ich suche ist über meine Erwartung daran sichtbar. Ich halte ihn im innersten Zimmergen versteckt damit man mich nicht für toll halte. Meine Hauswirthinn glaubt es sey Porzellan in der ungeheuren Kiste.«

Über die Arbeit an seinen literarischen Werken hält Goethe die Freundin ständig auf dem Laufenden, bespricht sie mit ihr, diktiert ihr häufig fertiggestellte Abschnitte und legt Wert auf ihre Meinung: »An Wilhelm [Meister] habe ich hier und da [...] am Style gekünstelt daß er recht natürlich werde und habe nun den Schluß des Buchs recht gegenwärtig. Wenn ich wieder zu dir komme wollen wir es schliesen. Ich habe Liebe zu dem Wercklein weil ich dencke es macht dir Freude.«

Man zeichnet gemeinsam. Um ihr Zeichentalent zu fördern besucht Charlotte von Stein die von Herzog Karl August gegründete Zeichenschule, an der auch Goethe Vorlesungen hält. Sie selbst schätzt ihre Begabung nicht sehr hoch ein. Als der langjährige Freund Knebel sie um eine Zeichnung von ihrer Hand bittet, findet sie kein Bild, das ihren Ansprüchen genügen könnte und antwortet ihm: »Da ich bis jetzt nichts Ihrer würdig von meiner Arbeit habe, so schicke ich Ihnen ein Landschäftchen, das mir Goethe geschenkt. Hängen Sie es uns beiden zum Andenken an eine von Ihren Wänden!« War ihr angebliches Ungenügen nur ein Vorwand, um durch Goethes Bild eine Verbundenheit mit diesem zu demonstrieren, die Knebel veranlassen sollte, beim Anblick der Landschaft an beide gemeinsam zu denken, das heißt, sie als »Einheit« zu sehen? War es ihr ein so großes Bedürfnis, stets mit Goethe in Verbindung gebracht zu werden?

Ein weiteres Bindeglied, das ihre Freundschaft zusammenhält, ist Fritz von Stein – Charlottes jüngster Sohn. Goethe »hat Fritzen zu sich genommen und hat eine vortreffliche Art, mit ihm umzugehen. Sie können sich vorstellen, wie mich das beruhigt«, teilt sie Knebel mit. Goethe hat den Elfjährigen bei sich im Haus am Frauenplan einquartiert und läßt sich auf seinen Reisen von ihm begleiten. Er bezeichnet ihn als »unser liebes Band«: »Du glaubst nicht wie lieb mir heute Fritzens Anblick war wie ich dir ewig neue Treue in ihm zugesagt habe als ich ihn zum Morgengrus an mich drückte.«

Fritz von Stein schildert seine Erinnerungen an das Zusammenleben mit Goethe so: »Nachdem mein Lehrer Kästner Pagenhofmeister geworden, erteilte er mir noch Unterricht und ich schlief in seiner Wohnung. Mein zweiter Bruder Ernst, der Jagdpage des Herzogs war, ging zu dieser Zeit auf das Land zu einem Forstmanne, um das Forstwesen zu lernen. Hierdurch war ich öfter allein unter den Pagen, welches Goethe abzuändern, wie es notwendig wurde, mir ein Zimmer in seinem Hause gab. Unendlich war die Sorge und Liebe, mit der er mich behandelte, und ich verdanke ihm sehr viel in dieser glücklichen Epoche von 1782–86, wo er nach Italien reiste.«

Ob Goethe den Anstoß zu diesem Arrangement gab oder ob Charlotte von Stein eine Möglichkeit darin sah, Goethe durch die Fürsorge für ihren Sohn noch enger und dauerhafter an sich zu binden, läßt sich nicht mehr eindeutig nachvollziehen. Sie befürchtet, ihr Sohn bekäme im Kreis der Hofpagen nicht die bestmögliche Erziehung. Fritz von Stein erzählt in seinen Erinnerungen, er habe sich dort »mancherlei Unarten« angewöhnt, und das Lernen sei nur »Nebensache« gewesen. Schon im Frühjahr 1782 versucht Goethe, seine Mutter hinsichtlich der mißlichen Situation zu beruhigen und ihr hilfreiche Maßnahmen vorzuschlagen: »Ich hatte heute schon einen sehr schönen Anfang mit Fritzen gemacht. Er ist den ganzen Tag bey mir und fleisig munter und gut. [...] Sey ruhig es wird sich geben. Thue nur vorerst das Kind drüben weg[26] und laß ihn hüben schlafen wenn Ernst weg ist. [...] Dann wollen wir es einzuleiten suchen, und ich will ihm alles seyn was ich kann. Beruhige dich. Lebe wohl und fürchte nicht.«

Am 18. Mai 1783 bittet Goethe Charlotte von Stein, sie möge die Zustimmung ihres Mannes einholen, so daß Fritz in das Haus am Frauenplan umziehen kann: »Und sprich mit Steinen wegen Fritzen ich wollt es geschähe bald.« Als auf einer Reise nach Eisenach auch Josias von Stein mit von der Partie ist, ärgert sich Goethe: »Fritz ist sehr vergnügt

Goethe und Fritz von Stein, Silhouette, unbekannt, 1781/1782

sein Vater hat ihm wieder einmal die Haare abschneiden lassen das ihm ein albern Aussehn giebt.«

In den Briefen der Mutter an den Sohn zeigt sich eine Charlotte von Stein, die von dem Bild abweicht, das man sich im Spiegel der Wahrnehmung Goethes von ihr macht. Obwohl liebevoll und besorgt, erscheint sie in ihrer Kritik eher kühl und streng als warmherzig: »Es freut mich sehr, daß Du in der schönen weiten Welt meiner gedenkst, und mir dieses, obzwar nicht mit sehr wohlgestalten, doch mit leidlichen Buchstaben zu erkennen gibst. Da du so viel länger weg bist, als ich glaubte, fürchte ich, es wird mit deiner Garderobe schlimm aussehen. Wenn Deine Kleider nichts taugen und Du vielleicht dazu, so sage nur dem Geheimderat Goethe, daß er mein liebes Fritzchen ins Wasser werfe. Dein Briefchen habe ich bestellt, auch an alle Pagen Dein Kompliment gemacht. Die jungen Zwiebeln zu legen, will ich besorgen. Die jungen Kätzchen machen Dir eine Empfehlung und springen und balgen sich wie ehemals die jungen Herren von Stein. Murz ist aber so ernsthaft worden wie deine alte Mutter. Lebe wohl, erkenne Dein Glück, und bemühe Dich, durch Deine Aufführung dem Geheimderat wohlgefällig zu werden.«

Wenn Goethe seinen Zögling schildert, stellt er das Positive in den Vordergrund und es zeigt sich, wie unterschiedlich er in seiner Persönlichkeit von Charlotte von Stein war. Diese Gegensätze zogen sich offensichtlich an. Goethe berichtet der Mutter: »Fritz war gar munter und brav. Er ritt auf einem kleinen Pferdgen so grade hin als wenn er ganz damit bekannt gewesen wäre, er ist sehr glücklich und hat nur kleine Anfälle von Laune und Unart. [...] Fritz ist gar gut und wird uns gemeinsam Freude machen. [...] Du glaubst nicht wie artig er ist, wieviel Delikatesse er gegen mich zeigt. Ich habe nur einigemal nötig gehabt mit ihm ernstlich über kleine Unarten zu sprechen, du solltest sehn welch eine reine Würckung es gethan.«

Dieser Bote soll dir Fritzens Briefe bringen, kaum erwart ich es biß du siehst wie gut es ihm geht [...] Ich habe eine recht elterliche Liebe zu ihm, denn ich habe die Blätter wohl sechsmal gelesen, und freue mich daran nicht weil sie schön und gut geschrieben sind, sondern am blosen Daseyn. Du wirst sehn was ihm die Reise gut thut.«

Goethe genießt es, den Jungen um sich zu haben. Er liebt die Aufrichtigkeit und Wahrhaftigkeit von Kindern, ihre Lebensfreude. Kinder sind für ihn von jeher ein wirksames Mittel gegen seine depressiven Verstimmungen: »Fritz war gar artig, ich erklärte ihm die zwey ersten Bildungsepoquen der Welt nach meinem neuen System er begriff alles recht wohl und ich freute mich über den Versuch durch den selbst bey mir die Materie mehr Klarheit und Bestimmtheit gewonnen hatte. Die Kinder sind ein rechter Probierstein auf Lüge und Wahrheit es ist ihnen noch gar nicht so sehr wie den Alten um den Selbstbetrug Noth.«

Im Herbst 1784 leidet Goethe besonders unter der Last seiner Amtsgeschäfte: »Der Tag ist nichts weniger als elecktrisch und meine Beschäfftigungen dazu, die alle Säffte stocken machen, und alle natürliche Wärme einsperren. [...] Mein innerstes will nicht mehr zusammenhalten.« Sein Lichtblick sind die Abende im Haus an der Ackerwand. Die Freundschaft mit Charlotte von Stein macht ihm seine Situation in Weimar noch für eine Weile erträglich. Sie hält ihn aber gleichzeitig davon ab, das zu tun, was ihm nötig wäre: eine Veränderung seiner Lebenssituation. Im Grunde genommen hat Goethe das bereits erkannt. Am 24. August 1784 schickt er ein Gedicht an Charlotte von Stein mit den Zeilen:

Gewiss ich wäre schon so ferne ferne
Soweit die Welt nur offen liegt gegangen
Bezwängen mich nicht übermächt'ge Sterne
Die mein Geschick an deines angehangen
Dass ich in dir nun erst mich kennen lerne
Mein Dichten, Trachten, Hoffen und Verlangen
Allein nach dir und deinem Wesen drängt
Mein Leben nur an deinem Leben hängt.

Im Oktober 1784 schreibt er an die Freundin: »Ohne dich ist mir das Leben nur eine Träumerey, und wenn ich dich missen sollte müsste ich eine völlige Umkehrung meines Haushaltes[27] machen.«

Die angeregtesten Briefe schreibt er in diesen Jahren, wenn er sich auf Reisen befindet – wenn auch nur in der Umgebung von Weimar – und dabei seinen Interessen nachgehen kann. Im Wilhelm Meister, an dem er in dieser Zeit arbeitet, gibt er im Lied der Mignon seiner Sehnsucht nach der Ferne Ausdruck:

Kennst du das Land, wo die Zitronen blühn,
Im dunklen Laub die Goldorangen glühn,
Ein sanfter Wind vom blauen Himmel weht,
Die Myrte still und hoch der Lorbeer steht,
Kennst du es wohl? Dahin! Dahin
Möcht ich mit dir, o mein Geliebter, ziehn!

Briefe 1783/1784

So kann ich denn endlich den Morgen wieder in deiner Nähe begrüssen. Wie schön die Sonne ist! recht so freundlich und fröhlich wie mein Geist in deiner Liebe. Ich kann dir nichts sagen, ich kann dir nicht dancken. Sehnsuchtsvoll erwart' ich die Stunde die mich wieder zu dir bringt. Schicke mir mein Angebinde. Lebe tausendmal wohl.

d. 4. Jan. 83 *G.*

*

Eben erhalte ich dein liebes Zettelgen. Nochmals tausend Danck. Adieu.

Es war mir unmöglich heute wegzugehn, da du nicht wohl bist. Ich brauche Bewegung und will spazieren lauffen und dann bey dir seyn. Sage mir ein Wort wie du dich befindest. Gestern Abend habe ich tausendfach an dich gedacht.

d. 13. Jan. 83

*

Guten Morgen Geliebte! Wenn du wüsstest wie artig du in deiner Gestrigen Gestalt im Traume und vor meiner wachenden Seele vorbeygleitest, du hättest selbst ein Vergnügen das Kleidgen angezogen zu haben. Lebe wohl. Diesen Abend bist du bey mir. Stein kommt doch auch.

d. 8. Feb. 83 *G.*

*

3./4. März (?)

Es ist mir als wie unmöglich daß ich iemanden einladen solle wenn ich nicht gewiß weis daß du kommst. Ich bitte dich auch zu Hause zu bleiben und dich zu warten, denn es könn-

te immer schlimmer werden. Ausser den andern Übeln trennt uns auch noch die Glätte, sonst liesse ich mich wohl gegen Abend zu dir tragen. Laß mir manchmal wissen wie dir es ist. O was traurige Tage die uns trennen. Ich lese indess alte Ackten aus denen ich zwar klüger aber nicht glücklicher werde.

G.

*

Hat meine Geliebte das Übel gänzlich verschlafen und ist sie zu meinem Wohl vergnügt erwacht. Willst du heute nach Tische den schädlichen Tranck[28] *bey mir einnehmen; so bringe mit wen du willst. Abends gehen wir zu Felgenhauers. Sage mir etwas liebes zum stürmischen Morgen. Schicke mir Fritzen zum Essen, ich habe ein Spielwerck für ihn. Adieu geliebte!*

d. 25. März 83 G.

*

Tausend Danck für deinen Morgengrus und Tausend Grüse zurück. Ich will nach meinem Garten gehn und in der schönen Sonne dein gedencken. Wenn du aus der Kirche kommst sage mir ein Wort. Du mußt dich frisiren lassen und heute Abend nach Hofe. Ich freue mich also nur auf die Stunden des Abendessens. Mir ists wohl. Heute Nacht sah ich ein Nordlicht in Südost, wenn nur nicht wieder ein Erdbeben gewesen ist, denn es ist eine auserordentliche Erscheinung.

d. 6. Apr. 83 G.

*

Unsre Wandrung ist glücklich geendigt, die Gesellschafft war sehr vergnügt und sind mancherley Scherze und lustige Geschichten dabey vorgefallen. Der Herzog und Staff sind bis herauf gegangen, wir andre haben es uns gelegentlich be-

quemer gemacht. Fritz hat auch etlichemal zu gehen versucht, sah sich aber gar bald wieder nach der Kutsche um. Das Wetter ist auserordentlich schön und wir werden einige gute Tage haben. Dein liebes Andencken begleitet mich immer, es ist mir der gröste Schatz meines Lebens, und der beste Zehrpfennig den ich auf die Reise mitnehmen kann. Einsiedel kehrt wieder zurück und nimmt diesen Brief mit. Lebe wohl Geliebteste und sey fleisig in Gedancken bey mir. Schreibe so bald es möglich ist. In dieser Stube hab ich schon manchen lieben Brief von dir erhalten. Wenn ich nur etwas zeichnen kann das dir gefällt. Lebe tausendmal wohl.
Ilmenau d. 15. Apr. 1783 *G.*

*

[...] Die Art womit du mir gestern Abend sagtest du habest mir eine Geschichte zu erzählen ängstigte mich einen Augenblick. Ich fürchtete es sey etwas bezüglich auf unsre Liebe, und ich weis nicht warum, seit einiger Zeit bin ich in Sorgen. Wie wundersam wenn des Menschen ganzes schweeres Glück an so einem einzigen Faden hängt. Adieu bleibe mir.
W. d. 4. May 83 *G.*

*

Ich frage wie m. L. geschlafen hat und sich befindet? Was ihr Tag heute für eine Wendung nehmen wird und ob sie heute Abend wenn es schön wird meinen Garten besuchen und daselbst Musick hören will. Adieu beste, und laß mich dein seyn.
d. 15. May 83 *G.*

*

undatiert, vermutlich Ende Juni 1783
Ich bin heute zur Tafel gewesen, und nachher warteten wieder Leute auf mich und ich konnte meiner Besten nicht gu-

ten Tag sagen, nun sitz ich mit Fritzen und dicktire und er schreibt, und ihn amüsirts mit unter und er mögte gerne mehr wissen. Gute Nacht beste. Liebe mich.

G.

*

Langenstein d. 9. Sept. 83

Erst heute Abend schreib ich meiner Lotte mit der ich mich diese ganze Zeit im Stillen beschäfftigt habe. Ich wünschte du wärest den ganzen Tag um mich unsichtbar, und trätest Abends wenn ich alleine bin wie aus der Mauer hervor, du würdest fühlen, was ich ietzt mit so vieler Freude fühle, daß ich nur alleine dein bin und dein seyn kann. Wie hoffe ich auf den Augenblick dich wiederzusehen, du hast mich mit allen Banden an dich gebunden.

Mir geht es bis hierher sehr wohl, man begegnet mir auf das Beste und Fritz ist recht artig und fasst sich bald wenn ihm etwas gegen die Stirne läufft.

Ich habe dir viel zu erzählen, es wird mir gut thun fremde Luft einzuathmen und mein Verhältniß von weitem zu betrachten. Die Existenzen fremder Menschen sind die besten Spiegel worinn wir die unsrige erkennen können.

Das Wetter ist nicht sehr günstig der Harz schickt Stürme und Wolcken, indessen hat es nicht geregnet und das ist schon danckenswerth.

Die Herzoginn, wie ich höre kommt erst Montags d. 15ten hierher, oder vielmehr nach Halberstadt. Ich weis nicht ob ich sie sehen werde.

Ich freue mich herzlich auf deinen Brief in Cellerfeld.

Lebe wohl und behalte mich in deinem Herzen und empfange mich wieder wie du mich verabschiedet hast. Es ist in der weiten Welt allerley vergnügliches und wenig Trost zu holen, den ich allein in deiner Nähe finde. Lebe wohl Geliebteste.

G.

*

Ich bin recht wohl und freue mich deines Wohlseyns, und daß du gestern Abend vergnügt warst. Zur Herzoginn geh ich nicht, was soll mir der Zeitvertreib. Vielleicht gehe ich ein wenig in die freye Lufft und besuche dich. Diesen Abend bin ich bey dir lebe wohl du immer meine.

d. 12. Nov. 83 G.

*

Heute ists ein Jahr daß ich das vierte Buch W. M. angefangen habe und heute endige ich es. Adieu.

Mein gestriger Ausgang hat mir einen Zahnfluß und dicken Backen zuwege gebracht, man sieht daß allerley im Cörper stickt das nicht weis wohin es sich resolviren soll.

Heute hoffe ich von meiner Lotte besucht zu werden. Oder es wäre doch wohl besser wenn ich mich Abends recht einwickelte und zu dir käme wir sind doch ruhiger, und mir ist's gar zu wohl bey dir. Adieu beste sag mir ein Wort.

d. 11. Dez. 83 G.

*

Ich muß mich erkundigen ob es mit dem Befinden meiner Geliebtesten immer besser geht, und ob ich bald Hoffnung habe sie wieder frisch und fröhlich zu sehen. Heute giebts wie gewöhnlich allerley zu thun. Diesen Abend bin ich wie gewöhnlich bey dir. Lebe wohl und bleibe meine Aussicht und Zuversicht.

d. 21. Dez. 83 G.

Herzlichen Danck liebe Lotte. Ja ich werde wie du mir es geweissagt hast immer glücklicher werden. Am glücklichsten durch dich. Ich sehe dich nach Tische. Heute früh zeichne ich ein wenig zum freundlichen Anfang des Jahrs. Lebe wohl. Du hast was du dir wünschest. Adieu.
d. 1. Jan. 84 *G.*

*

Will m. l. Lotte heute Abend bey mir einen Thee nehmen und zum Essen bleiben, so will ich ihr einige Freunde einladen, und die Commödiengänger zu Tische Bitten. Sage mir wie du dich befindest, Lebe wohl und liebe mich.
d. 5. Feb. 84 *G.*

*

Schone doch liebe Lotte dich um meinetwillen, so sehr mich dein erster Anblick erfreute weil ich dich wohl sah, so innerlich hat mich dein Übel gestern Abend verstimmt daß ich keiner freudigen Empfindung mehr fähig war. Sag mir was deine Augen machen. Sag mir, daß du mich liebst. Wenn du nicht wohl bist hab ich gar nichts mehr auf der Welt.
d. 29. Feb. 84 *G.*

*

Zum guten Morgen meiner Lotte ein Paar Zeilen, da ich ihr leider nicht einmal werde guten Abend sagen können.

Es ist mir ein köstliches Vernügen geworden, ich habe eine anatomische Entdeckung gemacht die wichtig und schön ist. Du sollst auch dein Theil dran haben. Sage aber niemand ein Wort. Herdern kündigets auch ein Brief unter dem Siegel der Verschwiegenheit an. Ich habe eine solche Freude, daß sich mir alle Eingeweide bewegen.

Lebe wohl. Wie sehr lieb ich dich! Wie sehr fühl ichs in fröhlichen und traurigen Augenblicken. Antworte mir nicht, aber laß mich in meinem Hause ein Wort von dir finden. Lebe wohl meine Lotte. Es geht mir nur so wohl weil du mich liebst.

Sonnabend d. 27. März 1784 *G.*

*

Gotha d. 5. Jun. 1784

Diese Paar Tage her konnt ich nicht zu einer Ruhestunde kommen meiner Lotte zu schreiben, nun soll sie wenigstens mit diesem Posttage einige Zeilen haben. Seit ich von dir bin hab ich keinen Zweck des Lebens, ich weis nicht wozu mir ein Tag soll an dem ich dich nicht sehen werde, am meisten quält es mich wenn ich etwas gutes geniese ohne es mit dir theilen zu können. Fritz ist sehr munter, ich habe ihn an alle Orte allein hingeschickt damit er sich betragen lerne und wie ich höre und mercke macht er es recht gut, es freut mich dir ihn immer besser wieder zu bringen.

Man begegnet mir hier sehr freundschafftlich und ich kann offen und zutraulich gegen die Menschen seyn ohne mein Herz hinzugeben das in guter Verwahrung ist.

*

d. 17. Juni 84

Gestern den 16ten erhielt ich erst deinen liebsten Brief der bis zum 13ten geht. Du wirst nun gewiß auch Briefe von mir haben. Auf einem beyliegenden Zettelgen schreibe ich dir was ich abgeschickt habe. [...]

Wie einsam ich bin werden dir meine Briefe gesagt haben. Ich esse nicht bey Hofe, sehe wenig Menschen, gehe allein spazieren und an iedem schönen Plaz wünsche ich mit dir zu seyn. Ich kann mir nun nicht helfen daß ich dich lieber habe als mir gut ist desto besser wird mir seyn wenn ich dich wiedersehe.

Meine Nähe zu dir fühl ich immer, deine Gegenwart verläßt mich nie. Durch dich habe ich einen Maasstab für alle Frauens ia für alle Menschen, durch deine Liebe einen Maasstab für alles Schicksal. Nicht daß sie mir die übrige Welt verdunckelt, sie macht mir vielmehr die übrige Welt recht klar, ich sehe recht deutlich wie die Menschen sind was sie sinnen wünschen, treiben und geniesen, ich gönne iedem das seinige und freue mich heimlich in der Vergleichung, einen so unzerstörlichen Schatz zu besitzen. [...]

Den Elephantenschädel nehm ich mit nach Weimar.

Meine Felsen Spekulationen gehen sehr gut. Ich sehe gar viel mehr als andre die mich manchmal begleiten und auch auf diese Sachen aufmercksam sind, weil ich einige Grundgesetze der Bildung entdeckt habe, die ich als ein Geheimniß behalte und deswegen die Gegenstände leichter beurtheilen kan.

An Wilhelm habe ich nicht weiter geschrieben. Manchmal geh ich das geschriebne durch und arbeite es aus, manchmal bereit ich das folgende. Wenn ich wieder dicktiren kann soll dieses Buch bald fertig sein. [...]

Fritz ist glücklich und gut. Er wird ohne es zu mercken in die Welt hineingeführt und wird damit bekannt seyn ohne es zu wissen. Er spielt noch mit allem, gestern lies ich ihn Suppliquen lesen und sie mir referiren. Er wollte sich zu Todte lachen, und gar nicht glauben daß Menschen so übel dran seyn könnten wie es die bittenden vorstellten.

Adieu du tausendmal Geliebte.

*

d. 28. Jun. 84

Nun wird es balde Zeit liebe Lotte daß ich wieder in deine Nähe komme denn mein Wesen hält nicht mehr zusammen, ich fühle recht deutlich daß ich nicht ohne dich bestehen kann. Der Ausschußtags Abschied ist signirt, nun kan es nicht lange mehr währen ich rechne noch eine Woche, dann werde ich loskommen können. Das Wetter ist höchst elend man kann nicht vor's Thor, und was innerhalb der Mauern von Schönheiten und Artigkeiten lebt, hat allenfalls nur einen augenblicklichen Reitz für mich und kann kaum das Regenwetter balanciren geschweige einen so wesentlichen Mangel als der ist den ich von Morgen bis zu Abend empfinde.

Ja liebe Lotte iezt wird es mir erst deutlich wie du meine eigne Hälfte bist und bleibst. Ich bin kein einzelnes kein selbständiges Wesen. Alle meine Schwächen habe ich an dich angelehnt, meine weichen Seiten durch dich beschützt, meine Lücken durch dich ausgefüllt. Wenn ich nun entfernt von dir bin so wird mein Zustand höchst seltsam. Auf einer Seite bin ich gewaffnet und gestählt, auf der andern wie ein rohes Ey, weil ich da versäumt habe mich zu harnischen wo du mir Schild und Schirm bist. Wie freue ich mich dir ganz anzugehören. Und dich nächstens wieder zu sehen.

Alles lieb ich an dir und alles macht mich dich mehr lieben.

Der Eifer wie du in Kochberg deine Haushaltung angreiffst von dem mir Stein mit Vergnügen erzählt, vermehrt meine Neigung zu dir, läßt mich deine innerlich thätige und köstliche Seele sehn. Lotte bleibe mir und was dich auch interessiren mag, liebe mich über alles.

*

Wie anders ich aufstehe da du wieder in der Nähe bist, da ich Hoffnung habe dich balde zu sehen, kann ich dir mit kei-

nen Worten ausdrücken. Ach daß ich dieses Glückes so kurz geniesen soll.

Ich frage an ob du bey mir essen willst. Es ist conseil und wird wohl lange werden, doch soll mir es grose Freude seyn wenn du dein Mittagmahl bey mir nehmen willst. Leb wohl süseste.

d. 3. Aug. 84 *G.*

*

Ich kan dir nichts sagen als Liebe Lotte komm wieder. Es will mit mir in keinem Sinne fort.

Hier schick ich Obst, und bitte dich nicht zu freygebig damit zu seyn sondern es selbst zu essen, denn ich gebe dir's und sonst niemand. Lebe wohl. Schreibe mir ein Wort. Und wann du ohngefähr wiederkommst.

d. 22. Oktbr. 84 *G.*

*

Ich mögte von meiner L. etwas freundliches hören. Gehn wir etwa spazieren. Wenn dir's wohl ist, dich der Hof nicht fordert, solltest du Herders auf heut Abend einladen, daß wir die Fabeln lesen könnten. Hier etwas das du ihnen mit der Einladung schicken kannst.

d. 23. Nov. 84

*

Ende November/Anfang Dezember

Ich habe groses Verlangen mit meiner Geliebten zu essen und werde deswegen den Überrest des Ferckels schicken damit er auf dem Roste aufgebraten werden kann. Hier der Brief. Adieu.

*

Liebe Lotte es scheint doch als wenn der Monat sein Recht behaupten wollte ich will nur hübsch still seyn und des heil.

Christs harren. Das schlimmste dabey ist, daß mir auch in solchen Stunden das Gefühl deiner Liebe verdunckelt wird. Lebe wohl und liebe. [...] Adieu

d. 12. Dez. 1784 G.

*

Es war mir eben so liebe Lotte, es war auch bey mir ein bewegter Morgen, und ich dancke dir daß du mir zuerst ein Zeichen des Lebens und der Liebe giebst. Ich will noch fleisig seyn daß ich dich bald frey und ruhig aufsuchen kann. Lebe indessen wohl du einzige.

d. 20. Dez. 1784 G.

*

28. (?) Dezember 1784

Adieu du beste es ist wohl ein verlohrner Tag, morgen wirds nicht besser werden ich komme vielleicht einen Augenblick, ich habe so viel zu thun daß ich nicht weis wo anfangen und wo endigen. Adieu lieber Anfang! liebes Ende!

G.

Entfremdung

»... aber er ist der immer Schweigende.«

1785/1786

Ob sie es will oder nicht: Charlotte von Stein muß sich in den folgenden Jahren mehr um ihre Familie kümmern. Ab August 1785 verbringt Josias von Stein mehr Zeit zu Hause, nimmt jetzt auch seine Mahlzeiten dort ein. Der Grund dieser Änderung: Finanzminister von Goethe hat aus Gründen der Sparsamkeit durchgesetzt, daß die große Hoftafel abgeschafft wird. Die herzoglichen Herrschaften speisen ab sofort im kleinsten Kreis. Goethe muß gewußt haben, daß er sich damit ein Kuckucksei ins eigene Nest legt: mit der trauten Zweisamkeit ist es vorbei.

Josias von Stein ist jetzt häufig mit von der Partie. Man trifft sich nicht mehr ausschließlich bei Steins. Goethe lädt auch zu sich, zum »Thee« oder zur Abendgesellschaft: »Gern lüde ich dich ein bey mir einen Bissen zu essen und alsdenn auf die Redoute zu fahren. [...] Stein käme ia wohl auch.« Obwohl er selbst es war, der diese Situation verursachte (und wünschte?), beklagt er sich – zumindest Charlotte gegenüber: »bleibe mir wenn auch iezt getrennter als sonst, das mir offt fast zu schweer wird.« Um die Gespräche unter vier Augen – wenn auch mit Einschränkungen – weiterführen zu können, bittet er seine »Gute« zu Spaziergängen und Spazierfahrten. Die Zeit legt *er* fest – so, wie es am besten in seinen Tagesablauf paßt: »Um 12 Uhr will ich spazieren gehn vielleicht gehst du mit.« Zwar leidet er angeblich: »Ich kann es kaum mehr ertragen so von dir getrennt zu seyn.« Doch das scheinen eher Lippenbekenntnisse oder Zugeständnisse an das zu sein, was Charlotte von Stein von ihm erwartet. Manche Gelegenheit, sie zu sehen, läßt er ungenützt: »Heute ordne ich und weis nicht ob ich Abends in das Concert komme.« Er »wünscht« Charlotte von Stein zu sehen, aber er setzt es seltener in die Tat um oder vertröstet sie auf ein Treffen in Gesellschaft: »Wie sehr wünschte ich dich bey mir [...] Daß ich dich nicht besuche wirst du nicht tadeln wenn ich dir sage daß mich ein guter Geist anweht und ich an Wilh. [Meister] schreibe. [...] Ich bin gestern zu Hause geblieben, und werde auch heute vor Abend nicht auskommen. Ich muß ernst machen sonst bleiben viele Sachen liegen. [...] Bey Imhofs seh ich dich und freue mich darauf.«

Natürlich nimmt Charlotte von Stein die Veränderung wahr. Sie kann sich die Ursache nicht erklären und leidet. Nicht einmal über ihre Studien tauschen sie sich aus, wie sie ihrer Patentochter und Freundin, Charlotte von Lengefeld[29], schreibt: »Ich möchte Sie gern mit dem, was Goethe über Lavaters Magnetisieren denkt, befriedigen, aber er ist der immer Schweigende.« Goethe verbringt mit Charlotte von Stein nur noch die Zeit, die übrigbleibt. Sie ist nicht mehr die Sonne, um die er kreist – auch wenn er aus Gewohnheit das Gegenteil behauptet: »Wenn es meinen Wünschen nachginge du dürftest keinen Augenblick von meiner Seite.«

Eine große Sorge belastet das Steinsche Familienleben in dieser Zeit: Ernst, der Zweitgeborene, ist schwer erkrankt und vom Pagendienst am herzoglichen Hof ins Elternhaus zurückgekehrt: von »Knochenfraß« am Knie ist in den Briefen die Rede. Heute würden wir es als Knochenkrebs bezeichnen. Ernst hat unerträgliche Schmerzen, die Krankheit ist zur damaligen Zeit nicht heilbar. Goethe kümmert sich um ihn: Er nimmt ihn mit auf Spazierfahrten. Holt ärztlichen Rat ein. Als Charlotte von Stein sich im Juli und August 1786 in Karlsbad aufhält, läßt sie Ernst entgegen dem Wunsch Goethes zu Hause in Weimar. Goethe berichtet ihr regelmäßig über seinen Zustand: »Fritz ist sehr lustig, Ernst geduldig, mit seinem andern Fuße ists zweifelhafft, die Chirurgi behaupten es sey auch gut ihn aufzumachen, nur getrauten sie sich es nicht um der Vorwürfe willen. Ich verstehe nichts davon, und da mein Wunsch ihn im Carlsbad zu wissen nicht erfüllt worden; so habe ich für den armen Jungen keinen mehr zu thun. Seine Leidenskrafft geht über alle Begriffe [...] und wie er nur keine Schmerzen hat ist er lustig.«

Warum trennt Charlotte von Stein sich für mehrere Wochen von ihm? Ist sie erschöpft von der Pflege? Will sie sich in Karlsbad von allen Sorgen eines Krankenlagers entlastet wissen? Entspannen und das gesellschaftliche Leben genießen? Sie weiß, daß Ernst todkrank ist. In dieser Situation verhält sie sich merkwürdig unbeteiligt, gefühllos und distanziert, wie auch bei anderen Gelegenheiten, wenn es um ihre Kinder geht. In den Briefen an ihre Freunde beschreibt sie seinen Zustand: »Mein Sohn, der Jagdpage, ist seit Weihnachten krank, und ist auch wenig Hoffnung zur Besserung vorhanden. Der Tod wäre mir das Erträglichste für ihn, aber ich fürchte, er wird noch lange mit Schmerzen zu kämpfen haben. Und Krankheit und Mangel sind die zwei einzigen Übel, die meinem Herzen einschneiden, wo ich sie sehe; denn die übrigen Leiden hängen mehr oder weniger von unserer Vorstellungsart ab, gegen jene aber gibt's keine Waffen

[...] Heute werden dem Ernst Krücken angemessen ... Dem sind die Übel hübsch bei Zeiten auf den Hals gerückt!«

Tatsächlich ist die Eltern-Kind-Beziehung im 18. Jahrhundert kühler als heutzutage. In besseren Kreisen werden die Neugeborenen der Obhut von Ammen übergeben. Später werden sie von Kindermädchen versorgt. Charlotte von Stein hat immerhin Fritz selbst gestillt, ihr Nesthäkchen, an dem sie zeitlebens am meisten hängt.

Als sie im Sommer 1787 wieder nach Karlsbad reist, nimmt sie Ernst mit. Er stirbt noch während der Anreise. Sein Tod und seine Erlösung vom langen Leiden scheinen sie mehr zu erleichtern als zu schmerzen: Sie führt die Badekur durch wie geplant und schreibt an ihre Schwägerin Sophie von Schardt: »Wir leben hier in Festen von allerlei Art, und die Situation ist so, daß man weder am liebsten noch am traurigsten Gegenstand kann hängen bleiben.« Ist Tod eines Kindes so normal, daß man nicht von seinem üblichen Lebensrhythmus abweicht? Charlotte von Stein ist daran gewöhnt, daß Kinder wegsterben. Vier Töchter hat sie verloren. Vielleicht hat es ihr geholfen, sich gegen diese Verluste zu panzern mit einem Schutzschild aus Kühle: sich ins Unvermeidliche fügen. Das Leben geht weiter. In ihrer Kindheit hat sie erlebt, daß von ihren zehn Geschwistern sechs verstarben. Der Tod gehört zum Leben. Das Verhalten ihrer strenggläubigen Mutter könnte zum Muster geworden sein für ihre eigene Reaktion auf den Tod des Sohnes: der Wille Gottes.

Eigenartigerweise erfährt der älteste Bruder, Karl, erst Monate später, daß Ernst gestorben ist, als Josias von Stein ihn während einer seiner Dienstreisen im Mecklenburgischen besucht. Wollte man ihm die traurige Nachricht nicht brieflich übermitteln? Im Februar 1788 bittet Karl seinen jüngsten Bruder Fritz, ihm Näheres mitzuteilen: »Ich habe eine Bitte an Dich [...] Ich armer Schelm weiß hier in der Fremde weder, wo Ernst begraben ist, noch wer sein Begräbnis besorgt hat. Dies als sein Bruder und Freund nicht zu wissen, ist mir kränkend [...] Ich habe nicht gewagt, bei meinem Vater während seines Hierseins darnach zu fragen, weil er so traurig über unsern guten Bruder war, daß ihm bei ein paar Gelegenheiten, die ihn daran erinnerten, die Tränen in die Augen traten. Ich habe alle Gelegenheit vermieden, mit ihm von Ernst zu sprechen.« Vertrauliche Aussprachen mit gegenseitiger Tröstung scheinen in der Familie von Stein nicht üblich zu sein. Goethe ist – bei aller Egozentrik – gefühlvoll und warmherzig. Bei ihm kann Charlotte von Stein die Wärme finden und erwidern, die sie aus ihrer Kindheit nicht kennt, mit der sie ihr eigenes Familienleben nicht bereichern kann.

In den Briefen der Jahre 1785/1786 erscheint Goethe gefühlvoll bis hin zur Larmoyanz. Wenn es ihm psychisch nicht gut geht, ist Charlotte von Stein nach wie vor seine Stütze und Zuflucht, und seine Briefe sind ein einziges Lamento: »Wüsstest du liebste Seele wie sehr du mir fehlst du würdest wenig Ruhe in deiner Einsamkeit haben, du würdest iede Stunde wünschen zu mir herüber zu fliegen und ein Leben mit mir zu theilen das mir ohne dich ganz und gar abgeschmackt und unerträglich wird. [...] Liebe mich ich bin ganz und gar dein, du musst mir eben alles ersezen, ich halte mich an dich.«

Charlotte von Stein – und auch Goethe selbst, wenn er ehrlich zu sich ist – wissen, daß das auf Dauer unmöglich ist: Ein einziger Mensch kann einem anderen nicht die ganze

Welt ersetzen. Das ist zuviel verlangt. Die Freundschaft zwischen beiden ist inzwischen eine erstickende, enge Seelen- und Leidensgemeinschaft geworden, die in dieser Form keine Zukunft mehr hat. Nach Kochberg schreibt Goethe: »Deine Entfernung ist mir ein rechter Probstein meiner Selbst. Ich sehe wie wenig ich für mich bestehe und wie nothwendig mir dein Daseyn bleibt daß aus dem meinigen ein Ganzes werde.« Aus Italien wird er ihr später euphorisch vermelden, daß er durch seine Reiseerlebnisse (er meint damit eine Liebesaffaire in Rom) ein »ganzer Mensch« – man könnte auch sagen »ein ganzer Mann« – geworden sei.

Zu lange hat Charlotte von Stein nun schon die undankbare Aufgabe, das »Einzige« zu sein, das Weimar für Goethe noch erträglich macht. Vor allem, wenn sie sich auf Schloß Kochberg aufhält, steigert er sich in eine wehmütige Sehnsucht nach der abwesenden Freundin hinein, um sich darüber hinweg zu täuschen, daß es in Wahrheit die Unzufriedenheit mit seiner gesamten Lebenssituation ist, die ihn in immer neue Depressionen hineinzieht. »Laß mich deine Liebe immer gleich finden, es will mit vielem andern nicht recht mehr fort.« Er hat sich in allen seinen Bestrebungen festgefahren. Am besten geht es noch mit seinen naturwissenschaftlichen Studien. Aber auch hier stellt er fest, daß die »Allgebra« ein Gebiet ist, das ihm nicht liegt, und daß er in der Mineralogie nicht weiterkommen kann ohne Kenntnisse in der Chemie.

Das Silberbergwerk in Ilmenau, das auf sein Bestreben hin mit viel Geld wieder instand gesetzt wurde, bringt nichts ein. In bezug auf die Regierungsgeschäfte fällt er das vernichtende Urteil: »wer sich mit der Administration abgiebt, ohne regierender Herr zu seyn, der muß entweder ein Philister oder ein Schelm oder ein Narr seyn.« Wo ordnet er sich selbst ein? In seiner literarischen Arbeit kommt er nur mühsam voran, ist oft unzufrieden mit dem, was er produziert. Sein Werk aus dem ersten Weimarer Jahrzehnt wird gelegentlich als »Ruinenfeld« bezeichnet: Sowohl der Roman »Wilhelm Meister« als auch die Dramen »Torquato Tasso« und »Egmont« sind unvollendet. So ist es kein Wunder, daß er Anfang 1785 feststellt, ihm fehle »eine gewisse Elastizität des Gemüths, die vielleicht der Frühling bringen wird«. Statt einer Besserung stellen sich noch zusätzliche körperliche Beschwerden ein: Seine schlechten Zähne lassen immer wieder Geschwüre entstehen, so daß ihm Kiefer und Backen anschwellen. Als er sich im Juni 1785 auf der Reise nach Karlsbad befindet, um sich dort mit Charlotte von Stein zur Badekur zu treffen, muß er wegen Zahnschmerzen die Fahrt für mehrere Tage unterbrechen. Auch im nächsten Jahr plagt ihn eine langwierige »Geschwulst«. Mundbäder sollen helfen. Manchmal entsteht der Eindruck, diese Beschwerden kämen ihm gerade recht: Er hat eine akzeptable Entschuldigung, sich in die »Stille« zurückzuziehen, wie er es nennt. Krankheit als Fluchtmöglichkeit. Er beteuert, er fühle sich »wohl« in seinem »guten warmen Stübgen«, wo er am warmen »Camin« sitzt.

Aber diese äußere Behaglichkeit, die er sich geschaffen hat, kann ihn nur kurzzeitig über die innere Unzufriedenheit hinwegtäuschen. Sie kommt zum Ausbruch in einem Anfall von Lebensüberdruß, als er im Juni 1786 »Die Leiden des jungen Werthers« überarbeitet: »Ich korrigiere am Werther und finde immer daß der Verfasser übel gethan hat sich nicht nach geendigter Schrifft zu erschiesen.« Tatsächlich wirken seine Briefe – vor allem 1785, als er sich noch nicht zur Italienreise entschlossen hatte – wie die eines lebensmüden, resignierten alten Mannes, nicht wie die eines 36jährigen.

Er lebt unverändert in sexueller Enthaltsamkeit. Selbst das »Miseln« hat für ihn keinen Reiz mehr. Im Bestreben, seine Leidenschaften zu kontrollieren, hat er den Zugang zum pulsierenden sinnlichen Leben verloren. Die regelmäßige Korrespondenz mit Charlotte von Stein erhält er aus Gewohnheit aufrecht. Aber den Briefen fehlt die Lebendigkeit und Inspiriertheit früherer Jahre. Innerlich versucht er bereits, sich aus eingefahrenen Bahnen zu befreien. Was Goethe an Charlotte von Stein im Juli 1786 über Herder[30] schreibt, der einen Ruf nach Hamburg erhalten hat auf eine »Ober-Pfarrerstelle«, gilt auch für ihn selbst: »Er verbessert sich nicht, aber er verändert sich doch, und seines Bleibens ist hier nicht.« Vieldeutig fährt er fort: »Ich habe viele, viele Gedancken und bin ein wenig dunckel drum wirst du heute nicht mehr von mir hören.« Seine »Gedancken« kreisen um die Reise nach dem Süden. Der Entschluß ist längst gefallen: Er wird Weimar verlassen. Für wie lange? Das weiß er selbst nicht. Seit dem Frühjahr lernt er Italienisch. An einen Jugendfreund, den Komponisten Kayser, schreibt er im Mai: »Hätt ich die Italiänischen Sprache in meiner Gewalt wie die unglückliche Teutsche, ich lüde Sie gleich zu einer Reise ienseits der Alpen ein und wir wollten gewiß Glück machen.«

Im August wird er noch einige Wochen mit Charlotte von Stein in Karlsbad verbringen, vorher ordnet er seine dienstlichen Angelegenheiten. Von Karlsbad aus bittet er der Form halber am Vortag seiner Abreise nach Italien den Herzog um »unbestimmten Urlaub«: »Im allgemeinen bin ich in diesem Augenblicke gewiß entbehrlich, und was die besondern Geschäfte betrifft, die mir aufgetragen sind, diese hab ich so gestellt, daß sie eine Zeitlang bequem ohne mich fortgehen könnten; ja, ich dürfte sterben, und es würde keinen Ruck tun.«

Niemanden hat er in seine Pläne eingeweiht. Er fürchtet aufgehalten zu werden – und das mit Recht. Karl August will seinen wichtigsten Minister und Vertrauten nicht entbehren, und ein Alleinherrscher ist es nicht gewöhnt, daß man sich seinen Wünschen widersetzt: Wer soll sich um die Finanzen kümmern? Wer um den Wegebau, die Einberufung der Rekruten, das Bergwerk in Ilmenau? Wer soll für eine geistreiche Unterhaltung der Hofgesellschaft sorgen, wenn der Hofpoet das Weite sucht?

Und Charlotte von Stein? Goethe hat Grund zu der Annahme, daß sie ihn bitten wird, zumindest so lange noch zu bleiben, bis Ernst von seiner tödlichen Krankheit erlöst ist. Auch ihr Mann ist leidend. Sie braucht den Freund wie nie zuvor als Tröster und als Ausgleich zu ihrer häuslichen Misere. Aber der hat schon zu lange gewartet. Eine Veränderung seiner Situation ist ihm lebensnotwendig. Selbst ein Aufschub von wenigen Monaten wäre ihm zuviel. Und womöglich wollte sich noch jemand anschließen. Goethe will alleine reisen, inkognito: »Ich gehe ganz allein unter einem fremden Namen und hoffe von dieser etwas sonderbar erscheinenden Unternehmung das Beste«, läßt er den Herzog wissen. Dieser soll auch niemanden davon verständigen, daß Goethe »außenbleibe«. Er nennt sich in Italien »Filippo Miller, Tedesco, Pittore«.[31]

Als Charlotte von Stein am 14. August 1786 Karlsbad verläßt, glaubt sie, Goethe einige Wochen später wiederzuse-

Charlotte von Stein, Gipsrelief, unbekannt, um 1780/1785

»Sie ist eine gar seltene, gute Frau und lebt eigentlich bloß in der Klarheit, die ihr bei ihrer reizbaren, feinen Natur schon die Stelle der Wärme vertritt. Sie lebt eigentlichst im Verstand.«

(Knebel über Ch. v. Stein)

hen. Anfang September erhält sie einen Brief von ihm, in dem er vage mitteilt, er werde für längere Zeit verreisen. Seine Adresse wird sie noch erhalten. Seine Gewissensbisse erleichtert er dadurch, daß er ihr vorwirft, sie selbst, das unklare Verhältnis, in dem sie beide lebten, sei der Grund für seine unerwartete Abreise. Er greift plötzlich einen Schmerz wieder auf, der jahrelang kein Thema mehr war zwischen beiden:

»Ich habe bisher im Stillen gar mancherley getragen, und nichts so sehnlich gewünscht als daß unser Verhältniß sich so herstellen möge, daß keine Gewalt ihm was anhaben könne. Sonst mag ich nicht in deiner Nähe wohnen und ich will lieber in der Einsamkeit der Welt bleiben, in die ich jetzt hinausgehe.« Die eigentlichen Gründe für seine Flucht verschweigt Goethe – auch vor sich selbst?

Charlotte von Stein fühlt sich vor den Kopf gestoßen. Zwar, wenn sie in seinen Briefen zwischen den Zeilen gelesen hat, muß sie gewarnt sein. Immer wieder sind »dunckle« Stellen zu finden mit gewissen Andeutungen, so im Juni 1786: »Behalte mich nur lieb und lass uns ein Gut, das wir nie wiederfinden werden, wenigstens bewahren, wenn auch Augenblicke sind wo wir dessen nicht geniessen können.« Ob sie seine Hinweise wahrgenommen hat? Seine Verschlossenheit war ihr bewußt, wie ein Brief an Knebel vom Mai 1786 zeigt: »Goethe lebt in seinen Betrachtungen, aber er teilt sie nicht mit. Dies ist eine Tugend, die Sie nur besitzen! Aber ich bedaure den armen Goethe: Wem wohl ist, der spricht!« Charlotte von Stein sieht keine Notwendigkeit, die bestehende Situation zu verändern. Es gärt keine Unruhe in ihr, sie ruht in sich. Goethes rastloses Streben nach Veränderung bleibt ihr unverständlich.

Sie ist 43 Jahre alt und nach den Vorstellungen ihrer Zeit eine alte Frau. Schon lange unterdrückt sie jedes sexuelle Verlangen und ahnt nicht, daß Goethe – um »ganz« zu werden, wie er es nennt – endlich eine sexuell befriedigende Beziehung zu einer Frau kennenlernen muß.

Seine sexuelle Abstinenz schränkt seine Lebenserfahrung ein – auch auf Kosten seiner literarischen Kreativität. So reagiert sie mit Unverständnis auf seine Flucht. Sie kann nicht anders. Jahrelang hat sie es als selbstverständlich betrachtet, in seine Pläne eingeweiht zu sein. In vielen Dingen die einzige zu sein, der er sich mitteilt. Nun kann sie nicht einmal über seinen Aufenthaltsort Auskunft geben, wenn man sie danach fragt. Und sie wird oft gefragt. Goethes spurloses Verschwinden mit unbekanntem Ziel spricht sich herum. Es wird geklatscht und gerätselt. Charlotte von Stein, die sich gern im Glanz der Freundschaft Goethes gesonnt hat, kann keine Erklärungen liefern.

Was für eine peinliche Situation, in die er sie gebracht hat. Sie fühlt sich bloßgestellt in aller Öffentlichkeit. Zum Glück kann sie sich in die Abgeschiedenheit Kochbergs zurückziehen. Goethes Verhalten empfindet sie als Verrat. Sie fühlt sich verlassen und leidet. Durch unglückliche Umstände wird sie – entgegen Goethes Absicht, der in Italien regelmäßig seine Reiseeindrücke für sie aufschreibt – erst im Dezember Nachrichten erhalten, nicht früher als der weitere Weimarer Freundeskreis. Bis es soweit ist, haben Bitterkeit und Zorn viel Zeit, sich in ihrer Seele festzusetzen. Zwei Gedichte von Charlotte von Stein aus dem Herbst 1786 sind erhalten, die Ausdruck ihrer Verzweiflung sind: von Einsamkeit ist die Rede, von Verarmung, von Schmerz, enttäuschter Liebe und Haß. Ende Dezember hat sie endlich Nachricht von Goethe und meldet es sogleich an eine Freundin, Charlotte von Lengefeld, weiter. Versöhnt ist sie nicht: »Aus Rom habe ich viele hübsche Briefe von Goethe, die ich Ihnen, wenn Sie zu uns kommen, will zu lesen geben. Daß er wieder zu uns zurück will, ist gewiß sein Vorsatz; aber der Himmel beschließt manchmal anders, als wir gebundene Sterbliche wollen. Ein bißchen unartig hat er seine Freunde verlassen.«

Briefe 1785/1786

Anfang Januar 1785
Hier Liebe Lotte das Papier und einen Einfall ganz ganz *für dich allein. Laß es ia niemand sehn.*

*

Ende Januar 1785
Wie ein groses Verlangen hatte ich heute mit dir nach Hause zu fahren. Es war ein rechtes Opfer das ich den Papieren und Ackten brachte daß ich mich von dir trennte. Mögte die gute Nacht die ich dir gebe, dir Ruhe von dem Übel verschaffen. Lebe wohl. Das Essen hat mir recht gut geschmeckt.

G.

*

Du bist eine liebe Verführerinn. Ich will mit dir fahren, und das erstemal seit acht Tagen einer frischen Lufft in deiner Gesellschaft geniesen. Liebe mich. Adieu.
d. 13. Febr. 1785 *G.*

*

Ich habe nur zwey Götter dich und den Schlaf. Ihr heilet alles an mir was zu heilen ist und seyd die wechselweisen Mittel gegen die bösen Geister.

Ich gehe gern in die Commödie, und finde dich drinne.

Diesen Nachmittag geh ich zu Seckendorf. Vielleicht zu deinem Bruder. Lebe wohl du einzige. Mich verlangt recht mit dir zu reden, ich habe vieles.
d. 15. März 1785 *G.*

Ich befinde mich wohl mein lieber Schutzgeist und freue mich deines Wohlseyns. Wir wollen immer zusammen bleiben meine Liebe. Darüber sey ohne Sorge. Gegen Abend komm ich zu dir und wir schwäzen uns recht aus.
d. 20. Apr. 85 *G.*

*

undatiert, vermutlich Ende Mai 1785
So nahe bey dir Geliebte und die letzten Tage nicht einmal mit dir. Gar groses Verlangen habe ich darnach. Warum kannst du nicht bey mir sitzen indem ich arbeite.

G.

*

Dieses Blat soll dich in Carlsbad bewillkommen, wo du wohl keinen Brief von mir erwartest. Wenn du ihn erbrichst rücke ich dir schon näher und habe lange so keine freudige Aussicht gehabt als dich zwischen den Bergen zu finden. Sorge daß wir nicht weit auseinander wohnen und daß wir zusammen essen können.

Ich wünsche dir schönes Wetter und Gesundheit. Lebe wohl. Liebe mich ich bleibe dein.

Hierbey ein Liedgen von Mignon aus dem sechsten Buche. Ein Lied das nun auch mein ist.
Weimar d. 20. Jun. 1785 *G.*

*

Nur wer die Sehnsucht kennt
Weiß was ich leide!
Allein und abgetrennt
Von aller Freude
Seh ich an's Firmament
Nach jener Seite
Ach der mich liebt und kennt

Ist in der Weite!
Es schwindelt mir, es brennt
Mein Eingeweide.
Ach wer die Sehnsucht kennt!
Nur wer die Sehnsucht kennt
Weiß was ich leide.

*

Zwota Abends. 9 Uhr
Montags

Nur noch sechs Stunden von dir entfernt wie freut es mich daß ein Postillon durchgeht der dir diesen Brief beym Aufstehn überliefern kann.

Wir kommen von Wunsiedel, haben die Fichtelberge bestiegen, es ist uns recht wohl gegangen, ich bin auch wieder ganz wohl. Wir wollen morgen zeitig abfahren und sind gegen Mittag bey dir. Mein Verlangen dich wieder zu sehen wächst mit iedem Augenblick. Lebe wohl. Knebel grüst. Grüse die Freunde. Ganz der deine.

4. Juli *G.*

*

Carlsbad d. 7. August 1785

Wie leer mir alles nach deiner Abreise war, kann ich dir nicht beschreiben und brauch es dir nicht zu sagen. Ich bin schon einigemal die Treppe in den 3 Rosen in Gedancken hinaufgegangen. Ich lebe so fort, trincke und bade über den ganzen Tag. [...] So will ich aushalten und so wird aus der zerstückten Badewirthschafft für mich ein Ganzes. Lebe wohl. Grüse Fritzen und Herders. Ich habe dich innig und einzig lieb. Nirgends finde ich eine Übereinstimmung wie mit dir. Lebe wohl.

G.

In Weimar
Es ist immer der liebste Augenblick meines Morgens wenn ich dir einen Grus schicke, einen von dir erhalte. Um zwölf Uhr will ich dich abholen sey aber auch hübsch bereit.
24. Aug. 1785 G.

*

Es wird nur auf meine Lotte ankommen wie und wo ich meinen heutigen Tag zubringen soll.

Bleibt sie zu Hause so komme ich zu ihr und bringe meine Arbeit mit und auch Nahrung für Mittag und Abend. Will sie sich der Welt wiedmen, so bleibe ich zu Hause, bin fleisig und geniese des Glücks ihrer Nähe erst wenn der Hof sie entlässt. Adieu geliebteste.
d. 24. Oktbr. 1785 G.

*

Ich bin wohl und freue mich deiner Liebe. Wärst du auch nur wieder hergestellt.

Ich kann dich nicht begleiten. Ich bin im dicktiren begriffen, und muß noch vor Tische damit fertig werden. Lebe wohl es thut mir sehr leid dich allein auf dem Spaziergang zu wissen.
d. 29. Nov. G.

*

Ich wusste wohl am Heiligen Abend daß ich dir noch etwas zu bescheeren hatte, konnte mich's aber nicht besinnen. Hier schick ich's nach. Ich sehe dich nicht vor dem Conzert. Wenn du daraus zurückkehrst findest du mich.
d. 26. Dez. 1785 G.

Guten Morgen Geliebte. Ich bleibe zu Hause und richte mich ein. Gebe uns der Himmel ein gutes Jahr. Ich liebe dich herzlich. Bleibe mir wenn auch ietzt getrennter als sonst, das mir offt fast zu schweer wird. Lebe wohl. ich bin dein.
d. 1. 86 *G.*

*

Wie wäre es wenn meine liebe diesen Nachmittag gleich nach Tische zu mir käme? Es ist so schön Wetter und du könntest dich mit dem Mikroscop unterhalten. Auf den Abend lüd ich die Imhof und Herders. Wie sehr wünscht ich wieder einmal ein Paar Stunden mit dir zu seyn.
d. 3. Jan. 1786 *G.*

*

Ich bin fleisig, habe ein Geschäffte das mich interessirt und werde den Tag damit zubringen.

Auf den Abend steht mir die Freude bevor an deiner Seite den Hamlet durchzugehn und dir auszulegen was du lange besser weisst. Liebe mich. Immer dein.
d. 8. Jan. 86 *G.*

*

Ich habe mich kurz und gut resolvirt nach Jena zu fahren, da die Wasser gros sind und ich den Effeckt der neuen Wasserbaue gern sehn mögte ich lasse mir bey Stein ein leichtes Wägelgen ausbitten. Wenn du glaubst daß es Ernsten nicht schadet; so laß ihn sich geschwinde anziehen. Ich will ihn abholen. Er kann ja sein Knie verwahren. Abends bin ich wieder bey dir.
d. 10. Jan. 86 *G.*

*

Den ganzen Morgen hofft ich auf ein Wort von dir. Du erfüllst diesen Wunsch du Gute. Habe du nur mit mir Geduld

und laß dich nicht irren wenn mir's manchmal fatal wird. Du bist mein bestes. Das einzige recht zuverlässige auf Erden. In die Comödie will ich gehn.
d. 18. Febr. 86 *G.*

*

Dieser Tag ist vorbey gegangen ohne daß ich etwas von dir gesehen noch gehört hätte. Ich will dann auch so still für mich endigen. Sag mir ein Wort. Ich war fleisig um das nachzubringen was ich bisher versäumte.

Lebe wohl. Liebe mich.
d. 10. März 86 *G.*

*

Wie befindet sich meine beste. Es war mir gestern eine rechte Freude dich vergnügt bey mir zu sehn. Es schien mir auch als wenn du mich recht lieb hättest. Heute hab ich viel zu thun, gehe auch gegen Abend zur Herzoginn Mutter. Dann seh ich dich wenigstens einen Augenblick, ich möchte gern an meinen Werckgen schreiben.
d. 29. März 86 *G.*

*

Ich bin immer im stillen bey dir und habe nie sehnlicher gewünscht mit dir unter einem Dache zu seyn als iezt. Ich fange nun wieder an zu zeichnen und will wenigstens auf dem Papier leben. Mein Backen ist noch ein wenig dick ohne Schmerz wenn ich dich doch recht wohl wüsste.
d. 9. Apr. 86 *G.*

*

Charlotte von Stein an Knebel
Weimar, 10. Mai 1786
Goethe lebt in seinen Betrachtungen, aber er teilt sie nicht mit. Dies ist eine Tugend, die Sie nur besitzen! Aber ich be-

dauere den armen Goethe: Wem wohl ist, der spricht! Mir versagt leider manchmal die Sprache aus doppelten Ursachen, weil ich nichts weiß und weil ich leide.

*

Charlotte von Stein an Knebel
Weimar, 30. August 1786
Ich habe unseres Freundes Geburtstag mit der Imhof in seinem Garten zugebracht und ihm eine kleine Gabe in seinen Schreibtisch gelegt; ich will Ihres Herzens Andenken noch dazulegen.

Den 23. hab ich einen Brief vom Goethe, wo er mir schreibt, er werde noch acht Tage in Karlsbad bleiben, alsdann dunkel und unbekannt eine Weile in Wäldern und Bergen herumziehen, so daß er unter sechs Wochen nicht hier sein wird.

*

Nun noch ein Lebewohl von Carlsbad aus, die Waldner soll dir dieses mitbringen; von allem was sie erzählen kann sag ich nichts; das wiederhohl ich dir aber daß ich dich herzlich liebe, daß unsre letzte Fahrt nach Schneeberg mich recht glücklich gemacht hat und daß deine Versicherung: daß dir wieder Freude zu meiner Liebe aufgeht, mir ganz allein Freude ins Leben bringen kann. Ich hab bisher im Stillen gar mancherley getragen, und nichts so sehnlich gewünscht als daß unser Verhältniß sich so herstellen möge, daß keine Gewalt ihm was anhaben könne. Sonst mag ich nicht in deiner Nähe wohnen und ich will lieber in der Einsamkeit der Welt bleiben, in die ich iezt hinaus gehe. Wenn meine Rechnung nicht trügt; kannst du Ende September ein Röllgen Zeichnungen von mir haben, die du aber niemanden auf der Welt zeigen mußt. Du sollst alsdann erfahren wohin du mir schreiben kannst. Lebe wohl! Gieb Fritzen inliegendes. Grüse Ernsten, Steinen, die Schwester und laß niemand mercken daß ich länger aussenbleibe. Liebe mich, und sage mirs damit ich mich des Lebens freuen könne.

d. 1. Sept. 86 *G.*

*

Morgen Sonntags d. 3ten September geh ich von hier ab, niemand weiß es noch, niemand vermuthet meine Abreise so nah.

Ich muß machen daß ich fortkomme, es wird sonst zu spät im Jahr [...]

Wenn du ein Packet oder eine Rolle von mir erhälst; so mache sie nicht in Gegenwart andrer auf, sondern verschließ dich in dein Kämmerlein. Vogel bringt dir noch ein Päckgen mit, von dem gilt es noch nicht.

*

Nachts eilfe

Endlich, endlich bin ich fertig und doch nicht fertig denn eigentlich hätte ich noch acht Tage hier zu thun, aber ich will fort und sage auch dir noch einmal Adieu! Lebe wohl du süses Herz! ich bin dein.

d. 2. Sept. 86 *G.*

*

Zwei Gedichte von Charlotte von Stein:
(Kochberg, September 1786)

Ihr Gedancken fliehet mich
wie der Freund von mir entwich
ihr erinnert mich der Stunden
die so liebevoll verschwunden
o! wie bin ich nun allein
ewig werd' ich einsam seyn.

Wenn im Aug' die Thräne quillt
und der Schmertz das Hertz aufschwillt
Wenn es Dich den Lüfften nennet
aus der Brust der Athem brennet
bleibt doch alles um mich leer
keine Antwort wird mir mehr.

Ach ich mögte fort und fort
eilen und weis keinen Ort
weis mein Hertz an nichts zu binden
weis kein gutes mehr zu finden
alles alles floh mit Dir
ich allein verarmt in mir.

Was mir seine Liebe gab
hüll ich wie ins tiefe Grab,
ach es sind Erinnrungs Leiden
süßer abgeschiedner Freuden
was mich sonst so offt entzückt
und ich an mein Hertz gedrückt.

Schutzgeist hüll mir nun noch ein
seines Bildes letzten Schein
wie er mir sein Hertz verschloßen
das er sonst so ganz ergoßen
wie er sich von meiner Hand
stum und kalt hat weg gewand.

Charlotte von Stein:

An den Mond nach meiner Manier

Füllest wieder Busch und Tal
Still mit Nebelglanz,
Lösest endlich auch einmal
Meine Seele ganz.

Breitest über mein Gefild
Lindernd deinen Blick,
Da des Freundes Auge mild
Nie mehr kehrt zurück.

Lösch' das Bild aus meinem Herz
Vom geschiednen Freund,
Dem unausgesprochner Schmerz
Stille Thräne weint..

Mischet euch in diesen Fluß!
Nimmer werd' ich froh.
So verrauschte Scherz und Kuß
Und die Treue so.

Jeden Nachklang in der Brust
Froh und trüber Zeit,
Wandle ich nun unbewußt
In der Einsamkeit.

Selig, wer sich vor der Welt
Ohne Haß verschließt,
Seine Seele rein erhält,
Ahndungsvoll genießt.

Was, den Menschen unbekannt
Oder wohl veracht,
In dem himmlischen Gewand
Glänzet bei der Nacht.

J.W. v. Goethe:

An den Mond

Füllest wieder Busch und Tal
Still mit Nebelglanz,
Lösest endlich auch einmal
Meine Seele ganz;

Breitest über mein Gefild
Lindernd deinen Blick,
Wie des Freundes Auge mild
Über mein Geschick.

Jeden Nachklang fühlt mein Herz
Froh und trüber Zeit
Wandle zwischen Freud und Schmerz
In der Einsamkeit.

Fließe, fließe, lieber Fluß!
Nimmer werd ich froh,
So verrauschte Scherz und Kuß,
Und die Treue so.

Ich besaß es doch einmal,
Was so köstlich ist!
Daß man doch zu seiner Qual
Nimmer es vergißt!

Rausche, Fluß, das Tal entlang,
Ohne Rast und Ruh,
Rausche, flüstre meinem Sang
Melodien zu.

Wenn du in der Winternacht
Wütend überschwillst,
Oder um die Frühlingspracht
Junger Knospen quillst.

Selig, wer sich vor der Welt
Ohne Haß verschließt,
Einen Freund am Busen hält
Und mit dem genießt

Was, vom Menschen nicht gewußt
Oder nicht bedacht,
Durch das Labyrinth der Brust
Wandelt in der Nacht.

Goethe schickte das Gedicht Anfang März 1778 an Ch. v. Stein.

Trennung

»Geh an Orte, wo neue Gegenstände,
Worte und Menschen Dich berühren,
Dir Blut, Leben, Nerven und Gedanken auffrischen.«

1786–1794

»Ich muß machen daß ich fortkomme, es wird sonst zu spät im Jahr«, schreibt Goethe im September 1786 aus Karlsbad. Aber es ist nicht nur ein drohender Wintereinbruch in den Alpen, der ihn zur Eile drängt. Die Sehnsucht nach einem veränderten, glücklicheren Leben zieht ihn mit Macht nach Süden: »Über das Tyroler Gebirg bin ich gleichsam weggeflogen, [...] Venedig habe ich gut, Ferrara [...] flüchtig und Florenz kaum gesehen.« Nur drei Stunden hält er sich in Florenz auf.

Wohin es ihn zieht? »Die Begierde nach Rom zu kommen war so groß, wuchs so sehr mit jedem Augenblicke, daß kein Bleibens mehr war [...] Nun bin ich hier und ruhig [...] Alle Träume meiner Jugend seh ich nun lebendig [...] Hätt ich nicht den Entschluß gefaßt den ich jetzt ausführe; so wär ich rein zu Grunde gegangen und zu allem unfähig geworden.« In den Römischen Elegien dichtet er:

»O wie fühl ich in Rom mich so froh, gedenk ich der Zeiten,
Da mich ein graulicher Tag hinten im Norden umfing,
Trübe der Himmel und schwer auf meine Scheitel sich senkte,
Farb- und gestaltlos die Welt um den Ermatteten lag,

Nun umleuchtet der Glanz des helleren Äthers die Stirne.
Phöbus rufet, der Gott, Formen und Farben hervor.

Sternhell glänzet die Nacht, sie klingt von weichen Gesängen,
Und mir leuchtet der Mond heller als nordischer Tag.«

Goethe führt in Rom ein Bohemienleben unter Malern in bescheidenem Quartier. Tischbein[32] ist einer seiner Hausgenossen und neuen Gefährten. Er bleibt länger als geplant: Aus der ursprünglichen Reise wird ein Aufenthalt von fast zwei Jahren. Es zieht ihn noch weiter nach Süden, nach Neapel und Sizilien, doch die meiste Zeit verbringt er in Rom.

Er saugt die neuen Eindrücke begierig auf, lernt in jeder Hinsicht, genießt das ungezwungene südliche Leben. Er zeichnet viel, schreibt sein Reisetagebuch – und entdeckt die Freuden der körperlichen Liebe. Die Römerin, mit der er eine leidenschaftliche Affäre hat, wahrscheinlich eine junge Witwe, sucht man in seinem offiziellen Reisetagebuch allerdings vergeblich. Sie taucht erst später als »Faustina« in den »Römischen Elegien« auf:

»Noch betracht ich Kirch und Palast, Ruinen und Säulen,
Wie ein bedächtiger Mann schicklich die Reise benutzt.
Doch bald ist es vorbei: dann wird ein einziger Tempel
Amors Tempel nur sein, der den Geweihten empfängt.
Eine Welt zwar bist du, o Rom; doch ohne die Liebe
Wäre die Welt nicht die Welt, wäre denn Rom auch nicht Rom.«

Goethe erlebt nun, was Wieland in einer seiner Verserzählungen darstellte: Ein melancholischer junger Philosoph wird von seinem Lebensüberdruß geheilt, indem ihn die schöne Musarion zu ihrem Liebhaber macht. Auch Goethe entdeckt die Lebensfreude. Er wird ein neuer Mensch, lebt in den Tag hinein und genießt den Augenblick. Den Entwicklungsprozeß, der durch die neuen Erfahrungen in ihm ausgelöst wird, beschreibt er Charlotte von Stein in einem Brief aus Rom: »Übrigens habe ich glückliche Menschen kennen lernen, die es nur sind, weil sie ganz sind, auch der Geringste wenn er ganz ist kann glücklich und seiner Art vollkommen seyn, das will und muß ich nun auch erlangen, und ich kanns, wenigstens weiß ich wo es liegt und wie es steht, ich habe mich auf dieser Reise unsäglich kennen lernen. [...] Ich bin mir selbst wiedergegeben und nur umsomehr dein. Wie das Leben der letzten Jahre wollt ich mir eher den Todt gewünscht haben und in der Entfernung bin ich dir mehr als ich dir damals war.«

Er ist befreit von seiner Sexualhemmung, die eine positive Weiterentwicklung seiner Persönlichkeit und seiner künstlerischen Arbeit verhindert hätte. Er genießt und ist entzückt von der »leichten Existenz« seines südlichen Lebens. Unbeschwert auch deswegen, weil Herzog Karl August großzügig sein Ministergehalt weiter bezahlt, während andere in Weimar seine Arbeit erledigen.

Karl August – in diesen Dingen so viel erfahrener, laut Goethe ein »Doctor longe experientissimus – ist der einzige, dem er von seinen Liebesfreuden schreibt: »Eine dergleichen mäßige Bewegung erfrischt das Gemüt und bringt den Körper in ein köstliches Gleichgewicht.« Er stimmt dem Herzog zu, »daß man ein *cervello tosto* [sehr standhafter Mann] sein müßte, um nicht in den süßen Blumen Garten gelockt zu werden.« Goethe könne ihm »schon von einigen anmutigen Spazirgängen erzählen«. Auf dem »engen Pfad der Enthaltsamkeit« wandle er nicht mehr. In den »Römischen Elegien« sagt er es in Versen:

»Raubt die Liebste denn gleich mir einige Stunden des Tages,
Gibt sie Stunden der Nacht mir zur Entschädigung hin.
Wird doch nicht immer geküßt, es wird vernünftig gesprochen,
Überfällt sie der Schlaf, lieg ich und denke mir viel.
Oftmals hab ich auch schon in ihren Armen gedichtet
Und des Hexameters Maß leise mit fingernder Hand
Ihr auf den Rücken gezählt. Sie atmet in lieblichem Schlummer,
Und es durchglühet ihr Hauch mir bis ins Tiefste die Brust.«
[...]
Find ich die Fülle der Locken an meinem Busen! das Köpfchen
Ruhet und drücket den Arm, der sich dem Halse bequemt.
Welch ein freudig Erwachen, erhieltet ihr, ruhige Stunden,
Mir das Denkmal der Lust, die in den Schlaf uns gewiegt! –
Sie bewegt sich im Schlummer und sinkt auf die Breite des Lagers,
Weggewendet; und doch läßt sie mir Hand noch in Hand.
Herzliche Liebe verbindet uns stets und treues Verlangen,
Und den Wechsel behielt nur die Begierde sich vor.«

Die altvertraute Freundin in Weimar vergißt er nicht über den neu entdeckten Liebesgenüssen, auch wenn er nicht nachvollziehen kann, wie sehr er sie durch die Heimlichkeiten seiner Abreise gekränkt hat. In ihrem ersten Brief, der ihn in Rom erreicht, macht sie ihm bittere Vorwürfe. Goethe ist durch die neu gewonnene Lebensfreude weichgestimmt und versöhnlich, es fällt ihm leicht, Charlotte von Stein um Verzeihung zu bitten wegen seines Vertrauensbruchs. Er ist ihr unverändert zugetan: »Hilf mir aber nun auch, und komme mir mit deiner Liebe entgegen.«

Durch die ausführlichen Reiseberichte versöhnt, lenkt sie schließlich ein. Goethe antwortet erleichtert: »Nun kann ich auch fröhlicher an das Werck gehen, denn ich habe einen Brief von dir in welchem du mir sagst, daß du mich liebst, daß du dich meiner Briefe und Nachrichten freust. Könnt ich dir nur recht viel geben. Meine Selbstgespräche bey den besten Gegenständen sind an dich gerichtet.«

Als Goethe am 18. Juni 1788 wieder in Weimar ankommt, ist es für ihn selbstverständlich, die Freundschaft mit Charlotte von Stein wie gewohnt fortzusetzen. Er bedenkt nicht, wie sehr er sich verändert hat und daß andererseits in Weimar alles beim Alten geblieben ist.

Er kommt aus einem lebenslustigen und inspirierenden Kreis zurück in einen Freundeskreis, der ohne Goethes kreative Impulse verarmt war, der ihn schmerzlich entbehrte. Schon vor seiner Abreise bekam Charlotte von Stein durch Goethes Freundschaft mehr, als sie ihm zurückgeben konnte – und das war ihr durchaus bewußt. Wie unzulänglich und langweilig muß sie sich jetzt fühlen, wenn er zurückkehrt, brennend vor Mitteilungsdrang über all das Neue und Aufregende, das er erlebt hat. Sie kann auch den Drang nach dem Süden und einer sinnenfrohen Lebensweise nicht nachvollziehen. Ihr ist das völlig fremd: »Alles will nach Italien bei uns; ich sage alles, und es ist doch nicht so ganz wahr; ich selbst lobe mir mein Zuhaus, und wem zu Haus nicht wohl ist, dem ist nirgend wohl [...] Ein andres ist's in der Jugend, welche glaubt, es sei noch außen herum etwas zu finden.« Möglicherweise macht sie aus der Not eine Tugend: Sie ist an Weimar gebunden durch ihren kranken Mann, und es fehlen ihr wohl auch die nötigen finanziellen Mittel für eine solche Reise. Von ihrer jährlichen Badereise läßt sie sich allerdings nicht abhalten.

Die Herzoginmutter bricht 1788 zu einer längeren Italienreise auf. Es ist durchaus denkbar, daß sie Charlotte von Stein gebeten hat, sie zu begleiten. Doch diese bleibt in Weimar. Sie hat ihren Standpunkt gefunden. In wesentlichen Dingen will sie sich nicht mehr beeinflussen und verändern lassen. Sie hat nicht die Vitalität und Beweglichkeit einer Rahel Varnhagen, die ihren Geschlechtsgenossinnen den Rat gibt: »Geh an Orte, wo neue Gegenstände, Worte und Menschen Dich berühren, Dir Blut, Leben, Nerven und Gedanken auffrischen. Wir Frauen haben dies doppelt nötig.« Es ist Charlotte bewußt, daß sie Goethes Begeisterung nicht teilt. Deswegen kann sie ihm nicht so offen und freudig entgegengehen, wie er es erwartet. Ihr Wiedersehen ist eine Enttäuschung für beide.

Goethe vermißt Charlottes Aufgeschlossenheit und warmes Interesse. Woraufhin er sich gekränkt distanziert. Das wiederum veranlaßt Charlotte von Stein, sich noch mehr zurückzuziehen hinter eine Fassade konventioneller Höflichkeit. Es entsteht eine Mißstimmung, die nicht mehr zu bereinigen ist und sich weiter aufschaukelt. Charlotte von Steins Strenge stört Goethe in seinem Bedürfnis nach Genuß und Wohlbehagen. Er will nicht mehr in voritalienische Lebensmuster zurückfallen. Er ist auch nicht gewillt, sich Vorwürfe anzuhören, um so weniger, als er sich auf den vertrauten freundschaftlichen Umgang in Weimar gefreut hat.

Später beklagt Goethe sich bitter über die Aufnahme in Weimar: »Aus Italien, dem formreichen, war ich in das gestaltlose Deutschland zurückgewiesen, heiteren Himmel mit einem düsteren zu vertauschen; die Freunde, statt mich zu trösten und wieder an sich zu ziehen, brachten mich zur Verzweiflung. Mein Entzücken über entfernteste, kaum bekannte Gegenstände, mein Leiden, meine Klagen über das

Verlorne schien sie zu beleidigen, ich vermißte jede Theilnahme, niemand verstand meine Sprache.«

Er weicht vertraulichen Gesprächen aus, was Charlotte von Stein noch mehr verbittert. Die Entfremdung vertieft sich. Die alte Harmonie zwischen beiden und im weiteren Freundeskreis stellt sich nicht mehr ein. Charlotte von Stein sieht diese Entwicklung bereits wenige Wochen nach Goethes Rückkehr, wenn sie im August 1788 an ihre Schwägerin schreibt: »Die Ahnung, daß der Kreis der Lieben zerrissen wird und das Häuflein zerstreut, schwebt auch mir im Herzen. Goethe hat auf seinem Gewissen, den ersten Schritt dazu gemacht zu haben [...] – Ich habe sehr unrecht gehabt, Goethens wegen meine schöne Zeit in Kochberg zu versäumen; denn um ihn schob ich meine Abreise auf: aber er hat mich auf völlig fremden Fuß entlassen und ist nichts als Langeweile zwischen uns ausgewechselt worden.«

Was der Freundschaft mit dem jungen, ungereiften Goethe zunächst förderlich war –, Charlottes Prinzipientreue und Charakterfestigkeit – wird jetzt zum Nachteil: Sie will nicht verstehen, daß alles Lebendige ständig im Fließen ist, sich verändern muß. Sie wehrt sich gegen Veränderungen, entzieht sich ihnen, soweit ihr das möglich ist. Goethe muß sie starr und unbeweglich erscheinen. Er hat kein Verständnis und ist irritiert. Eine Einladung Charlottes nach Kochberg lehnt er wegen schlechter Witterung ab. Zu Hause in seinem »Stübchen« am Feuer fühlt er sich behaglicher, und er rät ihr herzlos: »Lebe wohl, erfreue dich deiner Einsamkeit!« Charlotte von Stein ist verletzt.

Die Freunde kommentieren eifrig das veränderte Verhältnis zwischen beiden. Karoline Herder schreibt im August 1788 in einem Brief an ihren Mann, der sich inzwischen auch in Italien befindet: »Goethe besucht mich fleißig [...] Im ganzen will es mir nicht wohl mit ihm werden. [...] Er will sich diesen Winter ganz an die Herzogin halten; das sei die einzige, die ihm geblieben. Mitunter sollte ich und die Imhoff zu ihm zum Tee kommen. Ich sagte, ›ja, wenn die Stein mitkäme [...] ‹ ›Ach, mit der ist nicht viel anzufangen‹, sagte er, ›sie ist verstimmt, und es scheint nicht, daß etwas werden will.‹ Ich nahm ihre Partie, so gut ich konnte; ich glaube aber nicht, daß er ihr entgegengeht.«

Anfang September entschließt Goethe sich doch noch zu einem Besuch auf Schloß Kochberg. Mit Karoline Herder, Sophie von Schardt und anderen Freunden kommt er dort an. Charlotte von Stein begrüßt alle erfreut, »doch ihn ohne Herz. Das verstimmte ihn den ganzen Tag.« Ende Januar 1789 berichtet Karoline Herder nach Italien: »Goethe habe ich dieses Jahr nur wenige Minuten bei der Stein gesehen.« Im Februar 1789: »Das Verhältnis ist noch immer nicht im Gleis. Sie will nicht verzeihen und er nicht um Verzeihung bitten, so scheint es uns.«

Die größte Enttäuschung steht Charlotte von Stein noch bevor. Nicht nur, daß Goethe sie als »Seelenführerin« nicht mehr braucht und ihr aus dem Weg geht – er hat bereits einen Ersatz für sie gefunden. Und was für einen. Ganz Weimar zerreißt sich genüßlich das Maul. Noch keine vier Wochen ist Goethe aus Italien zurück, als ihn bei seinem Gartenhaus im Park an der Ilm eine junge Frau anspricht. Es ist die 23jährige Christiane Vulpius. Der Überlieferung nach überreicht sie ihm eine Bittschrift ihres älteren Bruders. Der ist Schriftsteller, möchte als Beamter in den herzoglichen Dienst treten. Goethe könnte sich für ihn einsetzen. Die junge Frau ist fröhlich, unkompliziert, vielleicht erinnert sie Goethe an seine römische »Faustina«: »Ein bräunliches Mädchen, die Haare fielen ihr dunkel und reich über die Stirne herab, kurze Locken ringelten sich ums zierliche Hälschen, ungeflochtenes Haar krauste vom Scheitel sich auf. Frohglänzende Augen, Wangen frisch und rot«.

Man kommt sich schnell näher. Christiane Vulpius wird Goethes Geliebte. Der lobt sie dafür, daß sie sich nicht lange ziert:

»Laß dich, Geliebte, nicht reun, daß du mir so schnell dich ergeben!
Glaub es, ich denke nicht frech, denke nicht niedrig von dir.
[…]
In der heroischen Zeit, da Götter und Göttinnen liebten,
Folgte Begierde dem Blick, folgte Genuß der Begier.«

Christiane Vulpius wird oft als Goethes »Blumenmädchen« bezeichnet. Zusammen mit anderen Töchtern aus verarmten Weimarer Bürgerfamilien arbeitete sie in einer kleinen Manufaktur für den Unternehmer Bertuch; die Mädchen fertigten kunstvolle Seidenblumen und ähnlichen Zierat zum Schmuck von Kleidern und Hüten.[33]

Goethe behandelt die ganze Angelegenheit zunächst mit Diskretion: Er holt seine Geliebte nicht in sein Stadthaus am Frauenplan, sie hält sich vor der Stadt in seinem Gartenhaus auf. Aber auch dort wird sie gesehen, und niemand muß lange rätseln, wie es um ihr Verhältnis zu Goethe bestellt ist.

Goethe sei »sinnlich« geworden, stellt Charlotte von Stein wenige Wochen nach seiner Rückkehr aus Italien enttäuscht fest. Sie gebraucht das Wort in seiner allgemeinen Bedeutung. Daß er auch ein handfestes sinnliches Verhältnis

Christiane Vulpius, Bleistiftzeichnung von J. H. Lips, um 1790

Christiane an Goethe (Mai 1797)

»Lieber, ich habe heute Abend große Lust, Dir noch ein paar Worte zu schreiben. Vors erste, daß ich heute Deine Fenster-Vorhänge gewaschen und getrocknet habe, und alles, was noch sonsten schmutzig war, die grünen Stühle, die schwarzen ausgebessert habe, und daß ich nach aller der vielen Arbeit noch sehr lustig bin und mir alleweile meinen Schatz wünsche. Da Du nun aber nicht da bist, so muß ich mich schriftlich unterhalten. Das Bübechen ist auch sehr vergnügt, wär es aber freilich mehr, wenn das Väterchen da wäre. Aus lauter Hasigkeit möchte ich, wenn es nur einigermaßen anginge, ein Wägelichen nehmen und mit dem Bübechen zu Dir fahren, damit ich nur recht vergnügt sein könnte. Da es aber nicht geht, so will ich sehen, ob ich nicht irgend jemand finde, der mit mir im Garten herumspringt. Nun aber komme ich auch mit einer Weheklage. Der unglückselige Theater-Dichter ist in der größten Noth und Betrübniß. Er bitte sehr, daß Du, Lieber, seinen bestimmten Gehalt von Ostern angehen lassen möchtest, weil er schon Vorschuß bekommen hat. Du wirst Deinen Hasen nicht unerhört lassen. Leb wohl.

Morgen ein Mehres.«

hat, erfährt sie erst im März 1789, wahrscheinlich durch ihren Sohn Fritz, der Christiane Vulpius im Gartenhaus angetroffen hat, ohne sich einen Reim darauf machen zu können. Das Urteil wird schnell gefällt, von der Weimarer Gesellschaft wie auch von Charlotte von Stein. Christiane Vulpius kommt aus einer reputierlichen kleinbürgerlichen Familie. Wegen ihres Verhältnisses mit Goethe wird sie nun als »Hure« abgestempelt. Man macht keine feinen Unterschiede: Jede Frau, die sich mit einem Mann einläßt, der nicht ihr Angetrauter ist, wird als Hure bezeichnet.

Charlotte von Stein empfindet Goethes Verhältnis als Verrat: Verrat an ihrer Freundschaft, Verrat an ihren Idealen. Es ist mehr, als sie verkraften kann. Schlimm genug, daß er seinen Trieben nachgibt. Aber daß es ausgerechnet eine Frau sein muß, die Charlotte von Stein in keiner Weise akzeptieren kann, die weit unter ihrem Stand ist, weit unter ihrem Bildungsniveau, unter ihrem moralischen Niveau steht! Verletzte Eitelkeit, Neid, Eifersucht, Mißgunst fallen wie böse Geister über sie her und vergiften ihre Seele. Goethe hat mit dem Dreiecksverhältnis keine Probleme. Christiane Vulpius wird sein »Haus-« und »Küchenschatz« – natürlich auch sein »Bettschatz«, wie Goethes Mutter in ihren Briefen aus Frankfurt sie später treffend und warmherzig tituliert. Charlotte von Stein soll seine Herzensfreundin bleiben. Er übernimmt die klassische Stilisierung der Frau, wie sie in der patriarchalischen Gesellschaft seit dem Mittelalter üblich ist: die verehrungswürdige edle Dame, der nur aus der Distanz gehuldigt werden darf, andererseits die Geliebte für die handfesten sexuellen Bedürfnisse.

Als Charlotte von Stein ihm Vorhaltungen macht und ihn vor die Alternative stellt, entweder das Verhältnis mit Christiane Vulpius zu beenden oder auf ihre Freundschaft zu verzichten, versucht er sie davon zu überzeugen, daß eines das andere nicht ausschließen muß: »Ich habe kein größeres Glück gekannt als das Vertrauen gegen dich, das von jeher unbegränzt war [...] Schencke mir dein Vertrauen wieder, sieh die Sache aus einem natürlichen Gesichtspunckte an«, bittet er sie in seinem letzten Brief am 8. Juni 1789. Was allerdings für Goethe der »natürliche Gesichtspunkt« ist, das ist für Charlotte von Stein ein anstößiges und unmoralisches Verhältnis, das sie unter keinen Umständen tolerieren kann. Wie soll es möglich sein, nach Vollkommenheit zu streben mit einem Mann, den sie »jetzt auch unters Gewürme«[34] zählt. Ihre Geradlinigkeit und Prinzipientreue machen es ihr unmöglich, Kompromisse einzugehen. Sie will Goethes Zuneigung nicht teilen müssen, und mit einer »Mamsell Vulpius« schon gar nicht. Wenn sie seine ungeteilte Liebe nicht haben kann, dann will sie lieber ganz verzichten. Dabei ist sie auch hart gegen sich selbst. Sie weiß, wessen sie sich beraubt. Allerdings, ein schmerzvoller Abschied war schon vollzogen durch Goethes Abreise nach Italien, die endgültige Trennung scheint nicht mehr so unerträglich zu sein.

Goethe hält ihr zu Recht vor, daß er Christiane Vulpius nur das gibt, was Charlotte von Stein immer ablehnte: sinnliche Leidenschaft, den Genuß sexueller Triebe und Begierden. Daß sie somit um nichts »verkürzt« werde. Für ihn wäre es die unkomplizierteste Sache der Welt: eine sinnliche Beziehung mit Christiane Vulpius, eine Seelenfreundschaft mit Charlotte von Stein. Verheißungsvoll kündigt er ihr an: »Gelegentlich sollst du wieder etwas von den schönen Geheimnißen hören.« Wie falsch er sie einschätzt! Als ob sie von seinen Bettgeschichten hören wollte! Schon die »Römischen Elegien« machen ihr Unbehagen: [...] »Ich habe für diese Art Gedichte keinen Sinn. [...] Ich glaube, daß sie schön sind; sie tun mir aber nicht wohl.« Nichts kann sie zum Einlenken bewegen: Goethe sei schließlich schon vierzig und auch nicht mehr der Jüngste. Wenn er bisher ein sexuelles Verhältnis entbehren konnte, warum nicht auch auf seine alten Tage? Außerdem hat er ihren Sohn Fritz zu seinem Erben bestimmt. Was wird sein, wenn er jetzt eigene Kinder zeugt?

Einen letzten Versuch macht Goethe, um sie zum Einlenken zu bewegen: »Hilf mir [...], daß das Verhältnis das dir zuwider ist, nicht ausarte, sondern stehenbleibe wie es steht.« Er hatte ursprünglich vor, es bei einer bloßen Affäre zu belassen, seiner Beziehung mit Christiane Vulpius nicht die Bedeutung einer »Gewissensehe« zu geben, die sie dann später – auch wegen Charlottes Unnachgiebigkeit – bekam. Goethes Versöhnungsangebote schlagen fehl. Charlotte von Stein trifft eine schmerzhafte, aber klare Entscheidung: Sie will nichts mehr mit ihm zu tun haben. Man wird sich lediglich bei gesellschaftlichen Anlässen sehen, wie es in der kleinen Welt Weimars nicht anders möglich ist. Man wird sich konventionell und förmlich verhalten. Sie verlangt ihre Briefe zurück und vernichtet sie. Charlotte von Stein leidet schwer unter dem Verlust. Karoline Herder schreibt: »Sie ist sehr, sehr unglücklich [...] und ich fürchte, der Kummer verkürzt ihr Leben.« Wenn sie Goethe überhaupt noch erwähnt, dann bezeichnet sie ihn als einen »ehemaligen alten Freund«.

Sie hängt ihren Erinnerungen nach: »Ich war den Winter immer nicht wohl, und da wird man geneigter zum Nachdenken, das einen im Leben nicht glücklich macht.« Ihr Leben wird nie wieder seinen früheren Reiz und Glanz bekommen. Goethe blickt nach vorn. Seiner belastenden Ministerämter hat er sich entledigt, das Gehalt läuft weiter, dank der Großzügigkeit des Herzogs. Mit seiner Dichtkunst allein könnte Goethe seinen großbürgerlichen Lebensstil nicht finanzieren. In Italien hat er zu seiner eigentlichen Bestimmung gefunden. Für den Herzog will er nur noch als Berater tätig sein, ansonsten sieht er sich als Künstler, Schriftsteller, Naturforscher.

Charlotte von Stein gehört zu den »alten Häuten«, die Goethe »nach Schlangenart« abstreift. Ein neuer Lebensabschnitt beginnt für ihn. Die geeignete Lebensabschnittspartnerin ist Christiane Vulpius. Der Skandal für die Weimarer Gesellschaft besteht nicht so sehr darin, daß er seine wiedererwachte Sinnenfreudigkeit auslebt und eine Geliebte hat, sondern daß er sie achtet und unter seinen Schutz nimmt. Er fühlt sich für sie verantwortlich. Anstatt sie großzügig abzufinden, als sie schwanger wird, und sich womöglich eine neue Geliebte zu suchen, behält er sie bei sich, betrachtet die Verbindung mit ihr als »Gewissensehe« und bestellt den Herzog als Taufpaten für Sohn August, der am 25. Dezember 1789 geboren wird – am 47. Geburtstag Charlotte von Steins. Goethe scheut sich nicht, die Weimarer Gesellschaft mit seinem unkonventionellen Lebensstil zu konfrontieren: Souverän und ungeniert geht er mit seinem »Liebchen« in aller Öffentlichkeit spazieren. Wie sollen die feinen Damen reagieren, wenn sie die beiden zusammen sehen? Charlotte von Stein beschreibt die Peinlichkeit einer solchen Begegnung im April 1801 in einem Brief an Sohn Fritz: »Vorgestern saß ich mit Frau von Trebra in der ehemaligen Rosenhecke. Goethe kam, mit seiner Kammerjungfer an seiner

August von Goethe, Kreidezeichnung von Conrad Westermayr, undatiert

»Lieber Vater! Ich spiele jetzt in meinen freien Stunden mit Kastanien, die ich mit dem kleinen Kästner bei Ober-Weimar aufsuche. Wir tragen sie in großer Menge nach Hause, durchbohren sie, reihen sie an einen Bindfaden und behängen unsern ganzen Körper mit Kastanienketten. – Am ersten October feierte Hertels Wilhelm seinen Geburtstag, er bat mich auch dazu und tractirte mich mit Milch, Zucker und Kuchen. Auf den Abend spielten wir ein Schattenspiel, das uns viel Vergnügen machte: [...] Leben Sie wohl und behalten Sie mich lieb. August Göthe.«

Brief, 1797

Seite, an uns vorbeigegangen. Ich schämte mich in seiner Seele und hielt mein Sonnenschirmchen vor, als hätte ich ihn nicht bemerkt.«

Niemand nimmt von Christiane offiziell Notiz. Sie hält sich unsichtbar im Hintergrund, wenn Goethe Gäste empfängt, und ißt in der Küche. Keine »anständige« Frau würde sich mit ihr an einen Tisch setzen, schließlich ist sie nichts anderes als Goethes »Hure«.

Der zeigt sich in dieser Angelegenheit merkwürdig inkonsequent. Er achtet und liebt sie zwar, sie ist sein »allersuperbster Schatz«; aber er mutet ihr diese demütigende Situation achtzehn lange Jahre zu: läßt zu, daß die Mutter seiner Kinder, die Frau, die ihm am nächsten steht, von den Menschen seiner Gesellschaftsschicht mit Geringschätzung und Verachtung behandelt wird.

Es ist kein Zufall, daß Goethe mit Christiane Vulpius zusammenbleibt. Seine Absicht war es ursprünglich nicht. Aber sie sprüht vor Lebenslust. Das ist wichtig für den Melancholiker Goethe. Er liebt seine Bequemlichkeit und ist egozentrisch. Bei ihr muß er sich keinen Zwang antun, während er sich in Charlottes Nähe in letzter Zeit nur noch unbehaglich fühlte: »Jede meiner Minen hast du kontrolliert, meine Bewegungen, meine Art zu seyn getadelt und mich immer *mal a mon aise*[35] gesetzt.« Soll er sich das etwa noch länger gefallen lassen? Christiane Vulpius wird sein »kleines Erotikon«. Mit ihr entdeckt er nun endlich auch in Weimar die Freuden der Sinnlichkeit. Den Gegensatz in seinen Liebesbeziehungen zu Charlotte von Stein und Christiane Vulpius stellt er in zwei Epigrammen dar:

»Kennst du das herrliche Gift der unbefriedigten Liebe?
Es versengt und erquickt, zehret am Mark und erneuts.

Kennst du die herrliche Wirkung der endlich befriedigten Liebe?
Körper verbindet sie schön, wenn sie die Geister befreit.[36]

Christiane Vulpius nimmt Goethe nicht nur durch ihre Lebenslust für sich ein. Sie hat eine unverbildete Natürlichkeit und einen gesunden, wachen Menschenverstand. Nicht zuletzt ist sie tüchtig. Sie organisiert seinen Haushalt und verschafft ihm die häusliche Behaglichkeit, die ihm mit zunehmendem Alter immer wichtiger wird. Sie gehört zu der

Schar von dienstbaren Geistern und Helfern, mit denen er sich umgibt, um vom mühseligen alltäglichen Kleinkram verschont zu bleiben. Als Goethe 1790 mit dem Herzog in Schlesien unterwegs ist, schreibt er nach Weimar an Herder, was er dort entbehrt: »Es ist überall Lumperei und Lauserei und ich habe gewiß keine vergnügte Stunde, bis ich mit Euch zu Nacht gegessen und bei meinem Mädchen geschlafen habe. Wenn Ihr mich lieb behaltet, wenige Gute mir geneigt bleiben, mein Mädchen mir treu ist, mein Kind lebt, mein großer Ofen gut heizt, so hab ich weiter nichts zu wünschen.«

In Goethes Briefen an Christiane geht es hauptsächlich um Haushaltsfragen: Spickgänse, die Goethe in Hamburg bestellt hat, soll sie für ihn »sorgfältig« aufbewahren. In Jena besorgt er Blumensamen: »Auch lege ich Rapontica-Samen bei, davon Du die Hälfte jetzt auf ein wohlbestelltes Ländchen säen kannst, die andere Hälfte erst im Mai auf ein anderes. Wie diese Pflanzen übrigens zu behandeln sind, besprechen wir noch weiter mündlich.« Seine Briefe enden oft mit dem Anliegen: »Sei ja ein guter Hausschatz und bereite mir eine hübsche Wohnung. Sorge für das Bübchen und behalte mich lieb. [...] Mache nur, daß unser Häuschen recht ordentlich wird, für das Andere soll schon gesorgt werden.« Im persönlichen Austausch kann Christiane Vulpius die frühere Freundin Charlotte von Stein ohne weiteres ersetzen: »Ich freue mich, Dich wiederzusehen, um einmal wieder ganz offen mich mittheilen und ausreden zu können.«

Obwohl Goethe die Behaglichkeit des Familienlebens schätzt, wird es ihm zu Hause schnell zu eng. Regelmäßig hält er sich in Jena auf, monatelang, gelegentlich bis zu einem halben Jahr, um dort ungestört schreiben zu können.

Der Umtrieb in einem mehrköpfigen Haushalt irritiert den langjährigen Junggesellen, auch die vielen Besucher, die den berühmten »Lama von Weimar« kennenlernen wollen. Christiane vermißt ihn, fügt sich aber gehorsam seinem Willen: »Ich sehe nicht ein, wie ich es ein halbes Jahr aushalten soll. Und der Kleine [Sohn August] fragt mich den ganzen Tag: ›Holen mir denn das Väterchen noch nicht bald ab?‹ Ich will Dich [...] nicht quälen [...] Du mußt Dich wegen uns in nichts irre machen lassen. Denn mir waren schon einmal schuld, daß das Gedicht nicht fertig wurde.« Das ist ein wichtiger Vorteil Christianes: Goethe kann sein Leben völlig nach eigenen Wünschen und Vorlieben einrichten, kann kommen und gehen, wie es ihm beliebt – Christiane wird sich in alles ergeben, sie verdankt ihm ja schließlich alles: »Ich denk, es geht mir, seit ich mit dem Schatz bin, alles zum Guten aus.« Es kommt Goethe gar nicht in den Sinn, sich von ihr auf seinen jährlichen Badekuren begleiten zu lassen. Da will er den schönen Damen »Äuglein machen«, wie Christiane das nennt, und sein »kleines Naturwesen« kann er in die vornehme Badegesellschaft ohnehin nicht einführen. Aber auch in Weimar ist sie in seiner Abwesenheit den Demütigungen der »anständigen« Leute ausgesetzt. Goethe tut sich leicht, sie aus der Ferne mit hehren Worten trösten zu wollen: »Laß die Menschen reden, was sie wollen [...] Du weißt ja die Art des ganzen Geschlechts, daß es lieber beunruhigt und hetzt, als tröstet und aufrichtet. [...] Wir wollen in unsrer Liebe verharren und uns immer knapper und besser einrichten, damit wir nach unsrer Sinnesweise leben können, ohne uns um andre zu bekümmern.«

Goethes Zusammenleben mit Christiane Vulpius ist wohl auf seiner Seite vor allem ein Zweckbündnis: Er gibt ihr materielle Sicherheit und die Annehmlichkeiten eines großbürgerlichen Haushalts. Andererseits wird er durch sie »geerdet«. Sie sorgt dafür, daß er neben den geistigen auch seine körperlichen Bedürfnisse befriedigen und somit die Harmonie genießen kann, die er in Italien gefunden hat und nicht wieder aufgeben will.

Briefe 1786–1794

Laß mich dir nur noch für deinen Brief dancken! Laß mich einen Augenblick vergessen was er schmerzliches enthält. Meine Liebe! Meine Liebe! Ich bitte dich nur fusfällig, flehentlich, erleichtere mir meine Rückkehr zu dir, daß ich nicht in der weiten Welt verbannt bleibe. Verzeih mir grosmütig was ich gegen dich gefehlt und richte mich auf. Sage mir oft und viel wie du lebst, daß du wohl bist daß du mich liebst. In meinem nächsten Briefe will ich dir meinen Reiseplan schreiben, was ich mir vorgenommen habe und wozu der Himmel sein Gedeyhen gebe. Nur bitt ich dich: sieh mich nicht von dir geschieden an, nichts in der Welt kann mir ersetzen was ich an dir, was ich an meinen Verhältnißen dort verlöhre. Möge ich doch Krafft alles widrige männlicher zu tragen mitbringen. Eröffne die Kasten nicht, ich bitte und sey ohne Sorgen. Grüße Stein und Ernst, Fritzen dancke für seinen Brief er soll mir oft schreiben, ich habe schon für ihn zu sammeln angefangen, er soll haben was er verlangt und mehr als er verlangt.

Mit meinem Tagebuch wenn es ankommt mache was du willst, eben so mit den ostensiblen Blättern, und den Stellen meiner Briefe an dich. Gieb davon zu genießen wem und wie du willst, mein Verbot schreibt sich noch aus den stockenden Zeiten her, mögen die doch nie wieder kehren. [...]

d. 23. Dec. Abends *G.*

*

Rom d. 6. Januar 1787

Heute früh erhielt ich deinen bitter süßen Brief vom 18ten December. Unsre Correspondenz geht gut und regelmäßig, daß sie nun nicht wieder unterbrochen werde solang wir leben.

Ich kann zu den Schmerzen die ich dir verursacht nichts sagen als: vergib! *Ich verstocke mein Herz nicht, und bin bereit alles dahin zu geben, um gesund zu werden für mich und die meinigen. Vor allen Dingen soll ein ganz reines Vertrauen, eine immer gleiche Offenheit mich aufs neue mit dir verbinden. [...]*

Daß du kranck, durch meine Schuld kranck warst, engt mir das Herz so zusammen daß ich dirs nicht ausdrucke. Verzeih mir ich kämpfte selbst mit Todt und Leben und keine Zunge spricht aus was in mir vorging, dieser Sturz hat mich zu mir selbst gebracht. Meine Liebe! meine Liebe!

Meine Tagebücher müssen endlich kommen und dir mein Herz bringen, dir sagen daß du mir einzig bist und daß du mit niemand theilest.

Lebe wohl! liebe mich! daß ich mit Freuden sammle und dir neue Schätze bringe.

Im Leben und Thodt der deine.

G.

*

Rom d. 21. Febr. 1787

Ich benutze einen Augenblick Raum zwischen dem Einpacken um dir noch einige Worte zu schreiben. [...]

An dir häng ich mit allen Fasern meines Wesens. Es ist entsetzlich was mich oft Erinnerungen zerreisen. Ach liebe Lotte du weist nicht welche Gewalt ich mir angethan habe und anthue und daß der Gedancke dich nicht zu besitzen mich doch im Grunde, ich mags nehmen und stellen und legen wie ich will aufreibt und aufzehrt. Ich mag meiner Liebe zu dir Formen geben welche ich will, immer immer – Verzeih mir daß ich dir wieder einmal sage was so lange stockt und verstummt. Wenn ich dir meine Gesinnungen meine Gedancken der Tage, der einsamsten Stunden sagen könnte. Leb wohl, Ich bin heute konfus und fast schwach. Leb wohl Liebe mich, ich gehe nun weiter und du hörst bald von mir und sollst durch mich noch ein Stück Welt weiter kennen lernen.

G.

*

Charlotte von Stein an Knebel

Weimar, 3. März 1787

Gestern habe ich auch einige Zeilen vom Goethe erhalten woraus ich sehe, daß er sehr glücklich, und wenn die Zeit ihm die Sehnsucht nach uns wird ausgelöscht haben, fürcht ich, wird er gar nicht zurückverlangen.

*

Weimar, 26. März 1787

Goethe ist nun wahrscheinlich nach Sizilien [...]

Es ist mir ein unangenehmer Gedanke für ihn, wenn er im Winter hier eintreffen sollte. Und doch mag ich auch nicht denken, daß er noch ein ganzes Jahr wegbleibt.

Ein Stückchen von meinem Briefe, aus dem Vesuv angeraucht, hat er mir zurückgeschickt.

*

Goethe an Charlotte von Stein

Meine Liebe noch ein Wort des Abschieds aus Palermo. Ich kann dir nur wiederhohlen daß ich wohl und vergnügt bin und daß nun meine Reise eine Gestalt nimmt. In Neapel hätte sie zu stumpf aufgehört. Aus meinen Blättern siehst du nur einiges im Detail, vom Ganzen, von meinem Innersten und den glücklichen Folgen die ich fühle kann und mag ich nichts sagen. Dies ist ein unsäglich schönes Land, ob ich gleich nur ein Stückchen Küste davon kenne. Wieviel Freude macht mir mit jedem Tage mein bischen Wissen der natürlichen Dinge und wie viel mehr müßte ich wissen wenn meine Freude vollkommen seyn sollte. Was ich Euch bereite geräth mir glücklich, ich habe schon Freudenthränen vergoßen daß ich Euch Freude machen werde. Leb wohl Geliebteste mein Herz ist bey dir und jetzt da die Weite Ferne, die Abwesenheit alles gleichsam weggeläutert hat was die letzte Zeit über zwischen uns stockte, so brennt und leuchtet die schöne Flamme der Liebe der Treue, des Andenckens wieder fröhlich in meinem Herzen. Grüse Herders und alle, und gedencke mein.

d. 18. Apr. 87. Palerm.

*

Charlotte von Stein an Charlotte von Lengefeld

Weimar, 28. Dezember 1787
Goethe schreibt mir alle Sonntage und ist glücklich, fröhlich und ganz selig. Im letzten Brief schickte er mir aus seiner umgeschmolzenen »Claudine« einen Vers; hier ist er:

Liebe schwärmt auf allen Wegen,
Treue wohnt für sich allein;
Liebe kommt euch rasch entgegen,
Aufgesucht will Treue sein.

Goethe an Charlotte von Stein

Weimar/Mitte Juli 88
Ich dancke dir für das überschickte und für die Besorgung, das Geld will ich dir gleich oder allenfalls Fritzen geben der doch deine Haushaltung fortführt.

Diesen Nachmittag will ich suchen bey Zeit von Hof abzukommen, ich komme zu dir hinüber.

Heute früh komm ich auch noch einen Augenblick. Gerne will ich alles hören was du mir zu sagen hast, ich muß nur bitten daß du es nicht zu genau mit meinem jetzt so zerstreuten, ich will nicht sagen zerrißnen Wesen nehmest. Dir darf ich wohl sagen daß mein innres nicht ist wie mein äusres. Lebe wohl.

G.

*

Charlotte von Stein an Charlotte von Lengefeld

30. Juli 1788
Vorgestern war ich mit der Herzogin und Herders bei Goethe, als auch Knebel hereintrat, und so war denn unser altes Häufchen zusammen; mit dem alten Geist, glaub ich schwerlich [...] Ich war acht Tage so kraftlos, daß ich nichts getan als schlafen.

*

Goethe an Charlotte von Stein
Vergieb mir meine Liebe, wenn mein letzter Brief ein wenig konfus war, es wird sich alles geben und auflösen, man muß nur sich und den Verhältnißen Zeit lassen.

Ich fürchte mich dergestalt für Himmel und Erde daß ich schwerlich zu dir kommen kann. Die Witterung macht mich ganz unglücklich und ich befinde mich nirgends wohl als in

meinem Stübchen, da wird ein Caminfeuer angemacht und es mag regnen wie es will. [...]
d. 31. Aug. 88 *G.*

*

Schiller an Körner

Rudolstadt, 12. September 1788

Endlich kann ich Dir von Goethe erzählen [...] Ich habe vergangenen Sonntag beinahe ganz in seiner Gesellschaft zugebracht, wo er uns mit der Herder, Frau von Stein und der Frau von Schardt [...] besuchte. Sein erster Anblick stimmte die hohe Meinung ziemlich tief herunter, die man mir von dieser anziehenden und schönen Figur beigebracht hatte. Er ist von mittlerer Größe, trägt sich steif und geht auch so. Sein Gesicht ist verschlossen, aber sein Auge sehr ausdrucksvoll, lebhaft, und man hängt mit Vergnügen an seinem Blicke. Bei vielem Ernst hat seine Miene doch viel Wohlwollendes und Gutes. Er ist brünett und schien mir älter auszusehen, als er meiner Berechnung nach wirklich sein kann. Seine Stimme ist überaus angenehm, seine Erzählung fließend, geistvoll und belebt; man hört ihn mit überaus viel Vergnügen; und wenn er bei gutem Humor ist, welches diesmal so ziemlich der Fall war, spricht er gern und mit Interesse. Unsere Bekanntschaft war bald gemacht und ohne den mindesten Zwang. Freilich war die Gesellschaft zu groß und alles auf seinen Umgang zu eifersüchtig, als daß ich viel allein mit ihm hätte sein oder etwas anders als allgemeine Dinge mit ihm sprechen können. Er spricht gern und mit leidenschaftlichen Erinnerungen von Italien; aber was er mir davon erzählt hat, gab mir die treffendste und gegenwärtigste Vorstellung von diesem Lande und diesen Menschen [...]

Karoline Herder an ihren Mann

Weimar, 7. November 1788

Wie sie [Charlotte von Stein] mit Goethe steht, weiß ich nicht; sie sprach sehr kalt von ihm, und ich hüte mich jetzt, diese Seite zu berühren. Es geht mich nicht an. Sie hat mich in der Komödie gestern bemerkt, da ich zwei Worte mit ihm sprach. Das ist fatal. Auch kommt er jetzt seltner zu mir.

*

Weimar, 8. März 1789

Ich habe nun das Geheimnis von der Stein selbst, warum sie mit Goethe nicht mehr recht gut sein will. Er hat die junge Vulpius zu seinem Klärchen [Geliebte] *und läßt sie oft zu sich kommen usw. Sie verdenkt ihm dies sehr. Da er ein so vorzüglicher Mensch ist, auch schon 40 Jahre alt, so sollte er nichts tun, wodurch er sich zu den andern so herabwürdigt. – – – Was meinst du hierüber?*

*

Charlotte von Stein an Charlotte von Lengefeld

Weimar, 29. März 1789

Ich war den Winter immer nicht wohl, und da wird man geneigter zum Nachdenken, das einen im Leben nicht glücklicher macht. Der andere mir mühsame Begriff von meinem ehemaligen, vierzehn Jahre lang gewesenen Freund liegt mir auch manches Mal wie eine Krankheit auf und ist mir nun wie ein schöner Stern, der mir vom Himmel gefallen. Wenn ich Sie sehen werde, will ich Ihnen mancherlei darüber erzählen, das ich nicht schreiben mag.

Goethe an Charlotte von Stein

Wenn du es hören magst; so mag ich dir gerne sagen, daß deine Vorwürfe, wenn sie mir auch im Augenblicke empfindlich sind, keinen Verdruß und Groll im Herzen zurücklaßen. Auch sie *weiß ich zurecht zu legen und wenn du manches an mir dulden mußt; so ist es billig daß ich auch wieder von dir leide. Es ist auch so viel besser daß man freundlich abrechnet, als daß man sich immer einander anähnlichen will und wenn das nicht reuissirt, einander aus dem Wege geht.*

Mit dir kann ich am wenigsten rechten, weil ich bey jeder Rechnung dein Schuldner bleibe. Wenn wir übrigens bedencken wie viel man an allen Menschen zu tragen hat; so werden wir ja noch Liebe einander nachsehn. Lebe wohl und liebe mich. Gelegentlich sollst du wieder etwas von den schönen Geheimnißen hören.

Apr. 89 *G.*

*

Karoline Herder an ihren Mann

Weimar, 8. Mai 1789

Sobald Du kannst, so schreibe nur ein paar Reihen auch der Steinin; sie ist es wert. Und dann tröste sie auch! Sie ist sehr, sehr unglücklich, und Goethe beträgt sich nicht hübsch [...] und ich fürchte, der Kummer verkürzt ihr Leben. Sie ist den Dienstag nach Ems ins Bad gegangen. Er hat sein Herz, wie sie glaubt, ganz von ihr gewendet und sich ganz dem Mädchen, die eine allgemeine H- vorher gewesen, geschenkt. »Ich habe mich immer auf Herdern gefreut«, sagte sie mir, »wenn er wiederkommen wird; so bleibt mir nun gar nichts mehr.«

Goethe an Charlotte von Stein (nach Wiesbaden)

Ich dancke dir für den Brief, den du mir zurückließest, wenn er mich gleich auf mehr als eine Weise betrübt hat. Ich zauderte darauf zu antworten, weil es in einem solchen Falle schwer ist aufrichtig zu seyn und nicht zu verletzen.

Wie sehr ich dich liebe, wie sehr ich meine Pflicht gegen dich und Fritzen kenne, hab ich durch meine Rückkunft aus Italien bewiesen. Nach des Herzogs Willen wäre ich noch dort, Herder ging hin und da ich nicht voraussah dem Erbprinzen etwas seyn zu können, hatte ich kaum etwas anders im Sinne als dich und Fritzen. Was ich in Italien verlaßen habe, mag ich nicht wiederhohlen, du hast mein Vertrauen darüber unfreundlich genug aufgenommen.

Leider warst du, als ich ankam, in einer sonderbaren Stimmung und ich gestehe aufrichtig: daß die Art wie du mich empfingst, wie mich andre nahmen, für mich äusserst empfindlich war. Ich sah Herdern, die Herzoginn verreisen, einen mir dringend angebotnen Platz im Wagen leer, ich blieb um der Freunde willen, wie ich um ihrentwillen gekommen war und mußte mir in demselben Augenblick hartnäckig wiederhohlen laßen, ich hätte nur wegbleiben können, ich nehme doch keinen Theil an den Menschen. u.s.w. Und das alles eh von einem Verhältniß die Rede seyn konnte das dich so sehr zu kräncken scheint.

Und welch ein Verhältniß ist es? Wer wird dadurch verkürzt? wer macht Anspruch an die Empfindungen die ich dem armen Geschöpf gönne? Wer an die Stunden die ich mit ihr zubringe?

Frage Fritzen, die Herdern, jeden der mir näher ist, ob ich untheilnehmender, weniger mittheilend, unthätiger für meine Freunde bin als vorher? Ob ich nicht vielmehr ihnen und der Gesellschaft erst recht angehöre.

Und es müßte durch ein Wunder geschehen, wenn ich allein zu dir, das beste, innigste Verhältniß verlohren haben sollte.

Wie lebhaft habe ich empfunden daß es noch da ist, wenn ich dich einmal gestimmt fand mit mir über interessante Gegenstände zu sprechen.

Aber das gestehe ich gern, die Art wie du mich bißher behandelt hast, kann ich nicht erdulden. Wenn ich gesprächig war hast du mir die Lippen verschloßen, wenn ich mittheilend war hast du mich der Gleichgültigkeit, wenn ich für Freunde thätig war, der Kälte und Nachläßigkeit beschuldigt. Jede meiner Minen hast du kontrollirt, meine Bewegungen, meine Art zu seyn getadelt und mich immer mal a mon aise *gesetzt. Wo sollte da Vertrauen und Offenheit gedeihen, wenn du mich mit vorsätzlicher Laune von dir stießest.*

Ich möchte gern noch manches hinzufügen, wenn ich nicht befüchtete daß es dich bey deiner Gemüthsverfaßung eher beleidigen als versöhnen könnte.

Unglücklicher Weise hast du schon lange meinen Rath in Absicht des Caffees verachtet und eine Diät eingeführt, die deiner Gesundheit höchst schädlich ist. Es ist nicht genug daß es schon schwer hält manche Eindrücke moralisch zu überwinden, du verstärckst die hypochondrische quälende Kraft der traurigen Vorstellungen durch ein physisches Mittel, dessen Schädlichkeit du eine Zeitlang wohl eingesehn und das du, aus Liebe zu mir, auch eine Weile vermieden und dich wohl befunden hattest. Möge dir die Cur, die Reise recht wohl bekommen. Ich gebe die Hoffnung nicht ganz auf daß du mich wieder erkennen werdest. Lebe wohl. Fritz ist

vergnügt und besucht mich fleisig. Der Prinz befindet sich frisch und munter.
Belveder d. 1. Jun. 1789 *G.*

*

Nach Ems
Es ist mir nicht leicht ein Blat saurer zu schreiben geworden als der letzte Brief an dich und wahrscheinlich war er dir so unangenehm zu lesen, als mir zu schreiben. Indeß ist doch wenigstens die Lippe eröffnet und ich wünsche daß wir sie nie gegeneinander wieder schließen mögen. Ich habe kein größeres Glück gekannt als das Vertrauen gegen dich, das von jeher unbegränzt war, sobald ich es nicht mehr ausüben kann, bin ich ein andrer Mensch und muß in der Folge mich noch mehr verändern.

Ich klage nicht über meine hiesige Lage, ich habe mich gut hinein gefunden und hoffe darin auszuhalten obgleich das Clima schon wieder mich angreift und mich früher oder später zu manchem Guten untüchtig machen wird.

Wenn man die kalte, feuchte Sommerzeit, die strengen Winter bedenckt, wenn durch des Herzogs äusseres Verhältniß und durch andre Combinationen alles bey uns inkonsistent und folgenloß ist und wird, wenn man fast keinen Menschen nennen kann, der in seinem Zustande behaglich wäre; so gehört schon Kraft dazu sich aufrecht, in einer gewißen Munterkeit und Thätigkeit zu erhalten, und nicht einen Plan zu machen, der einen nach und nach loslösen könnte; wenn nun aber gar ein übles Verhältniß zu den Nächsten entsteht; so weiß man nicht mehr wohin man soll. Ich sage das so gut in deinem *als* meinem *Sinne und versichre dich: daß es mich unendlich schmerzt, dich unter diesen Umständen noch so tief zu betrüben.*

Zu meiner Entschuldigung will ich nichts sagen. Nur mag ich dich gern bitten: Hilf mir selbst, daß das Verhältniß das dir zuwider ist, nicht ausarte, sondern stehen bleibe wie es steht.

Schencke mir dein Vertrauen wieder, sieh die Sache aus einem natürlichen Gesichtspunckte an, erlaube mir dir ein gelaßnes wahres Wort darüber zu sagen und ich kann hoffen es soll sich alles zwischen uns rein und gut herstellen.

Du hast meine Mutter gesehen und ihr viel Freude gemacht, auch der la Roche. Laß auch mir deine Wiederkunft freundlich seyn.

Der Baumeister Arends ist jetzt hier und ich erfreue mich wieder der Nähe eines Künstlers. Fritz wird in diesen wenigen Tagen viel lernen, er hat Verstand genug das Rechte geschwind zu mercken. [...]

*

Wilhelm von Humboldt an Karoline von Dacheröden

Berlin, 26. Februar 1790

Hast Du schon Goethes »Tasso« gelesen? Wie unendlich schöne Stellen der hat! [...] Die Stein muß doch unendlich genossen haben, von so einem Mann geliebt zu werden, denn in Goethe ist doch alles so wahr, so tief empfunden, so Geist und Herz verschwebt!

*

Karoline von Dacheröden an Wilhelm von Humboldt

Erfurt, 10. März 1790

Der »Tasso« ist gar herrlich. Goethe hat sich bei uns sehr in Kredit gesetzt, weil er die Frauen so darinnen lobt, – es sind köstliche Sachen, er liegt immer bei mir; man wird nicht müde, ihn zu lesen. Ja, wohl muß die Stein viel genossen haben, als er sie noch liebte – aber nun von ihm verlassen – das muß sehr weh tun. Ich kenne dies Verhältnis nicht genau; aber soviel habe ich wohl gemerkt, daß sie hin und wieder klein und er indelikat gehandelt haben.

*

Charlotte von Stein an Knebel

Weimar, 3. Juli 1790

Der Herzog läßt den Geheimrat von Goethe nach Schlesien kommen. Dem wäre es unstreitig bei seinem Christelchen hier wohler.

*

Charlotte von Stein an ihren Sohn Friedrich

Weimar, 27. Mai 1791

Schreib ja dem Goethe! Man hat ja mehr Briefe der Lebendigen an die Toten. Das Mitleid bemächtigt mich manchmal über ihn, daß ich weinen könnte.

*

Weimar, vermutlich 25. November 1793

Goethe hat nun auch ein Töchterlein, seit ein paar Tagen. Er hat eine entsetzliche Freude darüber, denn er ist freundlich wie ein Ohrwürmchen und macht französische Calembours, hat auch sein Töchterchen selbst gehoben.

*

Weimar, Anfang Juli 1794

Nach den schönen englischen Landsitzen wird Dir's auf dem unsrigen nicht mehr gemütlich werden. Nimm dich in acht, daß Dir's nicht wie unserm ehemaligen Freund nach seiner italienischen Reise geht! Noch letzt antwortete er jemanden, der die Aussicht ins Ilmtal lobte: »Das ist keine Aussicht!« und sah dick mürrisch dazu aus.

Eine Altersfreundschaft

»... bitte ich Sie, guter Geheimerath, manchmal meiner zu gedencken.«

1795–1827

Als Mitte der neunziger Jahre zwischen Charlotte von Stein und Goethe allmählich wieder ein sporadischer Briefwechsel einsetzt, siezen sie sich. Die Bitterkeit über die Enttäuschung, die sie einander waren, hat nachgelassen, aber das »Du« ist nicht mehr angebracht. Charlotte von Stein nennt Goethe »lieber Geheimerath«, später auch »verehrter Meister«. Wie sie ihn wohl während ihrer Liebesbeziehung nannte? »Wolfgang« bestimmt nicht und auch nicht »Hans«. Er war der »Hätschelhans« seiner Mutter, und außer ihr scheint ihn kaum jemand mit Vornamen angeredet zu haben. Christiane Vulpius nennt ihn in ihren Briefen »mein guter Schatz«, und für August ist er »das liebe Väterchen«. Charlotte von Stein unterzeichnet ihre Briefe an Goethe ab 1794 mit »v. Stein« oder noch förmlicher: »Charlotte v. Stein geb. v. Schardt«. Manchmal endet sie mit dem Gruß: »Ihre Verehrerin v. Stein«.

Für Goethe ist Charlotte von Stein nun die »beste« oder die »verehrte Freundin«. »Lotte« nennt er sie nicht mehr. Unbeteiligt notiert er am 25. Dezember 1811 in seinem Tagebuch: »Geburtstag der Frau von Stein. Derselben gratuliren gegangen.«

Der Anlaß für Charlotte von Steins ersten Brief an Goethe Ende August 1794 ist Fritz von Stein, ihr altbewährtes Bindeglied. Fritz sieht für sich in Weimar keine berufliche Zukunft. Er will aus dem herzoglichen Dienst – sehr zum Unwillen Karl Augusts – »in preußische Dienste« wechseln. Goethe ist dabei behilflich. Er entwickelt eine Strategie, um die Ungnade des Herzogs abzumildern, und er hilft Charlotte von Stein, die Bücher des Sohnes zu ordnen und ihm die nützlichen nachzuschicken. Mit dieser gemeinsamen Sorge gelingt es ihnen offensichtlich, das Trennende zu überwinden. Charlotte von Stein erspart Goethe allerdings den kleinen Nadelstich nicht, Fritz sein *»ehemaliges Kind«* zu nennen. Andererseits kann sie »nicht ohne Rührung daran dencken daß Sie (Goethe) ihm so wohl wollen«.

Der Anfang für eine gelassene, gereifte Altersfreundschaft ist gemacht. Vorbei sind die höflich-steifen, aber unvermeidbaren Begegnungen bei gesellschaftlichen Anlässen. Goethe findet es im Alter ohnehin angenehmer und interessanter, mit Menschen zusammen zu sein, die ihm seit langem vertraut sind. Oberflächlich-höfliche Konversation mit Fremden langweilt ihn.

Josias von Stein ist 1793 gestorben; als Fritz den Dienst wechselt, bleibt seine Mutter allein in Weimar zurück: »Alle meine Träume, wie ich mit Dir und Goethe einen Reichtum des Geistes in meinem Alter finden würde, sind auch nur Träume geblieben. Nun bist Du weit von mir.« Der ältere Sohn Karl bewirtschaftet inzwischen das Kochbergsche Gut.

Zum Trost umgibt sich Charlotte von Stein mit Hunden und Kanarienvögeln. – Und ein neuer kleiner Freund wächst heran: August von Goethe. Der Sechsjährige besucht die alte Dame in der Nachbarschaft häufig: Charlotte ist entzückt. Er ist ihr »kleiner Favorit«. Sie nennt ihn »Augustgen« und schreibt an seinen Vater: »er thut meinen Augen und meinen Hertzen wohl.« Wenn sie von ihm spricht, ist in ihren Briefen eine Wärme zu spüren wie sonst nur selten. Ihm bringt sie die Liebe entgegen, die sie Goethe nicht mehr zeigen kann: »August ist eben bey mir recht artig, es thut mir ordentlich weh mich so lange von ihm zu trennen; Sie müßtens meinen Hertzen eigentlich sehr natürlich finden daß ich Ihr Kind so lieb haben muß. Leben Sie recht wohl.«

Sie sieht Goethe jetzt wieder regelmäßig. Einmal in der Woche hält er bei der Herzogin Vorlesungen vor einem kleinen geladenen Zirkel. Neben Charlotte von Stein und der Herzogin treffen sich die Erbprinzessin[37] und der Erbprinz, Prinzessin Karoline[38], Sophie von Schardt, einige Hofdamen, später auch Lotte Schiller. Goethe spricht über Themen, die ihn gerade interessieren, wie die Farbenlehre oder Geologie. Gelegentlich liest er aus einem neuen Werk, wie etwa dem »Faust« oder »Dichtung und Wahrheit«. Die Damen sind erfreut und dankbar für die Unterhaltung. Charlotte von Stein an Goethe: »Nun muß ich Ihnen auch noch ganz besonders für den gestrigen Abend dancken, ich hätte gern bis Mitternacht zugehört. Ich hoffe Sie sind wohl zur Freude von uns allen die wir Sie lieben und verehren.« (2. Mai 1811)

Einmal wöchentlich ist sie zu Besuch im Haus am Frauenplan: »Ich komme von Goethe, der mich einmal für immer auf alle Donnerstage eingeladen, seine Kunstsammlungen zu sehen. Ich nehme mir immer noch eine Dame mit, und da lern ich allerhand, denn man muß immer lernen. Ich bleibe von elf bis um eins.« Außerdem wird es zur Gewohnheit, daß sie ihn als zweiten Gast hinzubittet, wann immer die Erbprinzessin bei ihr zum Tee erscheint: »Dienstagabend brachte die Großfürstin bei mir zu. ...Übrigens hatte der Meister (Goethe) eine gute Stimmung, und über mancherlei Gedanken aufweckende Gegenstände wurde gesprochen. Sie mochte gar nicht gehen, so müde sie auch war, und blieb bis um halb zehn Uhr.«

Dieser freundschaftlich-gesellige Umgang mit Goethe hält Charlotte von Stein allerdings nicht davon ab, sich gelegentlich verletzt und scharf über ihn zu äußern. Etwa wenn sie enttäuscht ist, daß Goethe sich bei Begegnungen nicht so verbindlich und entgegenkommend zeigt, wie sie es wünscht. Auch mit seinen Briefen, die er nur selten eigenhändig schreibt, ist sie unzufrieden: »Für Menschen, die aus dem Herzen nichts mehr zu sagen haben, ist das Diktieren sehr passend und bequem«, und sie bittet ihren Sohn Fritz: »Schreib mir ja keine leeren Briefe à la Goethe ... Du sagst mir zu wenig von Dir selbst, und mir fällt immer bei Deinen Briefen ein, was der selige Herder von Goethes Briefen sagte: sie kämen ihm vor wie eine Schüssel mit breitem Rand, wo nicht viel drin wäre.«

Im Lauf der Jahre verliert Goethe mehr und mehr seine so gerühmte »männlich-schöne« Figur. Für Charlotte von Stein Anlaß zu beißender Kritik. Sie nennt ihn den »dicken Geheimrat« und erzählt Fritz im Herbst 1798: »Goethe seh ich selten, und wenn es einmal geschieht, so erschrickt mich seine immer zunehmende Dickheit.«

Auch Christiane Vulpius ist stets Zielscheibe für Charlottes Spott. Sie ist davon überzeugt, Goethe sei im Innersten nicht glücklich mit Christiane. Sie nennt sie geringschätzig »seine Kammerjungfer«, »seine Demoiselle«, »sein Kreatürchen«. Als Christiane im Herbst 1808 Goethes »gesetzmäßige« Ehefrau ist, wird auch Charlotte von Stein zu einer offiziellen Vorstellung bei Goethes eingeladen. Sie ist nicht erfreut.

Sie durchschaut, daß Goethe vor allem aus Bequemlichkeit mit Christiane zusammenlebt, aber sie hat kein Gespür für deren menschliche Wärme und Gutherzigkeit. Das sind Eigenschaften, die Charlotte von Stein eher selten zeigt. Gefördert durch die Entbehrungen des Alters, verstärken sich bei ihr Züge, die im Ansatz schon immer vorhanden waren: ein scharfes, unnachsichtiges Urteil über die Schwächen anderer und die Neigung, eher das Negative zu sehen. Karl von Stein beklagt sich 1795 darüber in einem Brief an seinen Bruder Fritz: »Meine Spargel hatten ihr nicht süß geschmeckt, meine neue Obstdarre war nicht recht, meine Öfen nicht, meine Milchwirtschaft, meine Obstzucht nicht. [...] Ich habe meine Mutter herzlich lieb, nur ihre façons nicht, vermöge welcher sie mir mit dem besten Willen, die unangenehmsten Sachen sagt.«

Auch Goethe bekommt ihre Kritiksucht zu spüren und reagiert empfindlich: »Indem ich für den Caffee zum schönsten dancke; so muß ich sogleich aufrichtig bekennen, daß Sie mich durch ihr Billet recht tief beleidigen, indem Sie meine redlichen, treuen, heiligen Worte von heute früh so grad an der Quelle parodieren und trüben. Frage man doch nicht mehr warum Freunde sich zurückziehen und eine Scheu haben sich mitzutheilen. Es gehe Ihnen Wohl.«

Im Alter wird das Leben für Charlotte von Stein nicht leichter: Zweimal wird Weimar im Zug der Napoleonischen Kriege von plündernden französischen Heerscharen verwüstet. Beim ersten Überfall 1806 verliert sie ihre gesamte Habe: »Den 14. und 15. Oktober sind wir von Wohlstand und Ruhe und Glück geschieden. Ich bin ausgeplündert wie die meisten Einwohner. Durch besonderes Zusammentreffen von Umständen habe ich nichts retten können. All mein Silber, alles von Wert, alle Kleider sind geraubt.« Einige Monate später, im Dezember 1806: »Heute, an meinem 64. Geburtstag ist mir's ein besonderes Gefühl, von Allem, was ich für mich und meine Kinder so vierzig Jahre her durch Sparsamkeit und Ordnung gesammelt habe, Nichts mehr zu haben.« Im Jahr darauf: »Seit den Tagen von 1806 habe ich bis heute nur *ein* Mädchen, ich esse nur *ein* Gericht (pro Mahlzeit); wenn ich eine Equipage brauche, fahre ich mit der Prinzeß, der Gräfin Henckel oder den Seebachs. So brauche ich keinen Bedienten. Jetzt ist es Zeit mit zinnernen Löffeln zu essen. Der glücklichere Zustand ist heute, ein Bettler von jeher gewesen zu sein. Wer etwas hat, dem wird die Haut über die Ohren gestreift.«

Auch in Goethes Haus dringen Plünderer ein, doch sie können vertrieben werden, angeblich auch wegen Christianes Unerschrockenheit. Goethe notiert in seinem Tagebuch: »Sieben Uhr, Brand, Plünderung, schreckliche Nacht. Erhaltung unseres Hauses durch Standhaftigkeit und Glück.« Endlich kann Goethe sich nun durchringen und an den Hofprediger schreiben, »daß ein alter Vorsatz bei mir zur Reife gekommen; ich will meine kleine Freundin, die soviel an mir getan und auch diese Stunden der Prüfung mit mir durchlebt, völlig bürgerlich anerkennen als die Meine«. So findet erst 1806 eine verschwiegene und beiläufige Trauung statt – angeblich aus Dankbarkeit für ihren Mut, mit dem sie Haus und Hof und ihren »liebsten Schatz« gegen plündernde französische Soldaten verteidigte. Damit ist den Konventionen Genüge getan. Christiane Vulpius – nun Christiane von Goethe – wird, widerwillig zwar und nur ihrem Mann zuliebe, der schon längst über jede Kritik erhaben ist, offiziell in die Weimarer Gesellschaft zugelassen. Charlotte von Steins Reaktion ist typisch für die der Weimarer Damen: »Angenehm ist es mir freilich nicht, in der Gesellschaft (Christianes) zu sein. Indessen, da er das Kreatürchen sehr liebt, kann ich's ihm wohl einmal zu Gefallen tun.«

Christiane Goethe hat nie versucht, sich umzumodeln, um den Lebensformen einer adeligen Gesellschaft zu entsprechen. Nach zwanzig Jahren Zusammenleben mit Goethe ist sie immer noch das »Naturwesen«, in das er sich verliebt hat. Sie liebt das Leben und erfreut sich an den angenehmen Dingen, die es bietet: das Tanzen, das »Schlampampsen«[39], gutes Essen und den Wein, den auch ihr Mann reichlich konsumiert. Das genußreiche In-den-Tag-Hineinleben läßt sie früh ihre äußeren Reize verlieren: Sie wird dick und bekommt derbe Gesichtszüge. Das Altern bekommt ihr noch schlechter als ihrem Angetrauten. Zehn

Goethe, Porzellanmalerei von Ludwig Sebbers, 1826.

»Ein wunderliches Ereigniß muß ich auch noch melden: Ein junger Porzellanmahler aus Braunschweig hatte mir durch Vorzeigen von seinen Arbeiten soviel Vertrauen und Neigung eingeflößt, daß ich seinen dringenden Wünschen nachgab und ihm mehrere *[zwanzig]* Stunden gewährte. Das Bild ist zu aller Menschen Zufriedenheit wohl gerathen.«

Goethe an Zelter, 12. August 1826

Der geschönte Goethe, Kreidezeichnung von Joseph Karl Stieler, 1828, Aquarell über farbiger Kreide/Blei

Goethe im hohen Alter an Kanzler Müller:
»Die wahre Geschichte der ersten zehn Jahre meines Weimarischen Lebens könnte ich nur im Gewande der Fabel oder eines Märchens darstellen; als wirkliche Tatsache würde die Welt es nimmermehr glauben. Kommt doch jener Kreis, wo auf hohem Standort ein reines Wohlwollen und gebührende Anerkennung – durchkreuzt von den wunderlichsten Anforderungen –, ernstliche Studien neben verwegensten Unternehmungen, und heiterste Mitteilungen trotz abweichenden Ansichten sich betätigen, *mir selbst*, der das alles miterlebt hat, schon als ein *mythologischer* vor. Ich würde vielen weh, vielleicht nur wenigen wohl, mir selbst niemals Genüge tun; wozu das? Bin ich doch froh, mein Leben hinter mir zu haben; was ich geworden und geleistet, mag die Welt wissen; wie es im einzelnen zugegangen, bleibe mein eigenstes Geheimnis.«

Jahre ist sie mit Goethe verheiratet, dann stirbt sie 50jährig im Juni 1816 an Urämie[40].

Es stellt sich die Frage, warum Christiane nie wirklich in die ihr zustehende gesellschaftliche Rolle als »Frau von Goethe« hineinwuchs. Am mangelnden Verstand – der ihr oft unterstellt wird – kann es nicht gelegen haben. Eher an ihrer Bequemlichkeit, am fehlenden Ehrgeiz und vielleicht auch an einer Bescheidenheit, die es als vermessen ansah, diese Rolle ausfüllen zu wollen. Ihre Verbindung mit dem

Ulrike von Levetzow,
anonymes Pastellbild, 1821

Elegie

Und wenn der Mensch in seiner Qual verstummt,
Gab mir ein Gott, zu sagen, was ich leide.

[...]
Wenn Liebe je den Liebenden begeistet,
Ward es an mir aufs lieblichste geleistet;

Und zwar durch sie! – Wie lag ein dumpfes Bangen
Auf Geist und Körper, unwillkommner Schwere,
Von Schauerbildern rings der Blick umfangen
Im wüsten Raum beklommner Herzensleere;
Nun dämmert Hoffnung von bekannter Schwelle:
Sie selbst erscheint in milder Sonnenhelle.

[...]
Nun bin ich fern! Der jetzigen Minute,
Was ziemt denn der? Ich wüßt es nicht zu sagen.
Sie bietet mir zum Schönen manches Gute;
Das lastet nur, ich muß mich ihm entschlagen.
Mich treibt umher ein unbezwinglich Sehnen,
Da bleibt kein Rat als grenzenlose Tränen.

Goethe schrieb die sog. »Marienbader Elegie« unmittelbar nach seinem endgültigen Abschied von Ulrike von Levetzow im September 1823 »noch im vollen frischen Gefühle des Erlebten«.

»Geistesgiganten« und »Dichterfürsten« Goethe konnte deswegen gut gehen, weil sie sich neben dem Egozentriker völlig zurückgenommen und alle seine Zumutungen hingenommen hat.

Charlotte von Stein versteht es, trotz materieller Einschränkungen einen unterhaltsamen Kreis von Freunden und Besuchern um sich zu scharen. Wie gewinnend sie sein kann, zeigt sich anläßlich einer Reise nach Schlesien. 1803 besucht sie dort ihren Sohn Fritz, und der Aufenthalt tut ihr sichtlich gut. Voller Bewunderung für seine Mutter schreibt Fritz an Lotte Schiller: »Ich kann Ihnen nicht beschreiben, wie liebenswürdig, heiter und klug sie unter allen den fremden Menschen, welche sie hier fand, existiert hat. Sie hat mich recht stolz auf sie gemacht, denn sie war überall die Vorzüglichste unter den Damen ihres Alters und Standes.«

Es hat sich herumgesprochen, daß sie gerne vermittelt, wenn auswärtige Gäste den berühmten Herrn von Goethe kennenlernen wollen. Sie liebt es immer noch, sich im Abglanz seines Ruhmes zu sonnen. Das ist eine der wenigen Freuden, die ihr geblieben sind. Manche der Besucher fühlen sich durch ihre Indiskretionen über Goethe vor den Kopf gestoßen, wie Eduard D'Alton[41] in einem Brief an Knebel schreibt: »Mein Aufenthalt in hiesiger Gegend ist der lehrreichste meines Lebens. Nirgends bin ich mit soviel Vertraulichkeit mißhandelt worden als hier. So hat z. B. die alte Stein mir alle ihre Geheimnisse vertraut, weil sie sich in ihren Fehlern geehrt glaubte. Sie klagte mir Goethens Untreue, der ihr versprochen, ihren Sohn zu Breslau zum Erben zu machen und nie zu heuraten und Gott weiß was alles.«

Ihr klarer, scharfer Verstand bleibt ihr bis zum Schluß erhalten, aber die unterschiedlichsten Altersgebrechen wie Schwerhörigkeit und Gicht machen ihr zu schaffen. Ein halbes Jahr vor ihrem Tod im Jahr 1827 schreibt sie an den alten Freund Knebel: »Ich bin sehr leidend, habe die Sprache verloren, sehe nur noch dunkel.«

Goethe leidet zwar auch an den verschiedensten Gebrechen des Alters und erkrankt mehrmals so schwer, daß man um sein Leben fürchtet, aber er erholt sich immer wieder und läßt sich nicht abhalten, sein Leben zu genießen, soweit es ihm möglich ist – und sich immer wieder neu zu verlieben. Für ihn ist das eine Quelle künstlerischer Inspiration und ein Jungbrunnen. 1823 in Marienbad verliebt sich der 74jährige in die 19jährige Ulrike von Levetzow. Allen Ernstes plant er, sie zu heiraten. Ein Arzt wird befragt: Ob ihm das Eheleben in seinem Alter schaden könne? Goethe macht einen Heiratsantrag. Ulrike von Levetzow fühlt sich geehrt – und lehnt ab. Sie bleibt ihr Leben lang unverheiratet. Es gäbe keine »Marienbader Elegie« ohne diese Altersverliebtheit Goethes, in der er das unerfüllte Verlangen, die Spannungen, Sehnsüchte verarbeitet, die diese Liebe auslöste.

Charlotte von Stein hat sich zu Goethes Alterslieben schriftlich nicht geäußert – oder die entsprechenden Briefe sind verlorengegangen. Zumindest von Ulrike von Levetzow muß sie gewußt haben, denn diese Geschichte war Gesprächsstoff weit über Weimar hinaus.

Wie kritisch sie Goethe gegenüber in ihren späten Lebensjahrzehnten auch eingestellt gewesen sein mag; eine letzte Rücksichtnahme will sie ihm noch im Tod erweisen. Sie kennt seine krankhafte Scheu vor allem, was mit dem Tod zu tun hat, und ordnet an, daß ihr Leichenzug nicht an seinem Haus vorbeigeführt werden soll. Als Charlotte von Stein am 6. Januar 1827 84jährig an Altersschwäche stirbt, entspricht man ihrem Wunsch jedoch nicht: Eine so hochgestellte Persönlichkeit könne nicht auf Nebenwegen zum Friedhof überführt werden.

Goethe lebt noch weitere fünf Jahre bis zum 22. März 1832. Er wird in der Fürstengruft bestattet. An Charlotte von Stein erinnert eine Gedenktafel an der westlichen Mauer des Historischen Friedhofs in Weimar, ihr Grab ist nicht erhalten.

Briefe 1795–1828

Charlotte von Stein an ihren Sohn Fritz

Weimar, Anfang Januar 1795

Goethes »Wilhelm Meister« Band 1 ist heraus. Er hat mich, ich weiß nicht, wie ich dazu komme, mit einem Exemplar beehrt. Es sind schöne Lettern, schön Papier, ein schöner Stil, und hat mich interessiert, weil er's geschrieben hat und sich seine eigene Moral liest.

*

Charlotte von Stein an Charlotte Schiller

Weimar, 25. Februar 1795

Daß Goethe sich Schiller immer mehr nähert, fühle ich auch, denn seitdem scheint er mich wieder ein klein wenig in der Welt zu bemerken. Es kommt mir vor, er sei einige Jahre auf eine Südseeinsel verschlagen gewesen und fange nun an, auf den Weg wieder nach Hause zu denken.

*

Weimar, 4. Juli 1795

Ich hoffe, Goethe soll von Karlsbad wieder gesund zurückkommen. Seit dem Winter auf der Redoute habe ich ihn nicht wieder gesehen als letzt einen Augenblick im Garten, wo er aber so eilte, aus der Luft zu kommen, daß ich meine Ansprache gegen ihn nicht endigen konnte.

*

Körner an Schiller

6. Nov. 1795

Stein [Fritz von Stein] *war hier und hat uns recht angeneh-*

me Empfindungen gemacht. In seinem Wesen ist ein gewisses Ebenmaß, das dem Gefühle wohlthut. Er ist natürlich, unbefangen, heiter, verständig, ohne auszeichnende Fähigkeiten zu verrathen, empfänglich ohne Spuren das Enthusiasmus, aber doch mit Wärme – – Ich habe ihn als ein pädagogisches Kunstwerk aufmerksam betrachtet.

*

Schiller an Körner

16. November 1795

»Goethe interessierte auch, was du von Stein und seiner Erziehung sagtest. Goethe hat ihn eigentlich ganz erzogen und sich dabei vorgesetzt, ihn recht objektiv zu machen. Auch mir ist Stein immer eine sehr wohlthätige Natur gewesen und er hat mich zuweilen ordentlich mit dem, was man Genialität nennt, entzweiet, weil er ohne eine Spur davon so gut und so schätzbar ist.

*

Charlotte von Stein an ihren Sohn Fritz

Weimar, um den 25. Februar 1796

Ich hatte ihn [Goethe] *seit ein paar Monaten nicht gesehen. Er war entsetzlich dick, mit kurzen Armen, die er ganz gestreckt in beide Hosentaschen hielt. Schiller hatte seinen schönen Tag und sah neben ihm wie ein himmlischer Genius aus; seine Gesundheit war leidlich, und die blasse Ruhe auf seinem Gesicht machte ihn interessant. Ich möchte nur wissen, ob ich dem Goethe auch so physiognomisch verändert vorkomme als er mir. Er ist recht zur Erde worden, von der wir genommen sind. Der arme Goethe, der uns sonst so liebhatte!*

Weimar, 14. April 1796

Sein [Goethes Sohn August] *kleiner August kommt jetzt oft als Spielkamerad vom kleinen Schiller zu mir. Er scheint ein gutes Kind. Ich schenkte ihm einige Spielereien, die ihn sehr freuten, und nach drei verschiedenen Pausen, wo er sich vermutlich einzeln die Geschenke in seinem Köpfchen rekapitulierte, sagte er allemal ein recht ausgesprochenes: »Ich bedanke mich.« Ich kann manchmal in ihm die vornehmere Natur des Vaters und die gemeinere der Mutter unterscheiden. Einmal gab ich ihm ein neu Stück Geld; er drückte es an seinen Mund vor Freuden und küßte es, welches ich sonst am Vater auch gesehen habe. Ich gab ihm noch ein zweites Stück, und da rufte er aus: »Alle Wetter!« Vor einigen Tagen schickte mir Goethe durch den Kleinen ein dick Paket ... Akten ..., die Du bei ihm hattest liegenlassen, und schrieb mir ein recht papiernes Billett dazu. Hat er Dir wohl auf die drei Briefe, die Du ihm nacheinander schriebst, geantwortet?*

Schillers sind nun beinahe vier Wochen hier, und Goethe macht Anschläge, im Fall er Ifflanden nicht hier fürs Theater engagieren kann, dem Schiller die Theaterwirtschaft, welche er zeither verwaltet, zu übergeben, da er nach Italien geht.

*

Charlotte von Stein an Charlotte Schiller

Weimar, 19. Juni 1796

Augustchen brachte mir gar letzt seinen Vater geführt, als ich unter den Orangenbäumen vor meinem Hause saß. Er nahm es an, sich neben mich zu setzen. Es ist mir noch immer unbegreiflich, daß er mir so fremd werden konnte.

Charlotte von Stein an Goethe

Weimar den 4. Sept. 1796

Sehr ungern belästige ich Sie mit meinem Anliegen über Fritzen und ziehe Sie aus dem Geschäfte der Musen in die irdischen. Gestern bekam ich Briefe über Kochb. von Fritzen, die eben nichts umständlicheres enthielten als daß wenn er dem hiesigen Dienst entsagte er einem Departement würde vorgesetzt werden und daß er Sie darüber um Rath gefragt habe. [...]

Rathen Sie also dem Fritz was Ihnen Ihr vor ihn gut gesinnter Verstand sagt, und was Sie Ihrem ehemaligen Kind würden gerathen haben. Mir deucht aus seinem Brief schließen zu können daß er die ersten Jahre dortiger Dienste auch vom Capital werde zusetzen müssen, aber da mir der Herzog ausdrücklich gesagt er habe sich nur bei seiner Rückkehr die 300 Thlr. zu erwarten die er erst gehabt, so ist dieses da er nun schon seit einigen Jahren ein paar tausend über seine Revennen zugesetzt, auch keine lucrative Aussicht. Man scheint ihm dort die kleinen Dienste sehr herunter gesetzt zu haben.

Nun nichts weiter, als daß mich gestern Augustgen besuchte, er thut meinen Augen und meinem Herzen wohl.

v. Stein.

*

Goethe an Charlotte von Stein

29. oder 30. Oktober 1796

Diese Tage gedachte ich Ihnen aufzuwarten, über Fritz das weitere zu sprechen und, wenn es noch die Absicht ist, die verlangten Sachen einpacken zu helfen. Nun werde ich nach Ilmenau gerufen, wo ich etwa acht Tage bleiben und mir nach meiner Rückkunft die Erlaubniß erbitten werde Sie zu besuchen. [...]

Geben Sie dem Kleinen [Sohn August] *noch einen freundlichen Wunsch auf die Reise, ich will ihn mitnehmen. Leben Sie recht wohl.*

G.

*

Charlotte von Stein an Goethe

Ende November 1796

Ich danke Ihnen, lieber Geheimderath, für die gütige Mittheilung Ihres Manuscripts. Es liest sich so gefällig daß man gar nicht merkt daß es ein Werk der Kunst ist, und wird auf jedem Blatt interessanter. Haben Sie's weiter so bitte ich darum.

v. Stein.

*

Charlotte von Stein an ihren Sohn Fritz

Weimar, 25. Oktober 1796

Es sind mitunter schöne Gedanken drin im letzten Teil des »Wilhelm Meister«, besonders auf politische Verhältnisse des Lebens, und fängt mit einem Gefühle an, das ich dem Goethe als völligem Erdensohn gar nicht mehr zutraute; auch glaube ich, es ist aus alten Zeiten. Übrigens sind seine Frauens drin alle von unschicklichem Betragen, und wo er edle Gefühle in der Menschennatur dann und wann in Erfahrung gebracht, die hat er all mit einem bißchen Kot beklebt, um ja in der menschlichen Natur nichts Himmlisches zu lassen. Es ist immer, als wenn einen der Teufel zurechtwiese, daß man sich ja nicht etwa in seinen Gefühlen irre und sie vor etwas Besseres halte, als sie wären.

Weimar, 2. Januar 1797

Gestern bekam ich geräucherten Lachs und Hamburger Fleisch, welches Goethe hinterlassen hatte, mir, wenn es in seiner Abwesenheit anlangte, zu schicken. Ob die fleischernen Gaben unsere Geister wieder zusammenbinden werden, weiß ich nicht. Aber das ist gewiß, daß ich seinen August recht liebhabe. Er ist so possierlich und gescheit, daß ich ganze Tage mit ihm spielen könnte. Auch kommt er recht oft.

*

Charlotte von Stein an Charlotte Schiller

Weimar, 3. Januar 1797

Stellen Sie sich vor, daß die Jungfer Vulpius mir eine Torte zum Geburtstag geschickt hat! Goethe ist ein ungeschickter Mensch; er wollte, August sollte mich damit anbinden; konnte er nicht ein Zettelchen dazu schreiben, anstatt daß die Magd mit dem stattlichen Kuchen und einem Kompliment von der Mlle. V[ulpius], eben da ich Besuch hatte, mir ins Kabinett trat? Das gibt nun eine ordentliche Stadtgeschichte, wo ich drüber ausgelacht werde.

*

Charlotte von Stein an ihren Sohn Fritz

Weimar, 26. April 1798

Eben komme ich von einem großen Dejeuner von Goethe, der seine mit Eleganz und schönen Künsten möblierten Zimmer einmal mit hohen Herrschaften hat beehren wollen. Es waren alle hiesigen Fürstlichkeiten da nebst Erbprinz von Gotha, auch viele Damen.

Karl von Stein an seinen Bruder Fritz

Weimar, 11. Juni 1799

Wen sie [die Zeit] aber von seiten des Körpers unkenntlich gemacht hat, ist Goethe. Sein Gang ist überaus langsam, sein Bauch nach unten zu hervorstehend wie der einer hochschwangeren Frau, sein Kinn ganz an den Hals herangezogen, von einer Wassersuppe dichte umgeben; seine Backen dick, sein Mund in halber Mondsform; seine Augen allein noch gen Himmel gerichtet; sein Hut aber noch mehr und sein ganzer Ausdruck eine Art von selbstzufriedener Gleichgültigkeit, ohne eigentlich froh auszusehen. Er dauert mich, der schöne Mann, der so edel in dem Ausdruck seines Körpers war. Meine Mutter gab uns zu Ehren einen Tee vor ihrem Hause. Herr von Haren, Herr Gerning, Herr Dumanoir etc. etc. waren da. Sie ließ den vorbeigehenden Goethe einladen, diesem war dies unheimlich, er setzte sich hin, sprach nichts und machte ein entsetzlich verdrüßlich Gesicht. »Haben Sie Nachricht, Frau von Stein, von dem Herrn Kriegsrat [Friedrich von Stein] aus Breslau?« war alles, was er unaufgefordert an Diskurs hervorgehen ließ.

*

Charlotte von Stein an Charlotte Schiller

Weimar 27. Juli 1799

Gestern aß ich mit der Laroche bei Goethe. Es war ein empfindsames Diner. Wir mußten uns jeder nach unseren Namen auf dem Couvert setzen, und Nachbarn oder Visavis, eines oder das andere, waren am schicklichsten zur Unterhaltung ausgesucht. Auf dem Tisch standen anstatt der Gerichte Blumennäpfe mit raren Gewächsen und Bouteillen mit Wein dazwischen. Die Unterhaltung ging gleich auf die Blumen, und

Goethe nach einer Kreidezeichnung von Friedrich Bury um 1800

Karl von Stein an seinen Bruder Friedrich
Weimar, 11. Juni 1799
»Wen sie [die Zeit] aber von seiten des Körpers unkenntlich gemacht hat, ist Goethe. Sein Gang ist überaus langsam, sein Bauch nach unten zu hervorstehend wie der einer hochschwangeren Frau, sein Kinn ganz an den Hals herangezogen, von einer Wassersuppe dichte umgeben; seine Backen dick, sein Mund in halber Mondsform; seine Augen allein noch gen Himmel gerichtet; sein Hut aber noch mehr und sein ganzer Ausdruck eine Art von selbstzufriedener Gleichgültigkeit, ohne eigentlich froh auszusehen. Er dauert mich, der schöne Mann, der so edel in dem Ausdruck seines Körpers war.«

nach einer Weile wurden uns vorgelegte Speisen gebracht. Gegen das Dessert erhob sich eine unsichtbare sanfte Musik, und endlich trug man schöne Früchte und wohlgestaltete Kuchen auf den Tisch zwischen die Blumenstöcke [...]

*

Charlotte von Stein an ihren Sohn Fritz

Weimar, nach dem 26. April 1800

Also meint er, diese Inschriften seien nur in der Zeit der Jugend. Armer Goethe, daß ihm mit seiner Jugend so alles vorübergegangen ist! Die schöne, bleibende Liebe ist für jedes Alter geschaffen. In der Herrmannnshöhle steht mein Name von ihm in den Fels gegraben; der Fels hat ihn, aber er lange nicht mehr in seinem Herzen. Er dauert mich, denn er sieht nicht glücklich aus. Er hat auch einen besondern Zufall schon seit dem vorigen September; es ist ihm eine Empfindung, als wenn er immer in Spinneweben mit seinem Gesicht hineinführe.

*

Weimar, 12.–15. Januar 1801

12. Januar. Ich wußte nicht, daß unser ehemaliger Freund Goethe mir noch so teuer wäre, daß eine schwere Krankheit, in der er seit neun Tagen liegt, mich so innig ergreifen würde. Es ist ein Krampfhusten und zugleich die Blatterrose; er kann in kein Bett und muß in einer immer stehenden Stellung erhalten werden, sonst will er ersticken. Der Hals ist verschwollen sowie das Gesicht, und voller Blasen inwendig. Sein linkes Auge ist ihm wie eine große Nuß herausgetreten, und läuft Blut und Materie heraus, oft phantasiert er, man fürchtete vor eine Entzündung im Gehirn, ließ ihm stark zur Ader, gab ihm Senffußbäder; darauf bekam er geschwollne Füße und schien etwas besser. Doch ist diese Nacht der Krampfhusten wiedergekommen; ich fürchte, weil er sich gestern hat rasieren lassen. Entweder meldet Dir mein Brief seine Besserung oder seinen Tod; ehe laß ich ihn nicht abgehen. Die Schillern und ich haben schon viele Tränen die Tage her über ihn vergossen. Sehr leid tut mir's jetzt, daß als er mich am Neujahr besuchen wollte, ich leider, weil ich an Kopfweh krank lag, absagen ließ. Und nun werde ich ihn vielleicht nicht wiedersehen!

14. Januar [...] Gestern hat er mit großem Appetit Suppe

gegessen, die ich ihm geschickt habe. Mit seinem Auge soll es auch besser gehen. Nur ist er sehr traurig und soll drei Stunden geweint haben. Besonders weint er, wenn er den August sieht. Der hat indessen seine Zuflucht zu mir genommen. Der arme Junge dauert mich; er war entsetzlich betrübt; aber er ist schon gewohnt, seine Leiden zu vertrinken. Neulich hat er in einem Klub von der Klasse seiner Mutter siebzehn Gläser Champagnerwein getrunken, und ich hatte alle Mühe, ihn bei mir vom Wein abzuhalten.

15. Januar. Goethe schickte heute zu mir, ließ mir danken für meine Teilnahme, und er hoffte, er würde bald wieder ausgehen können. Die Doktors halten ihn außer Gefahr, aber seine Genesung werde noch lange werden.

*

Charlotte von Stein an Goethe

25. Januar 1801

Ich habe heute so viele Traurige zu trösten, daß ich mich nicht ganz der Freude überlassen kann Sie gesund wieder zu sehen. Wenn es Ihnen recht ist, lieber Goethe, komm ich morgen früh oder nach Tisch.

v. Stein

*

Charlotte von Stein an Goethe

11. Mai 1801

Die Seckendorfen wünscht Sie bey mir zu sehen; heute geht es nicht, ich habe gothaische Gäste zu Mittag, und zwischen 11 und 12 zieh ich mich an, können Sie Morgen Nachmittag um 4 Uhr kommen so laß ichs der S. sagen, verzeihen Sie Lieber Geheimderath daß wir Sie plagen.

von Stein

Goethe an Charlotte von Stein

Mit Vergnügen werde ich, diesen Nachmittag um vier Uhr, Ihnen und Frau v. Seckendorf aufwarten.
d. 12. Mai 1801 *G.*

*

Charlotte von Stein an ihren Sohn Fritz

Weimar, 8. März 1804
Goethe hat aus lauter Freude, daß die Staël fort war, seine ihm bequemere Donna [Christiane Vulpius] *zwei Tage nacheinander durch alle Straßen auf dem Schlitten gefahren. Ich wundere mich, daß er Dir nichts über Deine vorseiende Heirat geantwortet. Wenn er kein Herz hat, so sollte er doch Lebensart haben.*

*

Goethe an Charlotte von Stein

Mögen Sie, liebe Freundin, mich morgen früh um eilf Uhr besuchen; so machen Sie mir ein sehr großes Vergnügen. Ich empfange Sie in meinen vorderen Zimmern und bitte im Wagen zu kommen. Der Weg durch den Garten ist seit dem letzten Schnee nicht prackticabel. Will noch irgend eine Freundin von der Parthie seyn; so ist sie mir willkommen. Ich habe einiges interessante neue von Kupferstichen vorzuzeigen. Einen himmlischen Claude Lorrain.
d. 28. März 1804 *G.*

*

Darf ich fragen ob Sie mir den trüben Morgen erheitern mögen durch Ihre Gegenwart?
d. 11. Apr. 1804 *G.*

Darf ich Sie heute erwarten und die kleine Freundinn? Ich habe einiges artige aus fremden Landen mitzutheilen.

Käme vielleicht Durchl. die Prinzeß und Frl. Knebel? Ich würde Sie bitten das einzuleiten. Auch folgen Zeitungen, die ich nach vollbrachtem Lesen an Prof. Meyer zu senden bitte. Morgen dencke ich nach Lauchstedt zu gehen.

W. d. 16. Aug. 1804 G.

*

Hierbey, verehrte Freundinn, englische Miszellen und ein Gartenkalender der vielleicht Ihrem Herrn Sohn in Kochberg Freude macht. Mir dient er nicht, da ich mich für immer von der Erde im ökonomischen und ästhetischen Sinn losgesagt habe. Morgen hoffe ich Sie bey mir zu sehen, unsre gnädigsten Damen werden uns auch beglücken. Präsentirte wohl Ihr Schach den Herrschafften die Chocolade. Meine Leute sind eben ganz neu und ungeschickt. Den schönsten guten Abend.

W. d. 28. Nov. 1804 G.

*

Mitte Januar 1805

Für den schönen Fisch dancke schönstens und werde mir ihn als Fastenspeise wohl schmecken lassen. Ich war auf recht gutem Wege, habe mir aber Donnerstag Abends in Dr Friesens chemischer Stunde ein Halsweh gehohlt das nicht nachläßt und mich Donnerstags verhindern wird Sie und die Freundinnen zu sehen. Bald hoffe ich für uns alle das Bessere. Tausend Lebewohl.

G.

Charlotte von Stein an ihren Sohn Fritz

Weimar, Anfang Juni 1805

Goethe kommt jetzt öfterer zu mir; Schiller ist ihm ein großer Verlust. Nur wer recht geliebt hat, kann und muß an eine Zukunft glauben. Hätten Schiller und Goethe nur einen *Menschen so geliebt, wie ich Dich liebe, die Zukunft, das Wiederfinden wäre ihnen unentbehrlich gewesen.*

*

Weimar, 15. Januar 1806

Goethens Vorlesungen gehen alle Mittwoche ihren Weg. Ein Viertelstündchen wird der Politik gewidmet oder vielmehr den jetzigen Begebenheiten; doch hat er das nicht gern. Vor acht Tagen war eben seine Schwägerin, die jüngere Schwester seiner Demoiselle, gestorben, und zwar, wie wir eben da waren. Aber alle Todesfälle in und außer seinen Haus läßt er sich verheimlichen, bis er so nach und nach dahinterkommt. Doch soll er sie beweint haben. Sie war schon lang an der Auszehrung krank. Sein Bube kommt mir auch nicht vor, als könnte er lange leben; gebe der Himmel, daß er nicht vor ihm stirbt! Seine Demoiselle, sagt man, betrinkt sich alle Tage, wird aber dick und fett. Der arme Goethe, der lauter edle Umgebungen hätte haben sollen! Doch hat er auch zwei Naturen. Er liest uns jetzt über die Farben, sagt, daß sie in unsern Augen liegen; drum verlange das Auge die Harmonie der Farben wie das Ohr die Harmonie der Töne etc.

*

Goethe an Charlotte von Stein

Von der sehr bösen Nacht vom Sonntag auf den Montag hatte ich mich zwar schon leidlich erhohlt, doch traue ich mir den morgenden Vortrag nicht zu unternehmen. Mögten

Sie wohl gefällig anfragen ob Durchl. ihn bis auf den Freytag auszusetzen geruhten. Das ab und umbestellen will alsdann ich besorgen. Zum heitern Tag Einen schönen guten Morgen.
4. Feb. 1806 *G.*

*

Nach dem wie ich mich heute fühle wage ich nicht meine verehrten Freundinnen auf Morgen einzuladen. Entschuldigen Sie mich auf's beste.

Es ist mir eine unüberwindliche Müdigkeit übrig geblieben, die mich fast zu allem untauglich macht. Ich muß eben abwarten. Leben Sie recht wohl.
25. Februar 1806 G.

*

Charlotte von Stein an ihren Sohn Fritz

Weimar, 3. März 1806

Goethe war wieder recht krank. Seine Krankheit ist periodisch; er bekommt sie alle drei, vier Wochen. Er sagte mir, er nähme Bilsenkraut statt Opium dafür, und täte ihm letzteres besser. Neulich wurde seine »Stella« gegeben. Er hat aus dem Drama eine Tragedie gemacht; es fand aber keinen Beifall. Fernando erschießt sich, und mit den Betrüger mag man kein Mitleid haben. Besser wäre es gewesen, er hätte Stella sterben lassen. Er nahm mir's übel, als ich's ihm tadelte.

*

Goethe an Charlotte von Stein

Aus Karlsbad Montag den 21. Julius 1806

Ihren lieben Brief, verehrte Freundinn, hab' ich spät erhalten und eile dagegen einiges zu erwiedern. Mit meinem Befinden geht es recht gut. Ich habe mich ohne Arzney, blos durch Trinken und Baden, bis jetzt hingebracht und keine

Erneuerung meiner Übel erlebt. Wir wollen die Cur noch vierzehn Tage fortsetzen und dann nach Jena zurückkehren. Die Anzahl der Badegäste hat sich seit vierzehn Tagen sehr vermehrt. Die Liste geht bis auf 650. Unter die letzten Ankömmlinge gehört eine schöne Fürstinn Nariskin, welche zum Beweise dient, daß Alexander der Erste keinen üblen Geschmack hat. Die Fürstin Solms ist schon länger hier und immer sehr anmuthig und freundlich. Der Landgraf Carl von Hessen, Fürst Reuß und andre vorzüglichere Männer minderen Standes sind gesprächig und unterhaltend und ich habe schon manche Bekanntschaft gemacht. Graf Lepel hat ein Portefeuil bey sich von schönen und bedeutenden Kupfern. Die Gegend ist die alte, nur ist sie viel genießbarer gemacht durch köstliche Wege zum Fahren und Gehen. Man kommt ziemlich bequem auf den meisten Höhen und Felsen herum. Daß wieder viel Steine geklopft worden sind, und daß eine ziemliche Parthie eingepackt und fortgeschaft wird, können Sie leicht denken. Ich wünsche Sie gesund wieder zu finden: denn mein Vorsatz, die Mittwoche die Geologie vorzutragen ist in diesen Gegenden nur bestärkt worden. Es that mir sehr leid, Sie die letzte Zeit nicht bey uns zu sehen. Empfehlen Sie mich Durchlaucht der Herzoginn und dem jungen Paare zu Gnaden. Für Prinzeß Caroline bringe ich ein Dutzend landschaftlicher Skizzen mit und empfehle mich ihr zum voraus zu Gnaden. Gedencken Sie mein bey den Freundinnen und erhalten sich gesund.

G.

Charlotte von Stein an Charlotte Schiller

Weimar, 14. August 1806

Goethe war vorgestern ziemlich lange bei mir, sehr gesprächig und heiter und zufrieden vom Karlsbad.

*

Charlotte von Stein an ihren Sohn Fritz

Weimar, 19. November 1806

Goethe läßt Dir Glück wünschen zum neugeborenen Sohn; es schien ihn zu freuen. Seine Besuche sind mir nicht wohltätig; ich kann nicht offen gegen ihm sein. Manchmal ist er ganz wie verrückt, und nicht allein mir kommt er so vor, sondern mehreren Menschen.

*

Charlotte von Stein an ihren Sohn Fritz

Weimar, 11. November 1807

Gestern abend war ich bei der Herzogin. Goethe hat neue Szenen in seinen »Faust« gemacht und las sie vor. Sie werden in sechs Wochen ungefähr gedruckt erscheinen. Es ist ein sehr genialisches Stück, und mit Wahrheit sagt er in der Vorrede, daß er einen vom Himmel bis zur Hölle führe. Es sind jetzt öfterer Vorlesungen vom Goethe in einem sehr kleinen Zirkel bei der Herzogin. Die Erbprinzeß [Maria Pawlowna], *Prinzeß Karoline, die zwei Oberhofmeisterinnen* [von Wedel und Henckel von Donnersmarck] *und ich; selten Herren. Wenn es dem Goethe lange gemütlich bleiben wird, so fortzufahren, wird es hübschere Abende geben als die des ewigen Kartenspiels. Aber beinah noch hübscher sind die Dienstage früh bei Prinzeß Karoline, wo er auch manchmal hinkommt und ohne Vorlesung die geistreichsten Dinge sehr angenehm auseinanderwickelt. Er ist da weniger geniert und weiß, daß er in der Prinzeß Karoline einen feinen Sinn findet [...] Goethe ist auf zwölf Tage nach Jena gereist. Wenn er etwas arbeiten will, so nimmt er immer seine Zuflucht dahin; denn seine Zelebrität setzt ihn immer so vielem Zuspruch aus, daß er hier nicht zu sich selbst kommt.*

*

Goethe an Charlotte von Stein

Da ich heute noch nicht auszugehen wage wünschte ich zu erfahren was ich wegen Morgen frühe hoffen darf. [...] Mögen Sie mich heute früh bey der lieben Prinzess entschuldigen bald soll alles hoffe ich wieder im Gange seyn. Ein Wort von Ihrem Befinden.
d. 23. Februar 1808 G.

*

Charlotte von Stein an ihren Sohn Fritz

Weimar, 11. Mai 1808

Heute früh nahm Goethe Abschied von mir; morgen reist er nach Karlsbad und will daselbst bis in den Oktober bleiben. Er versichert mir, er könne da seine Autorschaft viel besser betreiben als hier. Er ist manchmal recht freundlich und mitteilend gegen mich und trug mir auch viele freundliche Grüße an Dich auf. Aber mir will das Zutrauen nicht ganz wieder werden.

*

Goethe an Charlotte von Stein

Von Zeit zu Zeit begrüßt mich ein gutes Wort der Freunde und Freundinnen, welches jederzeit hier eine angenehme Er-

scheinung ist; und so war Ihr Brief, abgeschickt den 25., verehrte Freundinn, mir herzlich willkommen.

Carlsbad wo sich bisher die Curgäste nur einzeln und Partieenweise unterhielten, fängt an sich recht zu füllen und die Durchlauchtigen Sterne werden nun bald die übrigen himmlischen Chöre um sich versammeln. Bälle, Concerte und was dergleichen mehr ist, werden lebhafter werden als bisher.

Die Ziegesarsche Familie, mit der ich viel zusammengelebt, ist nun auf Franzenbrunn. Es ist uns überhaupt, besonders aber auch unserer Bequemlichkeit angemessen, mit Personen umzugehen, die wir schon lange kennen. Frühere Verhältnisse, indem sie Vertrauen geben, machen die Unterhaltung schneller interessant und zusammenhängend. [...]

Carlsbad d. 2. July 1808 *G.*

*

Christiane von Goethe an ihren Sohn August

Weimar, 30. oder 31. Dezember 1808

Denke Dir nur, wer alles bei uns ist: Ein Herr von Kügelgen, der Deinen Vater malt, der Doktor [Nikolaus] *Meyer, Herr von Humboldt, Werner, Arnim und noch mehrere Fremde. Dazu habe ich müssen achtzehn vornehmen Damen Visiten machen. Wir hatten einen Tee von dreißig Personen; alle Damen, die Du kennst: Frau von Wolzogen, Stein, Schiller und mehrere. Am zweiten Weihnachtsfeiertag war ein großes Souper bei Wolzogens, wo ich auch dazu eingeladen war, und ich habe die Schillern und Wolzogen recht liebgewonnen [...]*

Goethe an Charlotte von Stein

Montag 16. Januar 1809
Gern hätte ich Ihnen, verehrte Freundinn, dieser Tage aufgewartet, um manches zu erzählen und zu bereden. Es geht mir aber nicht sonderlich und ich habe Ursache mich sehr in Acht zu nehmen. [...]

*

Charlotte von Stein an ihren Sohn Fritz

Weimar, 13. März 1809
Eben tritt Goethe herein und trägt mir einen schönen Gruß an Dich auf. Einen eigentlich offnen, herzlichen Umgang wird mir mit diesen Freund nicht wieder werden, so gut ich ihm auch bin.

*

Juni 1809
Gestern abend bekam ich allerlei Zuspruch am Teetisch vor meiner Tür: Herzogin, Prinzeß, Wieland, Reinhold, einen großen Zirkel. Ich sitze alle Abend unter den Orangenbäumen.

*

Charlotte von Stein an Charlotte Schiller

Weimar, 4. September 1809
Heute bekam ich einen eigenhändigen, *stattlichen Brief von Goethe, der durch die Anwesenheit aller unsrer Fürstlichkeiten in Jena elektrisiert war. Der Brief sah völlig oder vielmehr sprach zu einem wie ein Herr mit Degen und Orden im Hofkleid. Ich glaube, Sie haben mich verraten, daß ich die diktierten Briefe nicht mag.*

Wilhelm von Humboldt an seine Frau

Königsberg, 8. September 1809

Friedrich von Stein ist ein sehr guter Mensch, allein zur Arbeit doch nur sehr bedingter Weise tauglich. Was noch wunderbarer ist, so trägt er auch in diesen Unvollkommenheiten Spuren der Goethischen Erziehung, die man nicht verkennen kann. Ich glaube, daß es ihm geschadet hat, daß Goethe zu sehr mit ihm, wie er überhaupt leicht überall tut, auf das Reale und Praktische gegangen ist und zu wenig auf das eigentliche Lernen gehalten hat.

*

Knebel an seine Schwester

Jena, 10. April 1810

Wir haben kürzlich, Goethe und ich, recht herzlich das Lob der Frau von Stein miteinander gemacht. Man muß das Verdienst seiner Freunde auch zu erkennen und zu benennen wissen. Goethe ist hier sehr fröhlich.

*

Goethe an Charlotte von Stein

So muß ich mich denn doch, verehrte Freundinn, entschließen schriftlich von Ihnen Abschied zu nehmen. Meine Arbeiten haben sich diese Paar Monate durchgezogen und mich verhindert Weimar wieder zu besuchen; jetzt am Ende ist mir's wünschenswerth, ohne neues Anknüpfen und losreißen gleich aus meinem hiesigen Zustande in jenen so ersehnten versetzt zu werden. Ich habe diese Zeit her zwar ohne Schmerzen gelebt und habe also nach Epikurs Lehre mich über nichts zu beklagen, doch bleibt ein beständiges Abwiegen unsres physischen und moralischen Betragens im-

mer eine lästige Sache. Das Zutrauen zu den heisen Quellen und die Hoffnung in unangenehmen Fällen unmittelbare Hülfe von der Natur zu erhalten, verschönert mir den hier sehr schönen Frühling. [...]

Von Carlsbad werde ich nicht ganz stumm bleiben. Lassen Sie mich auch etwas von Sich vernehmen, den Kochbergern, dem Schlesischen Freunde, den Seebachischen meine treusten Grüße.

Mögen Sie mir eine Wohlthat erzeigen; so thun Sie in meiner Abwesenheit den Meinigen etwas zu Liebe, die ich abermals länger als billig allein lasse. [...]

Noch gar manches hätte ich, nach einem so langen Stillschweigen hinzuzusetzen; der Raum aber gebietet mir abzubrechen und mich Ihrer Freundschaft und Neigung abermals zu empfehlen.

Jena d. 11. May 1810 *G.*

*

Jeden Morgen wollt ich, verehrte Freundinn, zu Ihnen kommen, einiges vorzeigen, einiges besprechen. Aber diese Tage waren mir voll Unruhe. Jetzt bin ich veranlasst nach Jena zu gehen, Montag bin ich wieder hier. Indessen sende ich mehrere Umrisse zu Götz einen zu Faust an denen ich Freude und meiner zu gedencken bitte.

W. d. 23. Nov. 1810 *G.*

*

Charlotte Schiller an Knebel

Weimar, 29. Dezember 1810

Wir haben einen recht schönen Abend bei Frau von Stein gestern gehabt. Die Großfürstin war bei ihr und Goethe, und er war unbeschreiblich liebenswürdig und geistreich [...]

Charlotte von Stein an Knebel

Weimar, 30. März 1811

Die Schillern und ich singen oft Ihre Lobsprüche, wie gut Sie die Unwissenden belehren, indessen Goethe einen oft nur mit einem Bonmot abfertigt.

*

Goethe an Charlotte von Stein

Indem ich meine Ankunft melde, wünschte ich, verehrte Freundinn, zu erfahren: ob Durchl. die Herzoginn vielleicht heute Abend eine Vorlesung befehlen? Ich bin zur gewöhnlichen Stunde bereit.

d. 30. Apr. 1811 G.

*

Knebel an seine Schwester

Jena, 1. Mai 1811

Den 25. April kam Frau von Stein ganz allein bei uns angefahren. Sie war ungemein heiter und wohl und machte uns einen recht lieben Tag [...]

Den 27. kam Goethe unvermutet auf mein Zimmer. Seine Gegenwart erfreute mich sehr. Wir teilten uns mancherlei mit. Er sagte mir viel über sich selbst und von seiner Lebensgeschichte, woran er jetzt schreibt und wovon er schon manches der Herzogin vorgelesen hat, das vielen Beifall gefunden. Er nimmt die Sache, wie ich von Frau von Stein gehört habe, etwas weitläufiger und flicht vieles von der Geschichte und den Personen damaliger Zeit mit ein, was das Ganze sehr interessant macht. Er sagte mir, er sei in dieser Geschichte bereits bis in sein zwanzigstes Jahr gekommen und wolle nun, da er so manche andre geschrieben, nun auch sei-

nen eignen Roman schreiben, von dem die ersten paar Bände sogleich, wie sie fertig wären, erscheinen sollten. Wir brachten einen recht hübschen Abend zu [...]

*

Charlotte von Stein an Knebel

Weimar, 31. Juli 1811

Goethe sah ich einigemal und finde ihn recht wohl und recht – kalt. Bei der großen Hitze, die wir zeither haben, kann man sich bei ihm abkühlen. Ich lasse gern jedem seine Art und weiß gar nicht, wie ich zu der Bemerkung gekommen bin; [...] nur in Vergleichung mit Ihnen fiel mir das so ein!

*

Charlotte von Stein an Goethe

Den 28. August 1811

Zum Andencken des heutigen Tages [Goethes Geburtstag] *mit den Wunsch einer immer glücklichen Wiederkehr.*
Von der alten Verehrerin v. Stein

*

Charlotte von Stein an Knebel

Weimar, 18. September 1811

Eben hatte mich Goethe im Schreiben unterbrochen [...] ich war etwas im Streit mit ihm über Frau von Arnim, eine geborene Brentano, die ihn anbetet, die er sogar veranlaßte hierherzukommen und die er bitter gekränkt hat. Freilich mag wohl seine Frau schuld daran gewesen sein. Das kleine närrische Wesen, nämlich die Arnim, hat mir sehr wohl gefallen und allen, die sie gesehen haben. Auch hatte er sie mir sonst sehr gelobt. Es ist schlimm für seine Freunde, daß er alle Liebe für einen Irrtum des Herzens hält. Wir wollen nicht so denken!

Charlotte von Stein an ihren Sohn Fritz

Weimar, Mitte März 1812

Bei allen den großen Begebenheiten der Erde schmerzt mich diese so sehr kleine [der Tod eines Kanarienvogels] *doch recht sehr. Goethe war aber so artig, mir heimlich den leeren Vogelbauer holen zu lassen, und setzte einen andern kleinen Dalai-Lama hinein, so daß ich, wie getäuscht, ganz das zahme Vögelchen wiederhatte.*

*

Charlotte von Stein an Goethe

Liebster bester Geheimerath! [...] Das Vögelchen ist gar artig, kam heute von selbst zum erstenmahl aus seinen Bauer und rufte mich seine Artigkeit zu sehen, dabey singt er ohngeachtet des tiefen Schnees wie der lustige Müller i cares for nobodi pp. *Möge es Ihnen auch so wohl und heiter wie meinem Vögelchen seyn. Für die schönen Kreppel so ich gestern aus Ihren Hauß bekommen, dancke ich sehr und habe auch heute noch davon genoßen. Heute Abend bin ich bey der Herzogin zum* Caffé *der mir leider immer beßer schmeckt je theurer er wird. Dem* Caffé *Feind hätte ich das nicht sagen sollen, aber man sagt doch gern seinen Freunden was einen Gutes begegnet. Adieu lieber Goethe.*

16. Merz 1812 *v. Stein*

*

Goethe an Charlotte von Stein

Mit einem grüsenden Blätchen muß ich das Bleystift zurückschicken, damit ich wieder Credit erhalte. Es ist mir nicht gut gegangen, doch war ich fleißig. Wie führt sich *der Vogel auf. So gutes Befinden als das Wetter schön ist!*

27ten Merz 1812 *G.*

Verzeihen Sie, verehrte Freundinn, wenn ich mich einer fremden Hand bediene, um Ihnen von meinen Zuständen einige Nachricht zu geben, indem jede Art von Anstrengung mir ziemlich peinlich wird. Mein altes Übel, das mich am 26. mit besonderer Gewalt überfiel, war mir um desto verdrüßlicher, als ich mir einbildete, es wäre durch einige Vorsicht zu vermeiden gewesen. Da es Ihnen aber durch die Geister schon zwölf Stunden voraus angekündiget worden, so muß ich wohl glauben, daß es in den Sternen geschrieben gewesen, und mich um desto eher darein finden, als ich bey dieser Gelegenheit Ihres Antheils an meinen Zuständen aufs neue versichert werde.

Außer diesem ist mir alles gut gegangen und ich muß mich trösten über die Unterbrechung und die Hindernisse, die mir dadurch verursacht worden. Ich finde mich ziemlich wieder hergestellt, und will es wagen, morgen nach Töplitz zu fahren, um Ihro Majestät der Kaiserinn und unserem Herzog aufzuwarten.

Die erste Zeit des Mai's war sehr schön, nachher ist aber das Wetter umgeschlagen und hat sich nicht wieder erhohlt. Die höchsten Herrschaften hatten bey ihrem hiesigen Aufenthalte nur wenige Stunden heiteren Himmels, und ihre Lustpartieen waren meist von Regen begleitet. Nur einige Mal erschienen sie zu Fuß auf den Promenaden. Ich habe leider nicht einmal die Herzoginn von Montebello gesprochen; ich hatte mich zwar angezogen und einige Versuche gemacht, aber mein übles Befinden hinderte mich sie durchzusetzen.

[...] Soviel für dießmal. Empfehlen Sie mich unsern gnädigsten Damen auf das allerangelegentlichste. Gräfinn Fritsch befindet sich munter und wohl und hat wahrschein-

lich von den hiesigen Zuständen schon manches Urtheil nach Weimar gemeldet.

Erhalten Sie mir ein freundliches Andenken. Viele Grüße an alle Freunde und Freundinnen.

Carlsbad den 12. Juli 1812 *Goethe*

*

Goethe an Charlotte von Stein

Wenn Sie, theure Freundinn, mit den Productionen meiner Küche zufrieden sind; so erlauben Sie manchmal ein kleines Musterschüsselchen zu übersenden. [...]

Der vorjährige Wachsstock ging eben zu Ende, nun kommt ein frischer, in einer sehr schönen Sicherheits Hülle. Herzlichen Danck! so wie für das Papier. Es möchte wohl das erste und letzte Geschenck des heiligen Krists seyn, der freilich nicht viel Ursache hat mich zu beschencken.

Gestern hatte ich wieder einmal Vocalmusic. Es ward etwas bereitet woran auch Sie Freude haben sollen. Möge Sie indeß der Waldsänger immer freundlicher begrüßen.

Bald hoffe ich soll ich auch wieder aus dem Zimmer entlassen werden. Möchte ich Sie recht wohl und freundlich wiedersehn.

d. 14. Dec. 1812 *G.*

*

Sie sind, verehrte Freundinn, auf Morgen Sonntag früh um eilf Uhr, zu einer geselligen Unterhaltung schönstens eingeladen. Mancherley Gebrechen haben mich gehindert diese Tage aufzuwarten.

d. 20. Nov. 1813 *G.*

Charlotte von Stein an Goethe

23. Jan. 1814

Recht innigsten Danck lieber bester verehrter Meister für Ihr Geschenck das mir ein freundlicher Sonnenblick durch mein schon viele Tage umwölcktes Haupt war. Wenn der Schnee sich nicht zu dick zwischen uns legt so brech ich doch noch durch so bald es geht, und mache mir Bahn zu Ihnen, denn ich bin geitzig auf Sie, und muß den Autor auch persönlich Danck sagen. Für die gestrigen Rübchen schließ ich Ihnen, oder vielmehr der lieben Haußfrau, den schönsten Danck bey, das Gericht war sehr gut.

Ihre treue Verehrerin v. Stein

*

Charlotte von Stein an Knebel

Weimar, 12. Februar 1814

Manchmal sehne ich mich nach einem behaglichen Freund [...] Goethe ist selten zu sehen, und ist immer etwas um ihn, entweder eine Wolke, ein Nebel oder ein Glanz, wo man nicht in seine Atmosphäre kann.

*

Charlotte von Stein an Goethe

Sie sehr lieber verehrter Geheimerath! waren wie ich höre gestern in meinem Hauß, und mich hatte leider die freundliche Sonne heraus gelockt, nicht ahndent daß mir zu Hauß ein freundlicher Besuch beschert war. Ich freue mich, daß Sie wieder bey uns sind, und hoffentlich sich wohlbefinden.

den 29. Oct. 1814 *Ihre treue Verehrerin von Stein*

Goethe an Charlotte von Stein

Gegen soviel schöne Dinge
Weis ich nicht was ich dir bringe.
Späne, die sich leicht entzünden,
Licht, in dunkler Nacht zu finden;
Becher, die den Wein verbessern,
Feinde von gefüllten Fässern;
Süßigkeit auf Süßigkeiten!
Alles kann nur Glück bedeuten,
Welches all, im nächsten Jahre,
Holde Geberinn, erfahre.
Weimar d. 26. Dez. 1814 J W v Goethe

*

Charlotte von Stein an Goethe

Tausend tausend Danck allerbester liebenswürdigster Geheimerath für den allerliebsten Witz auf den zierlichen Blat. Unter vielen liebreichen Geschenken so ich diese Weynachten bekommen, hat mich keins so gefreut als Ihr anmuthiger Danck für meine kleine Gabe, der Sie vermuthlich die Herzlichkeit angesehen und dafür mit eigner Handschrift belohnt Ihre Sie mit der Beständigkeit du siècle d'or *verehrende Freundin*
26. Dec. 1814 Abends 6 Uhr *v. Stein*

*

Charlotte von Stein an Knebel

Weimar, 21. Februar 1816

Gestern las uns Goethe bei der Herzogin persische Gedichte vor. Es war lange, daß ich nichts von ihm gesehen hatte. Ich wünschte ihm in seinem Wesen etwas von Ihrer Herzlichkeit:

mit Ihnen ist so hübsch Gedanken und Gefühle auswechseln! Auf das Geringste, was man nicht ganz in seiner Vorstellung sagt, hat man einen Hieb weg. Ich frug ihn, ob diese Gedichte von einem oder verschiedenen orientalischen Dichtern wären [...] erwiderte er: »Liebes Kind, das wird mir niemand erforschen.«

Als wenn ich ein Mädchen von zehn Jahren wäre!

Ich weiß gar nicht, wie man ohne Herzlichkeit eigentlich leben kann.

Er braucht diesen Lebenspunkt gar nicht.

*

Weimar, 9. Oktober 1816

Goethe ist auch leidend, am Arm. Gestern ging ich auf einen Augenblick in seinen Garten, um ihm von der Herzogin einen Auftrag auszurichten.

Kürzlich hat ihn auch die Lotte aus »Werthers Leiden« besucht, Madame Kestner aus Hannover. Sie war auch schon ein paarmal [...] bei mir. Sie ist von angenehmer Unterhaltung, aber freilich würde sich kein Werther mehr um sie erschießen.

*

Weimar, 30. Oktober 1816

Goethes »Italienische Reisen« [Teil 1] höre ich von meinen auswärtigen Freunden loben; er hat mir sie aber nicht mitgeteilt. Er schickt mir manchmal von einem guten Gericht von seinem Tisch, aber von höherer Speise würdigt er mich nicht.

Charlotte Schiller an Friedrich von Stein

Weimar, 27. Dezember 1820

Goethe verschließt sich ganz; er fährt nur spazieren, sieht zuweilen die Prinzeß [Maria Pawlowna]*; er arbeitet meist, und abends halb sieben Uhr erscheint Freund Meyer; da gewinnt die übrige Gesellschaft ihn nicht; – er soupiert auch nicht mehr.*

*

Goethe an Charlotte von Stein

[...] Sehr ungern hört' ich daß Sie sich einige Zeit übel befanden; möge das Frühjahr uns allen gedeihlich werden. Ich habe mich nothdürftig diesen Winter durch gehalten, das Haus nicht verlassen und mit der größten Gleichförmigkeit gelebt; doch läugne nicht daß ich durch bessere Jahreszeit aus meinem Hausarrest entlassen zu werden und Sie alsdann sogleich wieder zu begrüßen hoffe.

Mögen Sie meiner mit Theilnahme eingedenk sein! und verzeihen der fremden Hand; beikommendes Blättchen freundlich anblickend.

treulichst

Weimar den 28. Febr. 1821 *J W v Goethe*

*

Charlotte von Stein an Goethe

Wie befinden Sie sich lieber Geheimderath nach den gestrigen harten Sitz auf meiner Banck? Ich habe mir Vorwürfe gemacht daß ich Ihnen keinen Stuhl kommen lies, aber der liebe Besuch war mir zu unerwartet. Bemühen Sie sich nicht mir zu antworten, nur mündlich ein Wort Ihres Wohlseyns wird mich schon erfreuen.

den 11. Juli 1825 *von Stein*

Den 14. Juli 1825
Lieber verehrter Geheimderath! Für das schöne Medaillon mit Ihrem Bildniß, das mich samt den kleinen allerliebsten Überbringers sehr erfreut hat, wollte ich Ihnen gleich herzlich danken, aber ich wurde durch viele Besuche gehindert und so fort durch mancherlei, bis mir in dem Augenblick eine ruhige Stunde erscheint. Könnte ich Ihnen nun etwas Gutes dafür erweisen! Vielleicht wenn wir uns in dem großen Weltall wo wiederfinden –

Ich schließe Fritzens Brief hierbei. Wenn er sie amusieren könnte –

Ihre treue Verehrerin

*

Charlotte von Stein an Knebel

Weimar, 16. Juli 1825

Haben Sie tausend Dank für ihre lieben Zeilen. Es geht jetzt halbweg mit mir, nur zittert die Hand und das Augenlicht verbirgt sich, und alle meine Federn sperren die Schnäbels auf, so daß ich sie verkehrt nehmen muß, dabei niemand, der mir meine 82 Jahre erleichtert. Alle meine Freunde sind verreist oder krank. – Ihnen, lieber Freund, darf ich das alles klagen; Sie verzeihen mir, und schicken mir gar etwas zur Stärkung. – Möge Ihnen die Welt immer im schönen Licht erscheinen und es Ihnen wohl sein! Vor einigen Tagen schenkte mir der berühmte Goethe sein Medaillon, in der Schweiz gemacht, wie ich höre; es ist sehr schön und hat mir große Freude gemacht. Der lieben Frau und Bernhardchen und allen, die Ihnen lieb sind, meine besten Grüße. Die Wärme ist mir wohlthätig; Ihnen, wo die Geistesflamme noch lodert, muß sie freilich incommodiren.

Charlotte von Stein an Goethe

Dem verehrten Geheimderath zum Neuenjahr 1826

von Stein geb. v. Schardt

*

Amalie von Stein an ihren Schwager Fritz von Stein

Kochberg, 10. August 1826

Die Mutter [...] wird täglich schwächer [...], eine Spazierfahrt nach dem Webicht [...] ist noch ihre einzige Freude. Nach einer solchen war es, wo wir auf der Brücke an einem gelben Wagen vorbeifuhren, in welchem der Lama von Weimar behaglich neben seiner Schwiegertochter saß, welche, wie Du wissen wirst, ein entsetzliches Unglück zu Pferde, oder vielmehr vom Pferde herunter, hatte. Sie war so zerstoßen und entstellt, daß allein ihr Mund mehrere Male genäht werden mußte. Die Bekannten und Freunde wachten an ihrem Bett; der Lama aber, um sich keinen unangenehmen Eindruck zu machen, ließ ihr sagen, daß er sie erst sehen wollte, wenn sie hergestellt sein würde, und dann sollte sie das Kleid anlegen, was sie zuletzt, als sie bei ihm war, trug. – Weiter weiß ich nichts von ihm, denn als mich die Mutter zu ihm schicken wollte, habe ich mich widersetzt und bin nicht hingegangen, weil ich ihm erst einmal im Frühjahr besucht hatte und nicht zu oft kommen will – da müßte man wenigstens achtzehn Jahre alt sein, um nicht zudringlich zu scheinen.

*

Charlotte von Stein an Goethe

Tausend Glück und Segen zum heutigen Tag. Mögen die Schutzgeister auf den himlischen Reichstag befehlen daß alles liebliche und Gute Ihnen Geliebter Freund erhalten wer-

de und mit aller Hoffnung aufs künfftige ohne Furcht verbleibe, mir aber erbitte ich verehrter Freund Ihr freywilliges Wohlwollen auf meiner noch kurzen Lebensbahn.
den 28ten August 1826 Charlotte v. Stein geb. v. Schardt

*

Goethe antwortet mit einem Gedicht

Am acht und zwanzigsten August 1826

Des Menschen Tage sind verflochten,
Die schönsten Güter angefochten,
Es trübt sich auch der freyste Blick;
Du wandelst einsam und verdrossen,
Der Tag verschwindet ungenossen
In abgesondertem Geschick.

Wenn Freundes Antlitz dir begegnet,
So bist du gleich befreit, gesegnet,
Gemeinsam freust du dich der That.
Ein zweiter kommt, sich anzuschließen,
Mitwirken will er, mitgenießen,
Verdreifacht so sich Kraft und Rath.

Von äußerm Drang unangefochten,
Bleibt, Freunde, so in Eins verflochten,
Dem Tage gönnet heitern Blick!
Das Beste schaffet unverdrossen;
Wohlwollen uns'rer Zeitgenossen
Das bleibt zuletzt erprobtes Glück.

Weimar Goethe

Frau O. St. M. von Stein

Beyliegendes Gedicht, meine Theuerste, sollte eigentlich schließen:

»Neigung aber und Liebe unmittelbar nachbarlich-angeschlossen lebender, durch so viele Zeiten sich erhalten zu sehen, ist das allerhöchste was dem Menschen gewährt seyn kann.«

Und so für und für!

W. d. 29. Aug. 1826 *Goethe*

*

Karl von Stein an seinen Bruder Fritz

30.12.1826

Im Nebenzimmer ist's beständig voll von Besuchenden vom Morgen bis Abend; diese Sorge, diese Unruhe um unsere sterbende Mutter ist über alle Beschreibung.

*

Charlotte von Ahlefeld an Goethe

6.1.1827

Unsere arme Freundin von Stein glich immer einem schwachen Flämmchen, das jeder Windstoß zu erlöschen drohte, und das in den letzten Jahren nur durch ärztliche Kunst beim Glimmen erhalten wurde. Jetzt neigt es sich zum Ende, aber Gott sei Dank! nach vielen und namenlosen Leiden wird nun ein sanfter Schlummer sie zu jenem längeren Schlaf hinüberführen. Sie kannte gestern Abend niemand mehr, doch wars ein Trost, daß man sah, sie war schmerzensfrei und ruhig in sich. Aufrecht sitzend und den Kopf vorwärts geneigt, sah ich sie gestern zum letztenmal, und ihre leisen Athemzüge waren mir eine Beruhigung, da sie nicht auf Beängstigung deuteten. So sitzt sie noch immer unverändert, und der letzte Hauch ist nicht fern. Da sie von ihren

Kindern umgeben ist, niemand kennt und nichts bedarf, so erspare ich mir den Schmerz, sie sterben zu sehen. Wir Zurückbleibenden, die sie liebte, wollen nun uns um so fester an einander halten.

*

Charlotte von Ahlefeld an Knebel

Weimar d. 10. Januar 1827:
Gestern, lieber Herr von Knebel, war der traurige Tag, an dem wir die Hülle unserer uns vorangegangenen Freundin der Gruft übergaben, die sie schon längst sich hatte erbauen lassen. Ich schloß mich dieser betrübten Ceremonie nicht an, weil ich für nöthig hielt, während derselben bei Fräulein Staff in dem einsamen Sterbehause zu bleiben. Mit welchen Gefühlen ich die theuere Leiche hinwegtragen sah, brauche ich Ihnen nicht zu schildern.

Gott sei Dank, sie hat zuletzt nicht mehr gelitten. Aus dem lethargischen Schlummer, in dem sie sich befand, als ich Ihnen zum letztenmal schrieb, ist sie nicht wieder erwacht, und sanft bis zum letzten Augenblicke blieben ihre Athemzüge. Sie ist sitzend im Bett gestorben, das Haupt auf die linke Seite geneigt. Wie weh mir diese Wohnung jetzt thut, die ich doch noch nicht ganz vermeiden kann, weil meine trauernden Verwandten sich noch dort befinden, kann ich nicht ausdrücken. Bald indeß wird sie in fremden Händen sein. Man sagt, daß sie dem Probst und den Sängern der Griechischen Kirche eingeräumt wird, und daß Gräfin Henckel den Saal als eine Erweiterung ihrer Zimmer bekommt. – Ich bin lange nicht in die Welt gekommen, da ich immer im Hause unserer verehrten Freundin war, und auch nachher kein Verlangen hatte, so ernste Eindrücke schnell mit andern zu vertau-

Charlotte von Stein,
nach einer Zeichnung von
Heinr. Ferd. v. Breitenbauch

schen. Der Erbgroßherzog war bei mir Er ist sehr ergriffen von unserm allerseitigen schmerzlichen Verlust. Wir werden sämmtlich diese Lücke fortwährend fühlen.

*

Amalie von Helvig an ihren Cousin Fritz von Stein

Im Haus der geliebten Tante empfing ich die Überzeugung, daß es nicht die Pracht sei, was um uns jenes wohnliche Gefühl verbreitet, welches den Fremden gleich beim Eintritt, meist unbewußt, umfängt und Behagen über den engen Freundeskreis verbreitet. Nie atme ich den Duft der Reseden, ohne mich jenes Kabinetts zu erinnern, wo sie, von Ihrer Mutter gepflegt, vor den Fenstern blühten. Die Aussicht nach dem Park, der trauliche Platz unter den Orangenbäumen, wo zwischen Myrtenstauden der bekannte, mit blauen Fliesen eingelegte Teetisch immer so bedeutende als liebe Menschen um sich vereinigte: alles dies und was dahin gehört, behauptet in meinen Jugend-Erinnerungen einen bedeutenden Platz, und die Vorstellung, daß es, so wie ich davon Zeuge war, auf immer verschwunden ist, bewegt mein Inneres mit beklemmender Wehmut.

*

Karl von Stein an seinen Bruder Fritz

Kochberg, 26. März 1832

Daß Goethe starb, wird sich wie ein Lauffeuer schon zu Dir verbreitet haben [...]

Mein Schmerz sitzt tiefer, als daß er durch Theaterszenen verrauchen könnte, und wenngleich nun durch und durch überzeugt, daß das Verblühen der schönsten Blumen Bestimmung ist, so laufen mir doch Tränen über die Backen, wenn ich an den alten Mann denke, den die Natur so ausgezeichnet hatte mit einer großen Seele, der Dich einst so liebhatte und der mich an Zeiten jugendlicher Verhältnisse und aller seit dort verlorener Umgebungen erinnert [...]

Der Großherzog, höre ich, hat sich vorgenommen, für den heutigen Tag nach Eisenach zu entfliehen. Ich würde in seiner Stelle Goethes Begräbnis beigewohnt haben [...]

Weimar wird nun wieder in sein altes Nichts zurücksinken, woraus es genommen ist, da sein Geist zu Gott stieg.

Anmerkungen

1 Die Geburtsdaten der Kinder: Karl 8. März 1765, Konstantine: 11. März 1766, Ernst: 30. September 1767, Friederika: 5. März 1769, Sophia: 15. April 1770, Friedrich: 26. Oktober 1772, Henrietta: 13. April 1774

2 Christoph Martin Wieland (1733–1813): Dichter und Übersetzer; 1772 von Herzogin Anna Amalia als Erzieher des Erbprinzen Karl August nach Weimar berufen; später Hofrat in Weimar; einer der meistgelesenen Dichter seiner Zeit

3 Johann Georg Zimmermann (1728–1775)

4 Johann Kaspar Lavater (1741–1801): Er brachte mit seinem Buch »Physiognomische Fragmente« das Deuten von Silhouetten in Mode. Man versuchte aus dem Schattenriß des Kopfes die Charaktereigenschaften der abgebildeten Person abzuleiten.

5 Kurt R. Eissler: Goethe. Eine psychoanalytische Studie, München 1983

6 Bezeichnend für Goethes Bedürfnis nach Einsamkeit ist folgender Briefausschnitt von Wieland an Verleger Merck:
12. April 1778
»Goethen bekomme ich gar nicht mehr zu sehen; denn er kommt weder an den Konzerttagen nach Hof, noch zu mir; und zu ihm zu kommen, wiewohl unsre Domänen eben nicht sehr weit voneinander liegen, ist auch keine Möglichkeit, seitdem er beinah alle Zugänge barrikadiert hat. Denn alle nähere Wege zu seinem Garten gehen über die Ilm, und teils durch eine ehemals öffentliche Promenade, der Ciern genannt, teils über eine herrschaftliche Wiese. Nun hat er zwar, pour faciliter la communication, im vorigen Jahre 3 bis 4 Brücken über die Ilm machen lassen; aber, Gott weiß warum, sie sind mit Türen versehen, die ich, so oft ich noch zu ihm gehen wollte, verschlossen angetroffen habe.«

7 Eine dieser Verbannungsphasen erleidet Goethe im Februar 1778 (s. Briefe S. 87).

8 Zimmermann gibt sich hier sehr devot: Der »weise« Karl August war zu diesem Zeitpunkt 18 Jahre alt.

9 Jakob Michael Reinhold Lenz (1751–1792): Dichter des Sturm und Drang. Während eines Aufenthaltes in Weimar steigerte er sich in eine schwärmerische Liebe zu Charlotte von Stein, die sich

wohl geschmeichelt fühlte. Im Herbst 1776 lud sie ihn ein, sie – anstelle von Goethe – nach Schloß Kochberg zu begleiten und ihr Englischunterricht zu geben.

10 Prinz Konstantin (1758–1793): der jüngste Bruder von Herzog Karl August

11 Goethe und Fritz von Stein

12 Goethe verwendet für Ch. v. Stein das astrologische Zeichen für »Sonne«: ⨀.

13 Misels: junge Damen, evtl. die Schauspielerin Corona Schröter und deren Freundin Minna Probst.

14 Goethe ließ drei oder vier kleine Brücken über die Ilm bauen, um bequem vom Gartenhaus in die Stadt zu gelangen. Die Brücken wurden »mit Türen versehen«, die er verschlossen hielt.

15 Heute befindet er sich auf Schloß Kochberg und ist dort im Roten Salon zu besichtigen.

16 Ihre Hoffnungen erfüllten sich nicht. Als sie älter wurde und ihre Schönheit nicht mehr den Erwartungen des (männlichen) Publikums entsprach, lebte sie äußerst bescheiden von einer kleinen Pension und schlechtbezahlten Musikstunden. Von den Hofkreisen wurde sie vergessen, auch von Goethe.

17 Henriette von Egloffstein (1773–1864): Freifrau auf Schloß Dornburg

18 Johann Peter Eckermann (1792–1854): Er lebte ab 1823 in Weimar und wurde Goethes Sekretär; er war Mitherausgeber seines Nachlasses.

19 Goethe ist zu diesem Zeitpunkt 31 Jahre alt.

20 Der Abschnitt, der diese Bemerkung enthält, ist im Brief unterstrichen; vermutlich von Charlotte von Stein.

21 »Zettel« und »Eintrag«: die Fäden des Bandes, das sie zusammenhält

22 Karl Ludwig von Knebel (1744–1834) wurde 1774 von Herzogin Anna Amalia als Erzieher ihres zweiten Sohnes Constantin nach Weimar berufen; er war ein Freund und Vertrauter Charlotte von Steins und Goethes.

23 Das Gartenhaus an der Ilm

24 Das Haus am Frauenplan. Goethe war am 1. Juni eingezogen.

25 Sophie von Schardt (1755–1819): Charlotte von Steins Schwägerin, verheiratet mit ihrem Bruder Carl

26 vom Pagenhaus am herzoglichen Hof

27 Lebensgestaltung
28 Kaffee, den Ch. v. Stein leidenschaftlich gern trinkt, Goethe aber für ungesund hält.
29 Charlotte von Lengefeld (1766–1826): ab 1790 verheiratet mit Friedrich Schiller
30 Johann Gottfried von Herder (1744–1803): Goethe veranlaßte 1776 seine Berufung als Generalsuperintendent nach Weimar
31 Philipp Müller aus Deutschland, Maler
32 Johann Heinrich Wilhelm Tischbein (1751–1829) hielt sich 1779–99 mit Unterbrechungen in Italien auf.
33 Die kleine Bertuchsche Blumenmanufaktur scheint auf das soziale Engagement von Bertuchs Frau Friederike und deren Schwester, Johanna Auguste Slevoigt, zurückzugehen: Beide leiteten die Manufaktur, in der bis zu 50 Mädchen arbeiteten, und bildeten diese aus, so daß sie eine Beschäftigung hatten und zudem eine finanzielle Stütze für ihre Familien waren. Die Produktion lief so erfolgreich, daß man zeitweilig kaum den Bestellungen nachkommen konnte, und die Blumen waren so kunstvoll angefertigt, daß sie ohne weiteres einem Vergleich mit den aus Paris teuer importierten standhielten.
34 In ihrem Schauspiel »Dido«. Geschrieben hat sie es vermutlich zwischen 1792 und 1796.
35 mal à l'aise: unwohl, unbehaglich
36 Goethe: Vier Jahreszeiten; Sommer, Strophe 30 und 31
37 Maria Pawlowna (1786–1859): geb. Großfürstin von Rußland; Tochter Kaiser Pauls I. von Rußland; seit 1804 verheiratet mit Erbherzog Karl Friedrich von Weimar; kunstliebend und geistig interessiert; Goethe verehrte sie sehr: »Sie ist eine der besten und bedeutendsten Frauen unserer Zeit.«
38 Karoline Luise (1786–1816): Tochter von Herzog Karl August und Herzogin Luise
39 »Schlampampsen«: Beide Goethes verwenden dieses Wort in ihren Briefen als Umschreibung für zärtliche Nähe und Sex.
40 Urämie: Harnvergiftung wegen Nierenversagen
41 Eduard Joseph D'Alton (1772–1840): Anatom, Archäologe, Kupferstecher

Personen- und Ortsverzeichnis

Belvedere: südlich von Weimar auf einer Anhöhe gelegenes Rokokoschloß mit Parkanlage; 1724/32 von Herzog Ernst August II. erbaut.

Bertuch, Friedrich Justin, 1747–1822, Geheimsekretär Karl Augusts, Schriftsteller, Verlagsunternehmer, Betreiber einer Blumenmanufaktur; hatte großen Einfluß in Weimar und wurde von Goethe sehr geschätzt.

Böttiger, Karl August, 1760–1835, Direktor des Weimarer Gymnasiums, mehrere Jahre lang Goethes Berater in archäologischen Fragen; war Goethe später nicht mehr wohlgesonnen, weil dieser wegen Unstimmigkeiten dafür sorgte, daß Böttiger Weimar verlassen mußte.

Dornburger Schlösser: Gruppe von drei Schlössern oberhalb der Saale bei Jena; Goethe entdeckte sie bereits in seinen ersten Weimarer Jahren und machte Herzog Karl August auf ihre reizvolle Lage mit schönem Ausblick auf die Saale aufmerksam; nach dem Tod Karl Augusts zog er sich vom 7. Juli bis zum 11. September 1828 in seiner Trauer dorthin zurück.

Eckermann, Johann Peter, 1792–1854, lebte ab 1823 in Weimar und wurde Goethes Sekretär; Mitherausgeber seines Nachlasses.

von Egloffstein, Henriette, 1773–1864, Freifrau auf Schloß Dornburg.

von Einsiedel, Friedrich Hildebrand, 1750–1828, Geheimer Rat und Oberhofmeister in Weimar, Schriftsteller und Übersetzer, einer der Freunde Goethes in der ersten Weimarer Zeit.

Ettersburg: am Rande des Ettersberges gelegenes ehemaliges Jagdschloß mit weitläufigem Park.

Fahlmer, Johanna, Goethes Jugendfreundin, seit 1778 mit seinem Schwager Johann Georg Schlosser verheiratet.

Gartenhaus Goethes an der Ilm: Goethe bewohnte es von 1776–1782; die Möbel dafür ließ er nach seinen eigenen Vorstellungen und auf Herzog Karl Augusts Rechnung anfertigen, im Erdgeschoß befinden sich Diele, »Erdsälgen« und Küche (mit gemauertem Ofen und offenem Rauchabzug), im Obergeschoß Goethes Arbeitszimmer, das »Altanzimmer«, das sog. »Mittelzimmer« und ein kleines, nicht beheizbares Schlafzimmer.

von Göchhausen, Luise, 1752–1807, Hofdame Anna Amalias, war buckelig und litt darunter, wird als sehr geistreich geschildert.

Goethe, Johann Kaspar, 1710–1782, Goethes Vater.

Goethe, Katharina Elisabeth, geb. Textor, 1731–1808, Goethes Mutter.

Goethe, Cornelia, verheiratete Schlosser, 1750–1777, Goethes Schwester.

von Goethe, Johann Wolfgang, 1749–1832.

von Goethe, Christiane, geb. Vulpius, 1765–1816, Goethes Frau.

von Goethe, August, 1789–1830, Goethes Sohn, seit 1817 verheiratet mit Ottilie von Pogwisch.

von Helvig, Amalie, geb. von Imhoff, 1776–1831, Charlotte von Steins Nichte.

Henckel von Donnersmarck, Gräfin Ottilie, 1750–1843, Oberhofmeisterin der Erbprinzessin Maria Pawlowna, Großmutter von Ottilie von Pogwisch.

Herder, Johann Gottfried, 1744–1803; Goethe lernte Herder 1770 in Straßburg kennen und wurde in seiner Entwicklung entscheidend von ihm beeinflußt; 1776 beeinflußte Goethe Herders Berufung als Generalsuperintendent nach Weimar.

Herder, Karoline, 1750–1809, Herders Frau.

Hufeland, Johann Friedrich, seit 1765 herzoglicher Leibarzt in Weimar.

Hufeland, Christoph Wilhelm, dessen Sohn, seit 1784 Nachfolger seines Vaters als herzoglicher Leibarzt.

von Humboldt, Wilhelm, 1767–1835, Sprachforscher und Politiker, Gesandter Preußens auf dem Wiener Kongreß, Gründer der Universität Berlin; stand in Briefwechsel mit Goethe und war mit diesem befreundet.

von Humboldt, Karoline, geb. von Dacheröden, dessen Frau.

von Humboldt, Alexander, 1769–1859, Naturforscher; Goethe wurde mit ihm 1795 in Jena bekannt.

von Ilten, Caroline, 1755–1794, Geliebte des Prinzen Constantin von Sachsen-Weimar-Eisenach, später Frau des Freiherrn von Moser; eine der von Goethe so bezeichneten »drei Misels« (Caroline, Charlotte von Stein und Friederike von Schardt).

von Imhoff, Carl, in zweiter Ehe mit Charlotte von Steins Schwester Louise verheiratet, lebte ab 1785 mit ihr in Weimar.

Jagemann, Caroline, 1777–1848, eine der Geliebten von Herzog Karl August, 1809 als Frau von Heygendorf geadelt.

von Kalb, Karl Alexander, 1712–1792, weimarischer Geheimrat und Kammerpräsident bis 1776; Goethe wohnte nach seiner Ankunft in Weimar zunächst in dessen Haus.

von Kalb, Johann August Alexander, 1747–1814, dessen Sohn, hatte Goethe nach Weimar geholt, Nachfolger seines Vaters als Kammerpräsident bis 1782, als er durch Goethe ersetzt wurde.

von Kalb, Heinrich Julius Alexander, 1752–1806, ebenfalls Sohn von K. A. v. Kalb.

von Kalb, Charlotte, 1761–1843, dessen Frau, Freundin Schillers, Hölderlins und Jean Pauls, seit 1788 getrennt von ihrem Mann; hielt sich häufig in Weimar auf.

Kästner, Johann Friedrich, Hofmeister der von Steinschen Kinder, ab 1780 »Pageninformator« am weimarischen Hof, später Lehrer am Weimarer Gymnasium.

Kayser, Philipp Christoph, 1755–1823, Frankfurter Jugendfreund Goethes, Komponist und Pianist, später in Zürich.

Kauffmann, Angelika, 1741–1807 Malerin, lebte ab 1782 in Rom.

von Knebel, Karl Ludwig, 1744–1834, war nach Goethe der vertrauteste Freund Charlotte von Steins; er war ursprünglich als Erzieher von Prinz Konstantin, Herzog Karl Augusts jüngerem Bruder nach Weimar gekommen. Als dieser erwachsen war, wurde sein Gehalt zwar weiterbezahlt, aber ihm wurde kein neues Amt übertragen. Er unterhielt Freundschaften mit verschiedenen Damen der Gesellschaft, blieb aber lange Zeit unverheiratet. Mit Goethe war er bis ins hohe Alter in enger Freundschaft verbunden. Nach seiner Entlassung aus dem Hofdienst (1781) wohnte er nur noch phasenweise in Weimar.

Kochberg: Gut und Schloß der Familie von Stein; ca. 25 Kilometer südlich von Weimar bei Rudolstadt gelegen, mit reizvoller Parkanlage.

Körner, Christian Gottfried, 1756–1831, Freund Schillers.

Lavater, Johann Caspar, 1741–1801, Prediger und Schriftsteller in Zürich; seit 1773 mit Goethe in Briefwechsel; Goethe besuchte Lavater (1775 und 1779) und lieferte Beiträge zu dessen »Physiognomischen Fragmenten«; nach 1780 distanzierte Goethe sich zunehmend von ihm.

Merck, Johann Heinrich, 1741–1791, Darmstadt; er war mit Goethe, Wieland, Anna Amalia und Herzog Karl August befreundet, war Mitarbeiter am »Teutschen Merkur« und verlegte Goethes »Götz von Berlichingen«.

von Riemer, Friedrich Wilhelm, 1774–1845, Goethes Sekretär von 1803–1812.

von Sachsen-Weimar-Eisenach:

Herzogin Anna Amalia, geb. Prinzessin von Braunschweig, 1739–1807: heiratete 1756 den 20jährigen Herzog Ernst August Constantin von Sachsen-Weimar; seit 1758 verwitwet; Regentin bis 1775; sie war einer der Mittelpunkte des geistigen Lebens in Weimar und war mit Goethe befreundet, der sie als »vollkommene Fürstin mit vollkommen menschlichem Sinn« bezeichnete.

ihre Söhne:
Herzog Karl August, 1757–1828, er traf Goethe zum ersten Mal während einer Reise in Frankfurt; nach ihrer langjährigen Freundschaft war Goethe vom Tod Karl Augusts schwer getroffen und zog sich mehrere Monate in die Einsamkeit der Dornburger Schlösser zurück.

Prinz Konstantin, 1758–1793, bewohnte zunächst mit seinem Erzieher Knebel Schloß Tiefurt; ab 1784 in sächsischem Militärdienst.

Herzogin Luise, geb. Prinzessin von Hessen-Darmstadt, 1757–1830: verheiratet mit Herzog Karl August; beide waren sehr unterschiedlich veranlagt und hatten nicht viel Verständnis füreinander. Goethe schätzte die Herzogin sehr: »Ich vermag nicht ein solch außerordentliches Wesen ganz in seiner Größe darzustellen.«

Kinder Luises und Karl Augusts:

Luise, 1779–1784.

Karl Friedrich, 1783–1853, Erbprinz; seit 1804 mit der russischen Großfürstin Maria Pawlowna verheiratet (1786–1859).

Caroline Luise, 1786–1816, heiratete 1810 den Erbprinzen von Mecklenburg-Schwerin.

Carl Bernhard, 1792–1862.

von Schardt, Johann Wilhelm Christian, 1711–1790, wirklicher Geheimer Rat, bis 1782 Hofmarschall in Weimar.

von Schardt, Concordia Elisabeth, geb. Irving of Drum, 1724–1802, Mutter der Charlotte von Stein, Frau von J. W. C. von Schardt.

von Schardt, Ernst Karl Konstantin, 1744–1833, Hof- und Regierungsrat in Weimar, Bruder der Charlotte von Stein.

von Schardt, Friederike Sophie Eleonore, geb. Gräfin von Bernstorff, 1755–1819, verheiratet mit Karl v. Schardt; wurde von Goethe meist »die Kleine« oder »die kleine Schardt« genannt und ist eine der von ihm so bezeichneten »Misels«, damit meinte er außer ihr noch Charlotte von Stein und Karoline von Ilten.

von Schardt, Ludwig, 1748–1826, Leutnant und Kammerjunker in Weimar, zweiter Bruder der Charlotte von Stein.

von Schardt, Louise, 1750–1803, verheiratete von Imhoff, Schwester der Charlotte von Stein, lebte auf Gut Mörlach bei Nürnberg; ihre Tochter: Amalie von Imhoff, verheiratete von Helvig.

von Schiller, Charlotte, geb. von Lengefeld, 1766–1826, befreundet mit Charlotte von Stein und deren Sohn Fritz; seit 1790 Frau von F. Schiller.

von Schiller, Friedrich, 1759–1805, lebte 1787–1789 in Weimar, ab 1789 Professor der Geschichte in Jena, seit 1799 wieder in Weimar; mit Goethe befreundet.

Schröter, Corona, 1751–1802, von Goethe 1776 als Kammersängerin an den Weimarer Hof vermittelt; erfolgreich und bewundert als Schauspielerin des Liebhabertheaters.

Seidel, Philipp, 1755–1820, bereits Diener von Goethes Vater, folgte Goethe 1775 als Diener und Sekretär nach Weimar; ab 1785 Kammerkalkulator und später Rentamtmann in Weimar.

von Stein, Charlotte Albertine Ernestine, geb. von Schardt, 1742–1827, ab 1764 Frau von Josias von Stein.

von Stein, Josias, 1735–1793, Erb- und Lehnsherr auf Schloß Kochberg, Oberstallmeister am herzoglichen Hof.

von Stein, Gottlob Wilhelm Friedrich Karl, 1765–1837, Kammerjunker in mecklenburgischem Dienst; nach dem Tod des Vaters übernahm er die Verwaltung von Gut Kochberg.

von Stein, Gottlob Ernst, 1767–1787.

Gottlob Friedrich (Fritz) Constantin, 1722–1844, seit 1798 in preußischen Diensten, 1810 Generallandschaftsrepräsentant in Breslau.

von Stein, Amalie, geb. von Seebach, ab 1798 verheiratet mit Karl von Stein.

von Stein, Helene, geb. von Stosch, ab 1804 verheiratet mit Fritz von Stein, verstarb 1808.

Tiefurth, Rokokoschlößchen bei Weimar; 1775–1778 Wohnung des Prinzen Konstantin und seines Erziehers Knebel; danach Sommersitz der Herzogin Anna Amalia; Treffpunkt der Weimarer Hofgesellschaft.

Tischbein, Johann Heinrich Wilhelm, 1751–1829, hielt sich 1779 bis 1799 mit Unterbrechungen in Italien auf, er war einer der nächsten Freunde Goethes in Rom, begleitete ihn durch Rom und die Campagna.

Waldner von Freundstein, Luise Adelaide, 1746–1830, Hofdame der Herzogin Luise, in den Briefen oft »die Waldnern« genannt.

Webicht, Gehölz bei Weimar, in dem Goethe oft spazierenfuhr.

von Werthern-Neunheiligen, Johanna Luise, geb. vom und zum Stein, 1752–1810, von Goethe die »schöne Werthern« genannt, in seinen Tagebüchern verwendet er für sie das Zeichen der Venus ♀.

Wieland, Christoph Martin, 1733–1813, lebte seit 1772 als Erzieher Karl Augusts in Weimar, einer der meistgelesenen Dichter seiner Zeit, Herausgeber des »Teutschen Merkur«, der ersten bedeutenden literarischen Zeitschrift in Deutschland.

von Wolzogen, Caroline, geb. von Lengefeld, geschiedene von Beulwitz, 1763–1847, Schillers Schwägerin und Biographin.

Zimmermann, Johann Georg, 1728–1795, Arzt und Schriftsteller.

Die Briefe werden zitiert nach:

Fränkel, Jonas: Goethes Briefe an Frau von Stein, Berlin 1960/62

Schöll, Adolf/Wahle, Julius: Goethes Briefe an Frau von Stein, Frankfurt 1899

Seydel, Renate: Charlotte von Stein und Johann Wolfgang von Goethe, München 1993